Stadt und Land – wie gestalten wir unseren Lebensraum?

FAU Forschungen, Reihe A, Geisteswissenschaften
Band 20

Stadt und Land – wie gestalten wir unseren Lebensraum?

Atzelsberger Gespräche 2022

Herausgegeben von Mathias Rohe

Erlangen
FAU University Press
2024

Bibliografische Information der Deutschen Nationalbibliothek:
Die Deutsche Nationalbibliothek verzeichnet diese Publikation in der Deutschen Nationalbibliografie; detaillierte bibliografische Daten sind im Internet über http://dnb.d-nb.de abrufbar.

Umschlaggestaltung: Stefan Dinter, unter Verwendung eines Ausschnitts aus der Farblithographie „Atzelsberg“ von Gerhard Schmid-Kaler (1950. Stadtarchiv Erlangen, VI.T.a.560).

Kontakt Herausgeber: mathias.rohe@fau.de; ORCiD 0000-0003-0920-5726
ROR FAU (https://ror.org/00f7hpc57)

Wir bedanken uns für die freundliche Unterstützung durch:

emz smart solutions

SCHLOSS ATZELSBERG

Der vollständige Inhalt des Buchs ist als PDF über den OPUS-Server der Friedrich-Alexander-Universität Erlangen-Nürnberg abrufbar:
https://opus4.kobv.de/opus4-fau/home

Verlag und Auslieferung:
FAU University Press, Universitätsstraße 4, 91054 Erlangen

Druck: Verlagsdruckerei SCHMIDT, Neustadt/Aisch

ISBN: 978-3-96147-755-5 (Druckausgabe)
eISBN: 978-3-96147-756-2 (Online-Ausgabe)
ISSN: 2199-014X
DOI: 10.25593/978-3-96147-756-2

Inhaltsverzeichnis

Vorwort

Matthias Rohe

Stadt und Land- wie gestalten wir unseren Lebensraum? Diese Frage betrifft unsere elementaren Lebensgrundlagen. Nach langer coronabedingter Unterbrechung war es eine Erlösung, die Atzelsberger Gespräche im Jahr 2022 wieder aufnehmen zu können. Wie bei allen Jahrestagungen ist es das Anliegen der Verantwortlichen der Dr. Alfred-Vinzl-Stiftung, Expertinnen und Experten zu einem Grundlagenthema zusammenzuführen, das aus der Sicht unterschiedlicher Disziplinen und professionellen Perspektiven beleuchtet wird. Ein Blick in die lokalen und überregionalen Medien genügt, um erkennen zu können, wie vielfältig und auch gegenläufig die beteiligten Interessen sein können, die hierbei aufeinanderstoßen. Die Komplexität des Themas wird häufig zur Herausforderung, oder auch zur Überforderung für Menschen, die den eigenen Lebensraum ihren Interessen entsprechend gestaltet und verwaltet sehen möchten, aber nicht über die nötigen Informationen verfügen, zu einer differenzierten, interessengerechten Einschätzung zu gelangen.

Bei alledem verschränken sich kulturgeographische, umweltpolitische, sozio-ökonomische, lokalhistorische und stadtplanerische Aspekte. Wir danken der Referentin und den Referenten sehr herzlich dafür, dass sie mit facettenreichen erhellenden Vorträgen viel Licht ins Dunkel gebracht und auch die Mühe nicht gescheut haben, trotz vielfacher Beanspruchung ihre höchst anregenden Texte für diesen Band zur Verfügung zu stellen. An dieser Stelle darf erwähnt werden, dass der Erlanger Stadtarchivar Dr. Andreas Jakob, der unseren Veranstaltungen seit langem verbunden ist, höchst verdient für seine grundlegenden Publikationen im Jahr 2023 mit dem renommierten Akademiepreis der Bayerischen Akademie der Wissenschaften ausgezeichnet wurde – herzlichen Glückwunsch!

Gleichermaßen herzlich sei allen Spenderinnen und Spendern gedankt, die mit ihren Beiträgen die wichtige Arbeit der Stiftung bei der Wissenschaftsförderung, insbesondere zugunsten des wissenschaftlichen Nachwuchses, tatkräftig unterstützen. Ein besonderer Dank gilt unserem langjährigen großzügigen Förderer und Ehrenvorsitzenden unseres Stiftungsrates Herrn Dipl.-Ing. Ernst Hanauer und der EMZ-Hanauer GmbH & Co., sowie Herrn Diplomkaufmann Johann Schorr, dem Eigentümer von Schloss Atzelsberg, für die ebenfalls so hilfreiche Unterstützung bei der Finanzierung der Tagung des Jahrestagung 2022. Nicht zuletzt sei Herrn Markus Putnings, Leiter des Referats Open Access und FAU University Presse der Universitätsbibliothek der FAU und dem Wissenschaftlichen Beirat der FAU University Press für die bewährte fachliche und technische Begleitung dieser Publikation sehr herzlich gedankt.

Erlangen, im Juni 2024

Für den Vorstand der Dr. Alfred-Vinzl-Stiftung
Univ.-Prof. Dr. Dr. h.c. Mathias Rohe

Herausforderungen der Stadtentwicklung in Deutschland zu Beginn des 21. Jahrhunderts

GEORG GLASZE[1], ERLANGEN

Der Beitrag skizziert mit einem Fokus auf Deutschland einige der grundlegenden Herausforderungen der Stadtentwicklung[2] zu Beginn des 21. Jahrhunderts: die planetaren Umweltkrisen, der demographische Wandel, das Spannungsfeld zwischen inter-regionalem Wettbewerb und sozial-räumlicher Gerechtigkeit sowie die digitale Transformation. Zu all diesen Herausforderungen stelle ich anschließend mögliche und sinnvolle Antworten vor.

Bevor ich mich dieser Aufgabe widme, möchte ich zunächst zwei auf den ersten Blick banal anmutende Fragen diskutieren: Was ist eigentlich „Stadt"? Und wer „entwickelt" Stadt? Auch diese Fragen diskutiere ich v. a. im Hinblick auf die Situation in Deutschland – teilweise illustriert mit Beispielen aus der Region Nürnberg.

Einleitung: *was* ist Stadt und *wer* entwickelt?

In der Vormoderne und in vielerlei Hinsicht gar bis ins 20. Jahrhundert konnte „Stadt" anhand mehrerer Kriterien von den nicht-städtischen, ländlichen Räumen unterschieden werden: Städte zeichneten sich aus durch

---

[1] Ich danke Matthias Rohe, den Mit-Referent:innen und Teilnehmer:innen der Atzelsberger Gespräche 2022 für die Diskussionen. Jan Winkler, Klaus Geiselhart, Max Münßinger, Tobias Häberer, Christian Eichenmüller, Anne-Katrin Kreft und Finn Dammann haben wichtige Impulse zum Manuskript beigesteuert – alle Fehler und Unzulänglichkeiten bleiben natürlich meine.

[2] Stadt-*Entwicklung* verstehe ich dabei umfassend als Gesamtentwicklung räumlicher und sozial-räumlicher Strukturen und Prozesse in Städten. Der Begriff hat dabei einerseits eine genetische Dimension – fragt also nach der historischen Entwicklung von Strukturen und Prozessen in Städten. Andererseits hat der Begriff eine zukunftsorientierte, planerische und normative Dimension – fragt also danach, wie die zukünftigen Strukturen und Prozesse in Städten gestaltet werden können und damit im Sinne des Titels auf Herausforderungen reagieren sollten (dazu auch: Tobias Häberer, Das Werden von Subjekten anhand von Einforderungen des Rechts auf (die kreative) Stadt – Empirische Forschungsarbeit zur widerständigen Subjektkonstitution von Kreativschaffenden im und um das ehemalige Quelle-Gebäude in Nürnberg. Erlangen: FAU University Press. 2022).

ihre dichte Bebauung und hohe Bevölkerungsdichte – vielfach klar begrenzt durch eine Stadtmauer (s. Abb. 1).

Abb. 1: Holzschnitt mit Nürnberger Stadtansicht (1493) (Quelle: Bayrische Staatsbibliothek Rar 287, fol. 99v-100)

In Städten fanden sich spezifische Funktionen wie spezialisiertes Handwerk und Märkte für lokalen und überlokalen Handel, die Bevölkerung war sozio-ökonomisch und -kulturell vergleichsweise diversifiziert. Teilweise wird argumentiert, dass die komplexen Interaktionen verschiedener Menschen in den Städten die Entwicklung von Institutionen der Entscheidungsfindung, politischer Debatten und Ansätze demokratischer Partizipation befördert hätten. So entwickelten sich zentrale Prinzipien der Demokratie im Athen der griechischen Antike – auch wenn die Beteiligung an politischen Entscheidungsprozessen in der patriarchalen Sklavenhaltergesellschaft auf Wenige beschränkt blieb: nämlich freie und besitzende Männer[3]. Auch die Freien Reichsstädte wie Nürnberg oder Dinkelsbühl kannten in der frühen Neuzeit bereits Formen der Selbstverwaltung innerhalb einer kleinen Elite.

In mehrfacher Hinsicht ist eine solche Abgrenzung von Stadt heute schwierig geworden. So ist mit der sogenannten „Suburbanisierung" im 20. Jh. die

3 Dazu bspw.: Lewis Mumford: Die Stadt. Geschichte u. Ausblick. Teufen/AR: Niggli, 1963 sowie Elisabeth Lichtenberger: Die Stadt. Von der Polis zur Metropolis. Darmstadt: Wiss. Buchgesellschaft. 2002.

bauliche Dichte im Umland der Städte enorm gewachsen – es entstand ein bauliches Stadt-Land-Kontinuum, das teilweise mit neuen Begriffen wie „Suburbia“[4] oder „Zwischenstadt“[5] bezeichnet wurde (siehe Abb. 2). Die sozialgeographische Stadtforschung hat darauf hingewiesen, dass sich die Lebensweisen in Städten und in ländlichen Regionen angeglichen haben. So prägen viele traditionell als „urban“ bezeichnete Lebensstile auch das Leben in ländlichen Regionen[6] und gleichzeitig finden Vorstellung von Ländlichkeit und eines „guten, ländlichen Lebens“ auch in Städten Resonanz.[7]

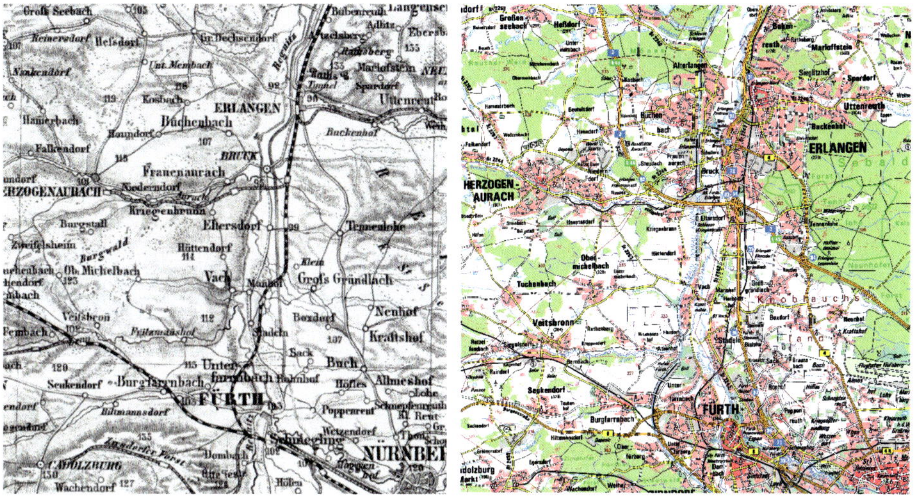

Abb. 2: Entstehung von „Suburbia“ und „Zwischenstadt“ in der Region Erlangen/Fürth/ Nürnberg seit dem 19. Jahrhundert (Vergleich der Topographischen Karten von 1860 (Karte von Südwestdeutschland 1:250 000; CC BY-ND 3.0 DE) und der DTK 100 (Bayerische Vermessungsverwaltung; GeoBasis-DE BKG)

Auch funktional ist die Abgrenzung nicht mehr so einfach: In Deutschland arbeitet selbst außerhalb der Städte nur noch ein extrem kleiner Anteil der Beschäftigten in der Landwirtschaft. Manch hoch-spezialisiertes und global tätiges Unternehmen hat seinen Sitz als „hidden champion“ außerhalb der großen Städte. Mit dem Ausbau von Eisenbahn, Tram und Busverbindungen ab dem 19. Jh. sowie dann nochmal beschleunigt durch die Verbreitung

---

4 Einen Überblick über die Diskussion um die suburbane Welt bietet: Roger Keil, (Hg). Suburban planet: Making the world urban from the outside in, 2017.

5 Thomas Sieverts, Zwischenstadt: zwischen Ort und Welt, Raum und Zeit, Stadt und Land (Vol. 118). Walter de Gruyter, 2012.

6 Peter Dirksmeier, Urbanität als Habitus: zur Sozialgeographie städtischen Lebens auf dem Land, transcript, 2009.

7 Christoph Baumann, Idyllische Ländlichkeit. Eine Kulturgeographie der Landlust, transcript, Bielefeld, 2018.

privater PKWs und dem Ausbau von Straßen ab Mitte des 20. Jahrhunderts haben sich zudem die funktionalen Verflechtungen zwischen unterschiedlichen Gemeinden enorm verstärkt. Und die kommunale Selbstverwaltung wurde im 19. Jh. für alle Gemeinden in Deutschland etabliert – greift also auch nicht mehr als Unterscheidung.

Vor dem Hintergrund der planetaren Umweltkrisen weist die Debatte um eine „planetare Urbanisierung" (planetary urbanization) zudem darauf hin, dass Städte schon immer eingebunden waren in den Zustrom von Ressourcen, die vielfach weit außerhalb der traditionellen Stadtgrenzen gewonnen wurden und werden. Spätestens im 21. Jh. ist Urbanisierung dann zu einem planetaren Prozess geworden, der überhaupt kein abgrenzbares Außen mehr kennt.[8]

Stadt ist im 21. Jh. also noch viel weniger klar abgrenzbar als früher. Dennoch können Städte nach wie vor als Orte verstanden werden, an denen sich gesellschaftliche Dynamiken verdichten. Hier treffen gesellschaftliche Differenzlinien aufeinander und werden ausgehandelt.[9] Fragen nach der Entwicklung von Städten sind also letztlich nuancierte Fragen nach der Gestaltung und Steuerung des Zusammenlebens.

Auch die Frage, wer Stadt entwickelt ist nicht einfach zu beantworten und auch hier zeigen sich sowohl historisch als auch geographisch enorme Unterschiede. So wurden zwar vielfach Traditionslinien von den frühen Formen politischer Institutionen in der griechischen Antike über die Selbstverwaltung der mittelalterlichen und frühneuzeitlichen Bürgerstädte hin zu demokratischen Strukturen in der Moderne gezogen, aber solche Erzählungen laufen zum einen Gefahr, die Unterschiede und Brüche zwischen diesen Epochen herunterzuspielen sowie zum zweiten zu übersehen, dass es auch vollkommen andere Formen der Regierung von Städten gegeben hat und gibt.

Im heutigen Deutschland existiert im Rahmen der kommunalen Selbstverwaltung in allen Städten (und Gemeinden) ein demokratisch legitimiertes Gremium. Das Grundgesetz bestimmt in Art. 28, dass die Gemeinden „alle Angelegenheiten der örtlichen Gemeinschaft in eigener Verantwortung"

---

[8] Siehe dazu die Beiträge in Neil Brenner: Implosions - explosions. Towards a study of planetary urbanization, 2014, Erlanger Signatur: E 4d 639 sowie die Debatte unten zur Differenzierung von Stadt und Natur.

[9] Ahnlich auch: Walter Siebel, Was macht eine Stadt urban? Zur Stadtkultur und Stadtentwicklung. Oldenburger Universitätsreden Nr. 61, 1994, (http://oops.uni-oldenburg.de/1232 /1/ur61.pdf; 17.08.2023).

regeln können, und sieht Vertretungen vor, die aus „allgemeinen, unmittelbaren, freien, gleichen und geheimen Wahlen hervorgegangen" sind. Nicht zuletzt ist die „Planung der baulichen Entwicklung" einer Gemeinde (Bauleitplanung) verfassungsrechtlich als Teil der kommunalen Selbstverwaltung garantiert und wird im Baugesetzbuch genauer ausgeführt.

Es wäre jedoch naiv und letztlich falsch zu glauben, dass Fragen von Stadtentwicklung alleine in den Stadt- und Gemeinderäten entschieden würden. Zum einen sind die Städte und Gemeinden eingebunden in zahlreiche rechtliche und finanzielle Rahmenbedingungen, die auf anderen politischen Maßstabsebenen getroffen werden. So betreffen Fragen der Verkehrspolitik, der Wohnungsbaupolitik oder der steuerlichen Abschreibemöglichkeiten vielfach unmittelbar und grundlegend die Entwicklung von Städten – werden jedoch auf der Ebene der EU, des Bundes oder der Länder entschieden. Nicht zuletzt sind Städte in letztlich globale ökonomische Verflechtungen eingebunden. Zum zweiten sind auf allen Maßstabsebenen der Politik auch viele weitere Akteure in die Gestaltung von politischen Entscheidungen involviert – auf lokaler Ebene bspw. Vertreter von Indus trie und Handel, Umweltverbände, die Immobilienwirtschaft, Bürgerinitiativen usw. In der sozialwissenschaftlichen Stadtforschung werden die komplexen Interaktionen zahlreicher Akteure im Feld der Stadtentwicklung vielfach mit dem aus dem US-amerikanischen Englisch stammenden Neologismus der „Governance" bezeichnet[10]. Die wissenschaftliche Stadtforschung kann als Ort der Wissensproduktion und Reflektion sowie auch als Impulsgeber und damit Akteur städtischer Governance verstanden werden.

Teilweise wird der Begriff der „Governance" auch normativ verwendet: So scheinen Konzepte wie „good Governance" oder „smart Governance" zu signalisieren, dass es die eine „gute" und „intelligente" Art der Stadtentwicklung gäbe. Dabei werden jedoch – absichtlich oder unabsichtlich – unterschiedliche Interessen und konkurrierende Entwicklungswege aus dem Blickfeld gerückt. Angemessener scheint hingegen eine Perspektive, die Stadtentwicklung als einen immer zutiefst politischen Prozess fasst – und damit den Blick öffnet für die unterschiedlichen Interessen, für Konflikte aber eben auch für das Ringen nach Kompromissen und Lösungen.[11]

---

[10] Dazu: Detlef Sack: Governance in lokalen Räumen. In: Handbuch Kritische Stadtgeographie. Bernd Belina, Matthias Naumann und Anke Strüver (Hg;); 2. Aufl. Münster: Verlag Westfälisches Dampfboot, 2016, S. 92-96.

[11] Zur Kritik an Vorstellungen einer unpolitischen Steuerung von Stadt: Boris Michel und Nikolai Roskamm: Einführung. Die 'postpolitische Stadt'. In: *s u b \ u r b a n. zeitschrift für kritische stadtforschung* 1(2), 2013, S.9–16.

Herausforderungen zu Beginn des 21. Jahrhunderts

Die Entwicklung von Städten ist also kein Prozess, der sich auf wenige klar abgrenzbare Orte beschränkt und von einigen wenigen Regierenden gesteuert wird. Vielmehr sind Fragen von Stadtentwicklung umfassende und komplexe Fragen nach der Gestaltung von Zusammenleben. Im Folgenden möchte in einige dieser Gestaltungsfragen exemplarisch diskutieren.

Planetare Umweltkrisen und lokale Anpassung

Vielfach wurden und werden Stadt und Natur als Gegensätze verstanden[12]. Die Stadt mit ihren Gebäuden, ihrer Technik und ihrem Handel ermöglichte bereits seit der Antike in gewisser Weise eine „Befreiung" von den Zwängen der Natur: die Versorgung der städtischen Bevölkerung konnte und kann über Handelsbeziehungen mit dem Umland und weiter entfernten Regionen von der unmittelbaren Umwelt gelöst werden – die Bedeutung lokaler Umweltbedingungen (bspw. Jahreszeiten, Bodenverhältnisse, Wasservorkommen) konnte und kann dank Technik zurückgedrängt werden. Die planetaren Umweltkrisen (Klimakrise, Verschmutzungskrise und Artensterben) zeigen jedoch, dass Stadt und gesellschaftliche Prozesse insgesamt, nicht aus ökologischen Prozessen herausgelöst werden können. Natur ist eben keine stabile Umwelt, die (räumlich) von Stadt abgeschieden werden kann.

Praktiken von Menschen haben viele der bislang als natürlich bezeichneten Prozesse grundlegend verändert: eine Erkenntnis, die zur Debatte um ein neues Erdzeitalter „Anthropozän" (Erdzeitalter des Menschen) geführt hat. Mit dem Begriff verbindet sich ein grundsätzlicher Perspektivwechsel auf Gesellschaft-Umweltverhältnisse: die vermeintlich klare Trennlinie zwischen Natur und Kultur wird hinterfragt, menschliches Wirken wird in Relation gebracht zu planetarischen Prozessen in ihren erdzeitlichen Dimensionen. Die sozial- und kulturwissenschaftliche Kritik weist allerdings darauf hin, dass diese Begrifflichkeit (wieder) den Menschen aus der Natur hervorhebt, (wieder) eurozentrische Semantiken universalisiert und nicht zuletzt Verantwortlichkeiten pauschalisierend und undifferenziert der gesamten Menschheit zuweist. Als Alternative werden daher Begriffe wie

[12] Einführend: Tobias Chilla: Stadt und Natur — Dichotomie, Kontinuum, soziale Konstruktion?. *Raumforsch. & Raumordn.* 63., 2005, S.179–188, https://doi.org/10.1007/BF03182950.

„Technozän", „Kapitalozän" oder „Petrozän" diskutiert, die Zeitlichkeit und Verantwortlichkeiten anders markieren.[13]

Was folgt aus dem Erkennen planetarer ökologischer Zusammenhänge für die Perspektive auf Stadt und für die Stadtentwicklung? Einerseits wurden und werden Städte in Fortführung der eingangs skizzierten Gegenüberstellung von Natur und Stadt regelmäßig als die Orte beschrieben, in denen die „Entfremdung" und „Zerstörung" von Natur besonders fortgeschritten ist. So stellte die reaktionäre Stadtkritik bspw. in der deutschsprachigen Geographie Ende des 19. und zu Beginn des 20. Jh. eine „naturverbundene" und „bodenständige" Ländlichkeit der entwurzelten Stadt entgegen[14]. Auch der traditionelle Naturschutz greift Muster einer solchen Stadtkritik auf: „das einfache, ländliche Leben, Handwerk und Folklore—wird zum romantisch aufgeladenen Gegenbild von Großstadt und Industrie, zur Quelle moralischer Erneuerung"[15].

Andererseits lässt sich aber auch ein Bild des Städtischen als einer Siedlungsform zeichnen, die zumindest potenziell ressourcensparend und effizient ist: hohe Dichten ermöglichen verkehrssparende kurze Wege und Infrastrukturen können in hohem Maße gemeinschaftlich genutzt werden[16]. Und nicht zuletzt haben Arbeiten der Stadtökologie darauf hingewiesen, dass Städte eben nicht einfach „Nicht-Natur" sind, sondern sehr vielfältige Lebensräume[17] – vielfach ist die Artenvielfalt in verdichteten und gleichzeitig vielfältigen Stadtgebieten daher heutzutage höher, als im von intensiver

[13] Zur sozialwissenschaftlichen Debatte siehe bspw.: Jürgen Renn, Bernd Scherer (Hg.): Das Anthropozän. Zum Stand der Dinge. Matthes & Seitz: Berlin, 2015 sowie Jason Moore: Anthropocene or Capitalocene? Nature, History, and the Crisis of Capitalism, 2016, PM Press. Innnerhalb der Naturwissenschaften ist die formale Ausrufung eines neuen Erdzeitalters umstritten: Während die *Anthropocene Working Group* 2023 nach langjähriger Vorarbeit einen Vorschlag für eine formale Anerkennung und Terminierung eines Anthropozäns vorgelegt hatte, lehnte die „Unterkommission für Stratigraphie des Quartärs" innerhalb der *International Union of Geological Sciences* (IUGS) diesen Vorschlag im Frühjahr 2024 ab (http://quaternary.stratigraphy.org/working-groups/anthropocene/; 12.05.2024).

[14] Boris Michel: Antisemitismus, Großstadtfeindlichkeit und reaktionäre Kapitalismuskritik in der deutschsprachigen Geographie vor 1945, In: Geogr. Helv. 69(3), 2014, S. 193–202.

[15] Karl Werner Brand: Einleitung: Naturschutz und Umweltdiskurs in Deutschland. Zur historischen Verortung ökologischer Kommunikation. 1997. Westdeutscher Verlag GmbH, Opladen.

[16] Thomas Madreiter: Die nachhaltige Stadt: Städte als Laboratorien des Wandels, Vol. 202, Picus Verlag, 2021.

[17] Siehe dazu bspw. die Arbeiten zu Berlin: Herbert Sukopp: Stadtökologie: das Beispiel Berlin (1990), sowie Sandra Jasper: Abandoned infrastructures and nonhuman life, *Society+ Space,* 2020.

Landwirtschaft und Monokulturen geprägtem Umland[18]. In dieser zweiten Perspektive lässt sich daher Stadtentwicklung dezidiert als Chance und Laboratorium für den ökologischen Wandel verstehen.[19] Diese Chancen möchte ich an zwei Beispielen illustrieren: dem Verkehrs- und dem Bausektor.

Während die gesamten Treibhausgasemmissionen in Deutschland seit 1990 (zu) langsam aber kontinuierlich gesunken sind, bleiben die vom Verkehr verursachten Emissionen auf hohen Niveau – ihr Anteil steigt daher kontinuierlich und erreicht in den 2020er Jahren ein Fünftel der gesamten CO2-Emissionen. Ursache ist, dass die Verkehrsleistungen, d.h. die zurückgelegten Strecken sowohl im Personen- als auch im Güterverkehr kontinuierlich zugenommen haben – einzig die „Corona-Jahre" 2020 und 2021 zeigten hier kurzfristige Trendänderungen. Zudem wird die Zunahme von Verkehrsleistungen ganz überwiegend von Straßengüterverkehr und motorisiertem Individualverkehr (PKW, Krafträder) getragen. Die durchaus messbaren technischen Verbesserungen an der Fahrzeugtechnik werden von der Erhöhung der gesamten Verkehrsleistung sowie dem Trend zu größeren Fahrzeugen mehr als kompensiert (teilweise als „Rebound-Effekt" bezeichnet) – die Gesamtbelastung sinkt nicht[20].

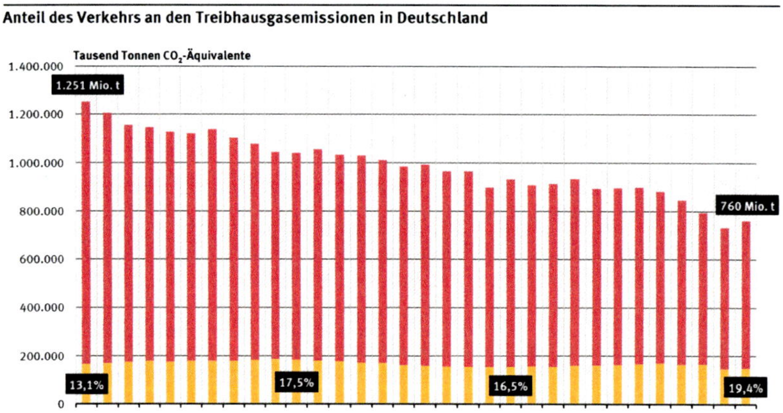

Abb. 3: Treibhausgasemissionen in Deutschland (Quelle: https://www.umweltbundesamt.de/daten/verkehr)

[18] Jürgen Breuste, Was urbane Biodiversität ausmacht. In: Die Grüne Stadt. Springer Spektrum, Berlin, Heidelberg, 2019, https://doi.org/10.1007/978-3-662-59070-6_6.
[19] Ähnlich bspw.: Vanessa Castan Broto, & Enora Robin, Climate urbanism as critical urban theory, Urban Geography, 42:6, 2021, S. 715-720, DOI: 10.1080/02723638.2020.1850617.
[20] Umweltbundesamt: Umweltzustand und Trends – Verkehr. (https://www.umweltbundesamt.de/daten/verkehr; 24.08.2023).

Nun gilt gerade auch für den Verkehrsbereich, dass zahlreiche Stellschrauben der Verkehrspolitik nicht in die Kompetenzen von Städten und Gemeinden fallen. Dennoch gibt es gute Argumente dafür, der Stadtentwicklung insbesondere im Bereich des Personenverkehrs eine wichtige Rolle für die „Verkehrswende“ zuzuweisen: So haben sich gerade in Städten Praktiken entwickelt, die richtungsweisend für eine Verkehrswende zu einer umweltschonenderen Mobilität sind – wie bspw. die Wiederentdeckung des Fahrrads oder auch Angebote zur gemeinschaftlichen Nutzung von PKWs (carsharing). Nicht zuletzt zeigen Statistiken, dass die Zahl der zurückgelegten Wege pro Person und Tag[21] seit vielen Jahren weitgehend stabil bei ca. drei liegt – wir werden also nicht immer mobiler, sondern legen pro Weg längere Entfernungen zurück. Aber selbst heute liegt die durchschnittliche Länge der Wege nur bei 12 km – d. h. viele Strecken im Personenverkehr sind nach wie vor relativ kurz: Hier können die Städte durch die Förderung des Fußgänger- und Fahrradverkehrs viel bewirken. So haben Städte wie Erlangen, Freiburg i. Brsg., Kopenhagen oder in jüngster Zeit auch Paris mit einer gezielten Förderung der Infrastruktur für Fahrradfahrer:innen den Anteil des Radverkehrs deutlich steigern können – vor allem im Binnenverkehr innerhalb der Städte. Stadtentwicklung trägt damit dazu bei, den großen Platzbedarf des motorisierten Individualverkehrs sowie die Lärmbelastung zu reduzieren und macht Städte lebenswerter. Da dabei aber eben vor allem kurze Wege vom Auto aufs Rad und auf die Füße verlagert werden, sind die erreichbaren Einsparungen von CO2-Emissionen allerdings überschaubar.

Das heißt: Die Anstrengungen zur Vermeidung und zur Verlagerung von Verkehren auf die Bahn und den ÖPNV müssen massiv verstärkt werden. Dabei muss letztlich die gesamte Raumordnungs- und Verkehrspolitik von ihrer Grundorientierung auf den motorisierten Individualverkehr gelöst werden. Die Stadtentwicklung kann hier durch eine gezielte Förderung kompakter Siedlungs- und dezentraler Versorgungsstrukturen[22] , die Bevorzugung von Fuß- und Radverkehren und einem angemessenen Ausbau des ÖPNV Beiträge leisten. In hohem Maße ist sie dabei aber abhängig von den Weichenstellungen der Bundes- und Landespolitik. Und wie weit wir hier Anfang der 2020er Jahre noch von einer Verkehrswende entfernt sind, zeigen zahlreiche Beispiele. Besonders spektakulär lässt sich die noch immer ausbleibende Verkehrswende Anfang der 2020er Jahre im bayerischen

---

[21] Die Wege umfassen damit also alle Bewegungen zwischen unterschiedlichen Orten an einem Tag.

[22] Siehe dazu bspw. die Debatte zum Konzept der „15-Minutenstadt“ in der Fachzeitschrift Stadtbauwelt 2021 (Band 112).

Oberland beobachten: So werden in Garmisch-Partenkirchen für mehr als eine Milliarde Euro riesige Straßentunnel vierspurig ausgebaut – gleichzeitig ist die wichtige Bahnstrecke von München nach Garmisch-Partenkirchen seit Jahrzehnten unverändert eingleisig. Und eine Studie zu dem Zugunglück 2022 auf dieser Strecke deutet sogar darauf hin, dass der Ausbau der Straßen in diesem Bereich, die damit notwendige Verlegung eines Baches direkt an den Bahndamm sowie die mangelhafte Wartung dieses Bahndammes für das Unglück mitverantwortlich sein könnten![23]

Das zweite Beispiel, dass ich herausgreifen möchte, sind die CO_2-Einsparpotenziale beim Bau. Eine Studie im Auftrag des Verbands der bayerischen Wirtschaft (VBW) errechnet den Anteil des Bausektors (Errichtung und Betrieb von Gebäuden) an den gesamten CO_2-Emissionen in Deutschland für 2020 auf mehr als 40%.[24] Während die Frage der Reduktion von Emissionen im Betrieb von Gebäuden seit einigen Jahren im Fokus öffentlich-politischer Debatten steht und die Förderung von Dämmung sowie ressourcensparenden Heizungen in konkrete politischen Maßnahmen umgesetzt wurden, fehlt noch weitgehend eine Auseinandersetzung mit dem Ressourcen- und Energieverbrauch, der bei Neubauten entsteht. Diese so genannte „graue Energie" entspricht laut einer Studie im Auftrag des Bundesinstituts für Bau-, Stadt- und Raumforschung (BBSR) bei heutigen Neubauten bereits einem Viertel der über den Lebenszyklus eines Gebäudes verbrauchten Energien – mit zukünftig besserer Dämmung und sinkenden Heizverbräuchen wird dieser Anteil weiter ansteigen[25]. Um den Verbrauch dieser grauen Energie zu reduzieren, müssen Abrisse vermieden und stattdessen Sanierungen gefördert werden sowie letztlich Neubauten radikal reduziert werden[26]. Mit anderen Worten: Stadtentwicklung sollte sich soweit wie möglich von Neubauten verabschieden und den Lebenszyklus von Gebäuden durch Sanierungen verlängern – im Idealfall unter Nutzung von recycelten und nachwachsenden Rohstoffen.

[23] Tagesschau: Tunnelblick statt Verkehrswende?, 2022, https://www.tagesschau.de/inland/mittendrin-tunnelbau-garmisch-partenkirchen-101.html

[24] Vbw Bayern: Constructing our Future. Planen. Bauen. Leben. Arbeiten, 2021, https://www.vbw-zukunftsrat.de/downloads/2021/vbw_ZKR_2021_ConstructingOurFuture_Studie.pdf

[25] BBSR: Forschungsprogramm. Zukunft Bau, ein Forschungsprogramm des Bundesministeriums des Innern, für Bau und Heimat. Endbericht, 2019. https://www.bbsr.bund.de/BBSR/DE/forschung/programme/zb/Auftragsforschung/5EnergieKlimaBauen/2017/graue-energie/Endbericht.pdf;jsessionid=ED2739C59C70419205E0C6F35F3365D7.live21324?__blob=publicationFile&v=1

[26] Daniel Fuhrhop: Verbietet das Bauen! Streitschrift gegen Spekulation, Abriss und Flächenfraß. München, Oekom Verlag, 2020. Archietects4Future: 10 Forderungen für die Bauwende, o.J., https://www.architects4future.de/forderungen

Auch in diesem Feld ist die Stadtentwicklung natürlich eingebunden in die Rahmengebung durch Bund und Länder. So müsste das Baurecht konsequent auf die Förderung von Sanierung und die Verringerung von Abrissen ausgerichtet werden. Das Abfall- bzw. Kreislaufwirtschaftsrecht schreibt zwar seit 2020 auch den Herstellern von Baumaterialien vor, dass diese langlebig und reparaturfähig konzipiert sein müssen – aber konkrete Vorgaben zur Wiederverwendung von recycelten Materialien im Bau fehlen bislang. Und nicht zuletzt muss sich die Stadtentwicklung auch im Bau- und Gebäudebereich mit konkurrierenden Zielen (bspw. Wohnraumknappheit und wirtschaftliche Konkurrenz – s.u.) auseinandersetzen.

Insgesamt zeigen die beiden Beispiele aber ein klares Bild. Stadtentwicklung kann durchaus Antworten auf die Herausforderung der planetaren Umweltkrisen entwickeln: indem durch die Weiterentwicklung kompakter Strukturen eine „Stadt der kurzen Wege“ gestärkt wird, indem der Fuß- und Radverkehr als umweltfreundlichste Verkehrsträger konsequent bevorzugt werden und der ÖPNV auf mittleren Distanzen als Alternative zum MIV ausgebaut wird, indem Infrastrukturen möglichst gemeinschaftlich genutzt werden, indem Abrisse vermieden und Sanierungen zum Normalfall werden, so dass Neubauten auf ein Minimum reduziert werden können.

Herausforderung planetare Umweltkrisen –
Antwort: ressourcensparende Stadt

- kompakte Stadt der kurzen Wege
- Bevorzugung von Fuß- und Radverkehr
- ÖPNV als Alternative zum MIV stärken
- Infrastrukturen gemeinschaftlich nutzen
- Abriss vermeiden - Sanierung als Normalfall
- Neubauten auf Minimum reduzieren

Gleichzeitig ist der Klimawandel aber zu Beginn des 21. Jh. bereits Realität und damit auch die Anpassung eine eigene Herausforderung für die Stadtentwicklung. So liegen die gemessenen Durchschnittstemperaturen nach Angaben des Bayerischen Landesamtes für Umweltschutz in den 2020er Jahren bereits deutlich über den noch Mitte und Ende des 20. Jahrhunderts gemessenen Werten. Hitzeperioden im Sommer sind bereits in den 2020er Jahren messbar länger und erreichen neue Temperaturrekorde. Mittelfristige Prognosen gehen bspw. für den nordbayerischen Raum für das 21. Jh.

von sinkenden Gesamtniederschläge und einer Zunahme von Dürreperioden bei gleichzeitig vermehrtem Auftreten von Starkregenereignissen im Sommer sowie einer Zunahme von Niederschlägen im Winterhalbjahr aus[27].

Für die Stadtentwicklung bedeutet dies, dass Städte zukünftig viel besser Funktionen erfüllen müssen, die wir aus der Natur kennen wie beispielsweise: Speicherung und langsame Abgabe von Niederschlagswasser sowie Nutzung der Kühlungseffekte durch Vegetation – wie in einem Wald (s. Abb. 4).[28]

Die Debatte um einen neuen „climate urbanism" weist dabei darauf hin, dass die Anpassung der Städte an den Klimawandel nicht alleine als technisch-städtebauliche Frage verstanden werden sollte:[29] Zum einen können neue Formen der Partizipation die Potenziale vielfältiger Stadtgesellschaften auch für Fragen der Minderung des und der Anpassung an den Klimawandel erschließen – und zum anderen kann die Einbettung dieser Maßnahmen in einen breiten gesellschaftlichen Dialog sicherstellen, dass Fragen der Finanzierung und Organisation von Klimaschutzmaßnahmen sozial gerecht gestaltet werden.

Herausforderung Klimawandel –
Antwort: grüne und klimaangepasste Stadt

- Entsiegelung und Begrünung
- Zwischenspeicherung von Niederschlagswasser
- Entlastung der Kanalisation
- Klimaanpassung in breiten gesellschaftlichen Dialog einbetten

[27] Bayrisches Staatministerium für Umwelt und Verbraucherschutz: Klima-Report Bayern, 2021, https://www.stmuv.bayern.de/themen/klimaschutz/klimareport/

[28] Zu solchen *„nature based solutions"* siehe bspw. Carl Beierkuhnlein, Nature-based Solutions must be realized – not just proclaimed – in face of climatic extremes. *Erdkunde*, 75(3), 2021, S. 225–244. https://www.jstor.org/stable/27090874 ;
Arne Siemer, Klimaanpassung und Schwammstadt als Querschnittsaufgabe der Stadtplanung. In Dresdner Flächennutzungssymposium (Vol. 80), Rhombos-Verlag, 2022, S. 51-60.
Eine Darstellung von Konzepten wie „Schwammstadt", einer Förderung „grüner und blauer Infrastrukturen" und weitern Maßnahmen des Städtebaus bietet auch: Bayerisches Staatsministerium für Umwelt und Verbraucherschutz, Instrumente zur Klimaanpassung vor Ort – Eine Arbeitshilfe für Kommunen in Bayern, 2023.

[29] Vanessa Castán Broto, Enora Robin und Aidan While (Hg.), Climate Urbanism. Cham: Springer International Publishing, 2020.

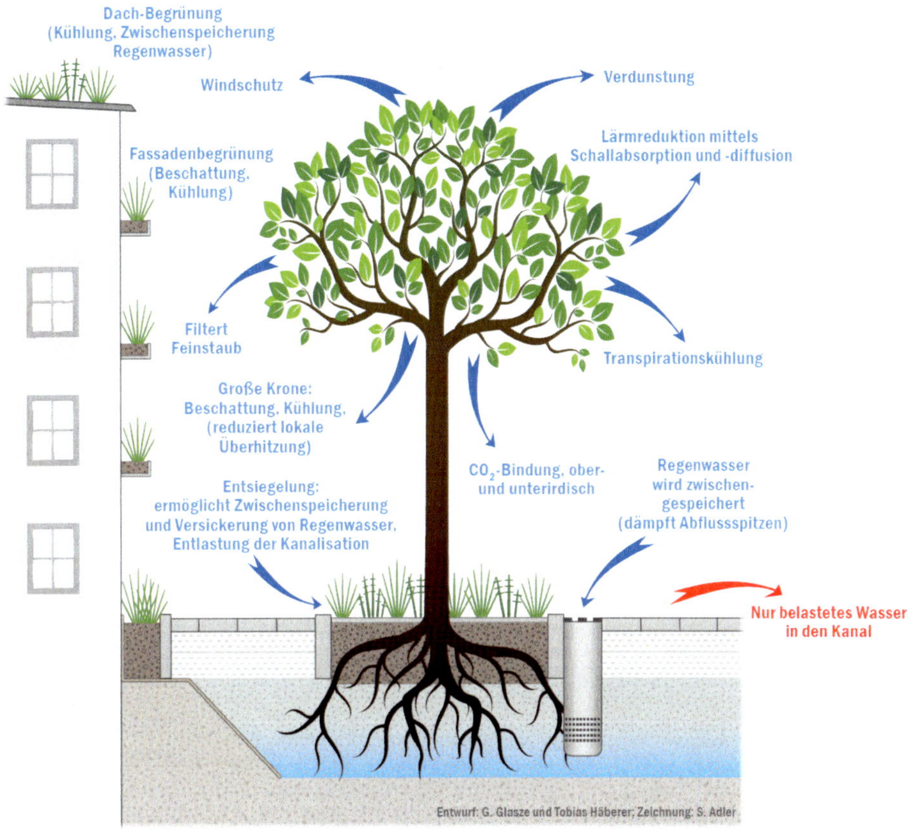

Abb. 4: Bausteine einer an den Klimawandel angepassten grünen Stadt

Demographischer Wandel und geographische Ungleichheiten

Als „demographischer Wandel“ wird die Veränderung der Bevölkerung bezüglich verschiedener Strukturmerkmale (bspw. Anzahl, Geschlecht, Alter, Staatsangehörigkeit) bezeichnet – dieser Wandel ist im Zuge der Veränderungen von Geburten- und Sterbefällen sowie Zu- und Fortzügen kontinuierlich und dabei immer geographisch ungleich. Da demographische Strukturen in vielfältiger Hinsicht die Anforderungen an städtische Infrastrukturen prägen (bspw. Anforderungen an Schulen oder Pflegeeinrichtungen) – ist jeglicher demographische Wandel auch eine Herausforderung für die Stadtentwicklung. Die Grundmuster des demographischen Wandels in

Deutschland Anfang des 21. Jh. wurden mit den Schlagworten: „weniger" „älter" und „bunter" beschrieben [30].

Die Entwicklung der Bevölkerungszahl wird vom Saldo der Geburten und Sterbefälle sowie vom Saldo der Zu- und Wegzüge bestimmt. Seit Anfang der 1970er Jahre übersteigen die Sterbefälle die Geburten – es gibt also ein „Geburtendefizit". Gleichzeitig ist das Wanderungssaldo bis auf wenige Ausnahmen in all diesen Jahren positiv gewesen, so dass die Bevölkerungszahl in Deutschland leicht aber kontinuierlich gewachsen ist (Statistisches Bundesamt 2020). In seinen Prognosen geht das Statistische Bundesamt davon aus, „dass die Zahl der Gestorbenen – trotz steigender Lebenserwartung – weiter zunehmen wird, da die zahlenmäßig starken Jahrgänge der Babyboom-Generation ins hohe Alter hineinwachsen. Zugleich wird die Anzahl potenzieller Mütter in den nächsten Jahren zurückgehen, da dann die schwach besetzten 1990er Jahrgänge im gebärfähigen Alter sein werden. Die Folge könnte eine abnehmende Geburtenzahl sein." Ob und inwieweit dieser negative Saldo der „natürlichen" Bevölkerungsbilanz[31] durch Zuwanderung ausgeglichen werden kann, ist eine offene Frage. Vielfach wird für die Jahrzehnte ab ca. 2030 eine stagnierende bzw. leicht schrumpfende Bevölkerungsanzahl prognostiziert – in der Bilanz also ein „weniger".

Dieses „weniger" weist allerdings große regionale Unterschiede auf. So zeigt die Bevölkerungsentwicklung in den Land- und Stadtkreisen zu Beginn des 21. Jahrhunderts ein Nebeneinander von wachsenden und schrumpfenden Regionen. Wachstumsregionen finden sich dabei v.a. in den wirtschaftsstarken Regionen Süddeutschlands und weiten Teilen Niedersachsens und Schleswig-Holsteins. In Ostdeutschland gewinnen v.a. die Stadtregionen um Leipzig, Berlin, Dresden und Erfurt Einwohner – ländliche Räume schrumpfen hingegen mit nur wenigen Ausnahmen.

---

30 Bspw. Spiegel, Erika, Weniger—älter—bunter. Demographische Rahmenbedingungen der Stadtentwicklung. In *Stadtlichtungen*, Birkhäuser Basel, 2007, S. 18-30.
Marlies Karsch, § 78 Weniger, älter, bunter–aber nicht überall gleich: Zu den Herausforderungen des demographischen Wandels in der Bundesrepublik Deutschland und seinen regionalen Unterschieden. Handbuch Föderalismus–Föderalismus als demokratische Rechtsordnung und Rechtskultur in Deutschland, Europa und der Welt: Band III: Entfaltungsbereiche des Föderalismus, 2012, S. 889-903.

31 Als „natürliche" Bevölkerungsbewegung wird in der demographischen Forschung traditionell die Dynamik durch Geburten und Sterbefälle bezeichnet. Da auch die Entwicklung von Geburten und Sterbefällen letztlich nur gesellschaftlich verstanden werden kann, markiere ich den Begriff mit Anführungszeichen.

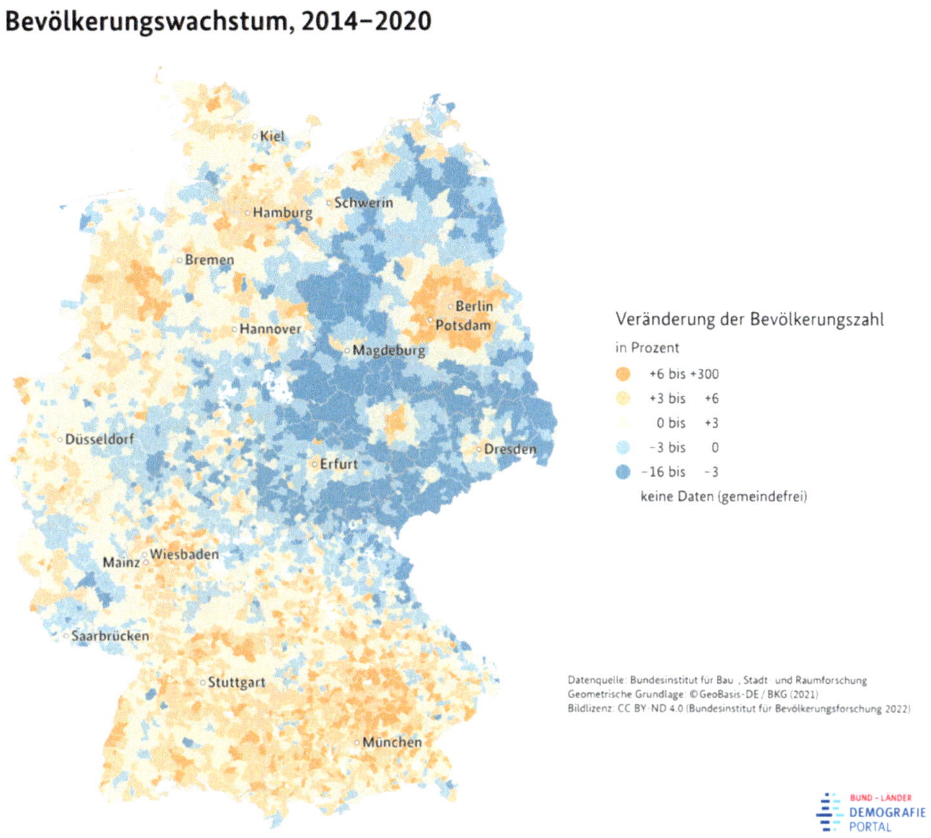

Abb. 5: Aktuelle regionale Bevölkerungsentwicklung 2021 (Quelle : Bund-Länder Demografie-Portal, Bundesinstitut für Bau-, Stadt-, und Raumforschung https://www.demografie-portal.de/DE/Fakten/Bilder/gross/bevoelkerungsentwicklung-regional-aktuell.png?__blob=publicationFile&v=5; 12.10.2023)

Auch für Nordbayern geht das Landesamt für Statistik (2021) für den Zeitraum bis 2030 von einem kleinräumigen Nebeneinander von Wachstumsregionen (bspw. die Achse Nürnberg-Fürth-Erlangen-Bamberg) und schrumpfenden Regionen (insbesondere die Grenzregionen zu Tschechien, Sachsen und Thüringen) aus.

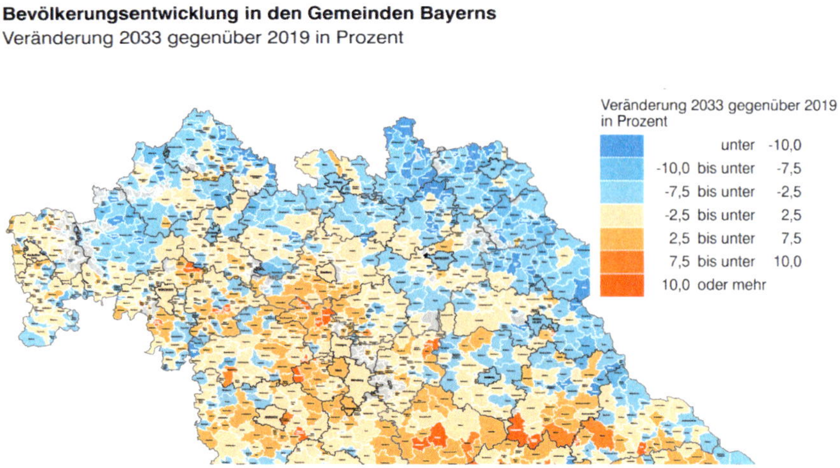

Abb. 6: Bevölkerungsentwicklung in den Gemeinden Bayerns (Quelle: Bayerisches Landesamt für Statistik 2023

Diese geographisch ungleiche Bevölkerungsentwicklung führt dazu, dass sich Wohnungsleerstände in bestimmten, überwiegend ländlich geprägten und peripheren Regionen konzentrieren, während Wohnraummangel v.a. ein Problem der Ballungsräume ist. Neben wachsenden Bevölkerungszahlen ist es nicht zuletzt auch der im Durchschnitt kontinuierlich steigende Wohnraumbedarf pro Kopf, der den Bedarf nach Wohnraum antreibt. Soziale Spannung erzeugt das Problem des Wohnraummangels nicht zuletzt aufgrund der Tatsache, dass immer mehr Wohnungen aus der Sozialbindung fallen – so halbierte sich die Zahl von Wohnungen mit preislich gebundenen Mieten von mehr als 2 Millionen Mitte der 2000er Jahre auf ca. 1 Million Ende 2022[32]. In vielen Großstadtregionen fehlen daher v.a. bezahlbare Wohnungen – eine Lösung scheint hier nur durch einen grundlegenden Politikwechsel möglich, der auch auf den Erhalt einer ausreichenden Zahl von Wohnungen mit Sozialbindung setzt.[33]

32 Dazu auch: Susanne Heeg: Stadt bewohnen–Wohnungspolitik und soziale Frage. In *Stadtgeographie: Aktuelle Themen und Ansätze*.Berlin, Heidelberg: Springer Berlin Heidelberg. (2023). S.115-146.

33 Andrej Holm, Wiederkehr der Wohnungsfrage. Aus Politik und Zeitgeschichte, 64(20-21), 2014, S. 25-29.

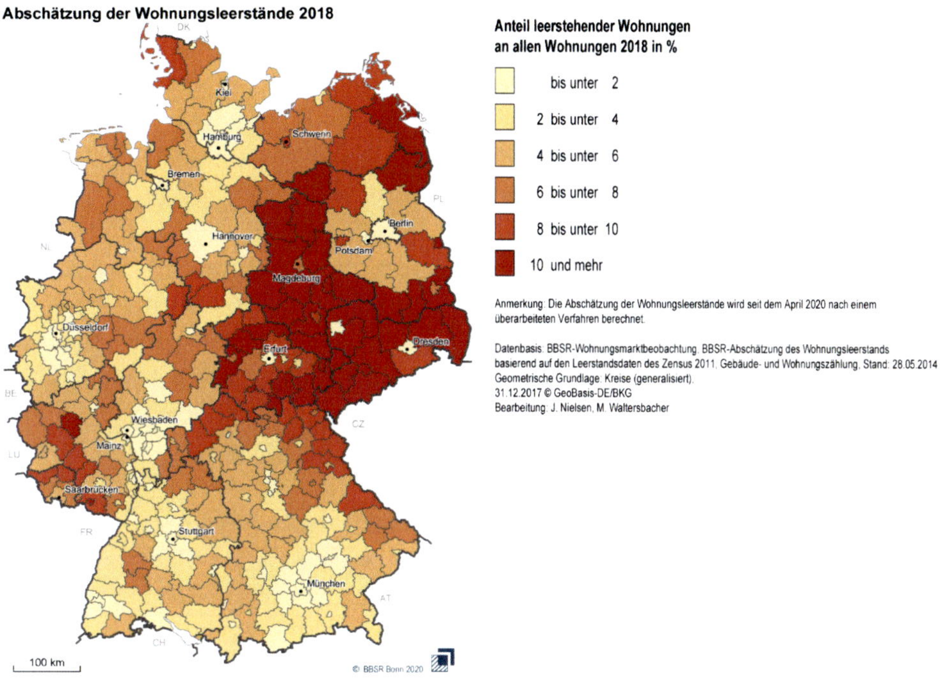

Abb. 7: Wohnungsleerstand Deutschland (Quelle: BBSR 2020, https://is.gd/UVEZ1y, 12.10.2023)

Eine offene Frage ist zu Beginn der 2020er Jahre, wie nachhaltig und wie umfassend sich ein neuer Trend zu ländlichen Wohnorten auswirken wird. So deuten mehrere Studien darauf hin, dass bereits seit den 2010er Jahren „Ländlichkeit" und ländliche Wohnstandorte positiver bewertet werden[34], als in den vorangegangenen Jahrzehnten. Im Kontext der Transformation zur Wissensökonomie und nicht zuletzt auch vor dem Hintergrund sozialer und demographischer Veränderungen[35] war die Hochphase der Suburbanisierung in den 1990er Jahren zu Ende gegangen und es zeigte sich zunächst eine neue Attraktivität der Kernstädte als Wohnstandorte, die

[34] Christoph Baumann: Idyllische Ländlichkeit - Eine Kulturgeographie der Landlust // Idyllische Ländlichkeit. Eine Kulturgeographie der Landlust, 2018, Bielefeld: Transcript. – Rurale Topografien Band 6.

[35] So führt bspw. der Rückgang der klassischen Rollenverteilung in jüngeren Familien (Vater als Alleinverdiener pendelt aus dem suburbanen Raum zur Arbeitsstätte, Mutter übernimmt die komplette Organisation des Alltags im suburbanen Raum) dazu, dass das Wohnen in Stadtnähe für viele Familien zur attraktiveren Option wird.

teilweise bereits als „Renaissance der Städte" bezeichnet wurde[36]. Im Kontext der Corona-Pandemie hat sich in den 2020er Jahren allerdings ein neuer Attraktivitätsverlust der Kernstädte verstärkt und scheint sich in veränderten Mustern der Wohnstandortwahl niederzuschlagen. Eine Auswertung der Zu- und Abwanderungszahlen auf Gemeindeebene durch die Wüstenrot-Stiftung und das Berlin Institut für Bevölkerung und Entwicklung[37] zeigt bspw., dass insbesondere kleine und mittlere Gemeinden im Zeitraum 2018/2020 mehr Zu- als Abwanderung aufwiesen – große Städte stagnierten hingegen vielfach. Die Ausweitung von homeoffice im Kontext aber auch im Nachgang der Corona-Pandemie stärken zu Beginn der 2020er Jahre diese neue Tendenz der Zuwanderung in kleinere und periphere Gemeinden.[38] Dieser Trend könnte Chancen bieten, Leerstände in peripheren Regionen zu sanieren und wieder für Wohnraum zu nutzen. Damit könnte die Nachfrage nach Neubauten gesenkt werden – ganz im Sinne der ökologisch notwendigen Vermeidung von Neubauten (s.o.).[39] Notwendig dafür ist, die Sanierung von Altbauten zu fördern und eben nicht Neubau. Zudem sollte sichergestellt werden, dass ein demographischer Aufschwung in peripheren Regionen, nicht zu einem Anstieg des motorisierten Individualverkehrs führt, sondern soweit möglich mit umweltgerechten Formen der Mobilität organisiert wird.[40]

Neben der absoluten Bevölkerungsentwicklung, sind auch andere Bevölkerungsstrukturen geographisch ungleich. So führt(e) die jahrelange Abwanderung von v.a. jungen Menschen aus peripheren Regionen in die Metropolregionen dazu, dass in den peripheren Regionen der Anteil älterer

---

36 Dazu beispielsweise Siedentrop Stefan: Die Rückkehr der Städte. Informationen zur Raumentwicklung 3.4, 2008, S. 193-207.

37 Wüstenrot-Stiftung/Berlin Institut für Bevölkerung und Entwicklung: Landlust neu vermessen,2023, https://neuelandlust.de/

38 Nach Angaben des Statistischen Bundesamtes hat sich der Anteil der Beschäftigten, die zumindest tageweise im homeoffice tätig sind, von knapp 10% vor der Pandemie auf ca. 25% während und nach der Pandemie erhöht (https://www.destatis.de/DE/Presse/Pressemitteilungen/Zahl-der-Woche/2023/PD23_28_p002.html; 12.09.2023).

39 Auch das Bundesbauministerium sowie der Städte- und Gemeindebund plädieren 2023 in Stellungnahmen dafür, das Potenzial leerstehender Wohnungen außerhalb der Städte besser für die Bewältigung des Wohnungsmangels zu nutzen (https://www.mdr.de/nachrichten/deutschland/gesellschaft/wohnungsnot-umzug-aufs-land-landsberg-empfiehlt-100.html; 2.10.2023).

40 So zeigen Auswertungen des Bundesamtes für Bauwesen und Raumordnung, dass Zahl und Anteil von Fernpendlern zu Beginn der 2020er Jahre deutlich angestiegen sind (https://www.bbsr.bund.de/BBSR/DE/startseite/topmeldungen/pendeln-2022.html; 12.10.2023).

Menschen überdurchschnittlich hoch ist. Auch die internationale Zuwanderung war und ist in hohem Maße auf die Städte und Metropolregionen ausgerichtet. Die Bevölkerung in Städten ist auch daher in Bezug auf viele Kriterien (bspw. Migrationsgeschichte, Religion, Staatsangehörigkeit) i.d.R. diverser als in ländlichen Regionen. Dies bedeutet zum einen, dass Wohnformen in der Stadt besonders vielfältig sind und der Wohnungsbau auf diese Anforderungen reagieren muss. Zum anderen heißt dies auch, dass in Städten ein Zusammenleben in Vielfalt gestaltet werden muss.[41] So stellt sich bspw. die Frage, wie (politische) Teilhabe auf der Ebene von Städten zumindest teilweise unabhängig von nationalstaatlichen Regelungen der Staatsangehörigkeit ermöglicht und wie auf städtischer Ebene eine Art „kommunales Wir" gestärkt werden kann.[42]

Herausforderung demographischer Wandel –
Antworten: Zusammenleben gestalten

- Förderung der Sanierung von Altbauten (statt Neubauförderungen) reduziert Wohnungsmangel
- Bessere Nutzung von leerstehendem Wohnraum außerhalb der Städte
- Sicherstellung der Versorgung mit sozial gebundenem Wohnraum
- Teilhabe und „kommunales Wir" stärken

---

[41] Doug Saunders, Die Stadt als Labor für Vielfalt und Teilhabe: Herausforderungen und Chancen, in: Bertelsmann Stiftung (Hg.) Vielfalt leben – Gesellschaft gestalten Chancen und Herausforderungen kultureller Pluralität in Deutschland, 2018, S. 157-174.

[42] Siehe dazu bspw. die Debatte um eine „urban citizenship" (Stadtbürgerschaft) bspw. in den verschiedenen Beiträgen im „Verfassungsblog" des WZB und der Mercator-Stiftung (https://verfassungsblog.de/category/debates/urban-citizenship-debates/; 21.09.2023).

Wissensgesellschaft und: regionaler Wettbewerb und sozial-räumliche Gerechtigkeit

Die Schlagworte der „Wissensgesellschaft“[43] und „Wissensökonomie“[44] markieren einen Wandel sozio-ökonomischer Strukturen: Informationen und Wissen gewinnen v.a. seit Ende des 20. Jh. gegenüber traditionellen Produktionsfaktoren an Bedeutung. Unternehmen aber eben auch Städte und Regionen sehen sich vor diesem Hintergrund zunehmend in einem Wettbewerb um die „klugen und kreativen Köpfe“. Große Stadtentwicklungsprojekte wie die Hafencity-Hamburg aber bspw. auch der neue „Siemens Campus“ in Erlangen zielen nicht zuletzt darauf ab, ein attraktives Image zu schaffen und damit gut ausgebildete Arbeitnehmer:innen anzuziehen. Der als „Renaissance der Städte“ beschriebene Imagegewinn der Städte und Metropolregionen seit den 1990er Jahren (s.o.) muss auch vor den Hintergrund dieses ökonomischen Strukturwandels und dem damit verknüpften Stadt- und Regionalmarketing verstanden werden.

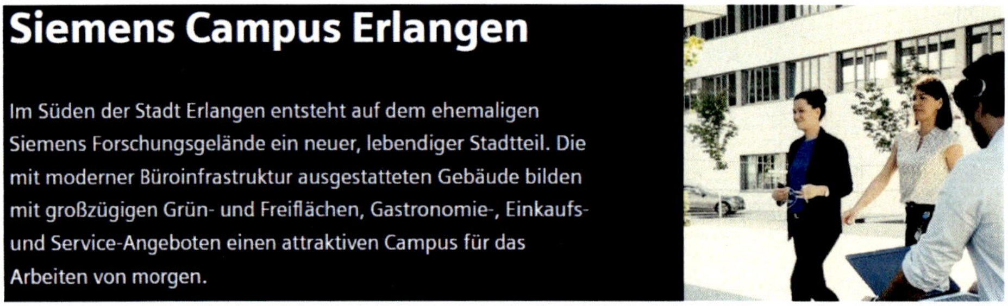

Abb. 8: Selbstdarstellung des neuen Siemens Campus (Siemens AG 2023; https://www.siemens.com/de/de/unternehmen/konzern/unternehmensstruktur/real-estate/siemens-campus-erlangen.html; 28.08.2023)

Die kritische Stadtforschung hat darauf hingewiesen, dass diese Prozesse die soziale Ungleichheit insbesondere in Städten verstärken. So stehen sich gerade dort zwei Gruppen gegenüber: Einerseits jene, die von diesem Strukturwandel profitieren und die Städte ziehen, die in der Wissensgesell-

---

[43] Daniela Ahrens: Stadt und Region in der Wissensgesellschaft. Stadtregion und Wissen: Analysen und Plädoyers für eine wissensbasierte Stadtpolitik, 2004, S. 53-63.
Hans Joachim Kujath, Axel Stein: Rekonfigurierung des Raumes in der Wissensgesellschaft. Raumforschung und Raumordnung| Spatial Research and Planning, 67(5-6), 2009, S. 369-382.

[44] Hans Joachim Kujath, Suntje Schmidt, Wissensökonomie und die Entwicklung von Städtesystemen. Sozialwissenschaftlicher Fachinformationsdienst soFid, (Stadt-und Regionalforschung 2007/2), 2007, S. 9-29.

schaft ökonomisch erfolgreich sind – und andererseits jene, die in der wissensbasierten Ökonomie keinen (Arbeits-)Platz (mehr) finden. Gleichzeitig besteht die Gefahr, dass sich die politischen Prioritäten zunehmend auf die Stärkung der Position im interregionalen Wettbewerb ausrichten. Die Aufgabe eines sozialen Ausgleichs innerhalb der Stadtgesellschaften läuft damit Gefahr, aus dem Blickfeld zu geraten.[45]

Die in vielen Städten zunehmende soziale Segregation[46] , d.h. die zunehmende Trennung der Wohnstandorte unterschiedlicher sozialer Gruppen, ist ein Hinweis, dass diese Kritik nicht unberechtigt ist. So zeigt eine Auswertung amtlicher Daten zu Wohnstandorten in den 74 deutschen Großstädten durch das Wissenschaftszentrum Berlin, dass in mehr als drei Vierteln der untersuchten Städte die räumliche Konzentration von Haushalten, die auf Grundsicherung nach SGB II angewiesen sind, zwischen 2005 und 2014 zugenommen hat.[47]

Diese Studie hat auch in Erlangen Wellen geschlagen – da die Studie Erlangen zu den Städten in Deutschland zählt, in denen die soziale Segregation am stärksten ausgeprägt ist.[48] Hintergrund ist, dass sich in Erlangen Haushalte mit sozialen Problemlagen in besonders hohem Maße in bestimmten Quartieren konzentrieren. In Erlangen sind dies vor allem die Quartiere des Geschosswohnungsbaus aus dem 20. Jh. Im Durchschnitt sozioökonomisch besser gestellte Gruppen wohnen hingegen in den peripheren Vororten sowie in den an die Altstadt angrenzenden Quartieren im Nordosten. Durchaus ähnliche Strukturen finden wir auch in Nürnberg – wobei hier die Quartiere mit einer Konzentration von Haushalten, die auf Transferleistungen angewiesen sind, v. a. die altindustrialisierten, gründerzeitlichen Viertel im Süden und Südosten der Altstadt sowie Teile der randstädtischen Großwohnsiedlungen des 20. Jh. sind.

---

[45] Harvey, David, From managerialism to entrepreneurialism: the transformation in urban governance in late capitalism. In: Geografiska Annaler, Series B 71 (1): 317, 1989.
Sebastian Schipper: Die unternehmerische Stadt. Handbuch Kritische Stadtgeographie, 3. Aufl.; Bernd Belina, Matthias Naumann, Anke Strüver, (Hg.), 2014, S.147-152.

[46] Einführend: Georg Glasze und Christoph Haferburg: Segregation. In: Rolfes, M. und Uhlenwinkel, A. (Hrsg.), Metzler Handbuch 2.0 Geographieunterricht. Ein Leitfaden für Praxis und Ausbildung. – Didaktische Impulse. Braunschweig: Westermann, 2013, S. 479–490.

[47] Marcel Helbig, Stefanie Jähnen: Wie brüchig ist die soziale Architektur unserer Städte? Trends und Analysen der Segregation in 74 deutschen Städten. Discussion Paper P 2018–001. Wissenschaftszentrum Berlin für Sozialforschung, 2018, https://bibliothek.wzb.eu/pdf/2018/p18-001.pdf

[48] Scott Johnston, Die Kluft ist in Erlangen extrem groß. Erlanger Nachrichten vom 26. Mai 2018 (https://www.nordbayern.de/region/erlangen/kluft-ist-in-erlangen-extrem-gross-1.7629418; 23.08.2023).

Wie entsteht Segregation? Auch hier sind die Zusammenhänge komplex: so spielen auf einer Makro-Ebene bspw. Fragen der Wohlstandsverteilung in der Gesellschaft, die Strukturen der Wohnungsbauförderung, des Mietrechts oder eben auch der Demographie eine Rolle. Auf der Mikro-Ebene spielen dann die finanziellen Ressourcen aber auch die Präferenzen der Wohnungssuchenden sowie v.a. auch die Präferenzen und expliziten oder impliziten Diskriminierungen auf der Angebotsseite eine Rolle. Aber auch die Stadtplanung spielt eine wichtige Rolle: So prägt die städtebauliche Verteilung von Sozialwohnungen in hohem Maße die sozio-ökonomische Segregation.

Nun ist Segregation nichts Neues. Städte waren immer von Vielfalt und unterschiedlichen Quartieren geprägt. Und zunächst sind die individuellen und sozialen Folgen von Segregation gar nicht unbedingt immer problematisch. Eine hohe sozio-ökonomische Segregation hat aber unerwünschte Folgen. Ein Beispiel wären die ungleichen Bildungschancen, die sich fast unweigerlich ergeben, wenn sich in einem bestimmten Schulsprengel viele soziale Herausforderungen überlagern – wie bspw.: viele Haushalte, die von Armut betroffen sind und viele Kinder, die mit keinen oder geringen Deutschkenntnissen ins Schulsystem kommen. Das bringt enorme Herausforderungen für diese Schulen mit sich und beschädigt die Chancengleichheit von Kindern und Jugendlichen schon im Grundschulalter.[49] Darüber hinaus geht sozio-ökonomische Segregation vielfach einher mit einer Stigmatisierung bestimmter Wohnorte – und (mehr oder weniger indirekt) deren Bewohner:innen. So zeigt die geographische Diskursforschung, dass grundlegende gesellschaftliche Probleme dabei vielfach zu Problemen bestimmter Orte gemacht werden („das Problemviertel"), eine solche „Verräumlichung" gesellschaftlicher Probleme entpolitisiert und für weite Teile der Gesellschaft aus dem Blickfeld rückt.[50]

Neben Fragen von Bildungsgerechtigkeit sind in den letzten Jahren zunehmend auch Fragen von Gesundheit und Umweltgerechtigkeit ins Blickfeld der Stadtforschung gerückt. So haben Kollegen aus der Erlanger Geogra-

49 Cornelia Gresch, Lars Hoffmann,Georg Lorenz: Zusammenhänge zwischen nachbarschaftlicher Wohnumgebung und schulischem Bildungserfolg. Köln Z Soziol 75, 2023, S. 37–61, https://doi.org/10.1007/s11577-023-00880-9

50 Am Beispiel der Stigmatisierung der Großwohnsiedlungen am Rande der Großstädte in Frankreich zeigen das einführend: Georg, Glasze, Melina Germes und Florian Weber, Krise der Vorstädte oder Krise der Gesellschaft? In: Geographie und Schule (177), 2009, S. 17–25.

phie sich in einem studentischen Forschungsprojekt mit Fragen von Mikrosegregation[51] beschäftigt – also der Frage wie auch in kleinen Nachbarschaften räumlich ungleich gewohnt wird. Vielfach ist diese Mikrosegregation mit spezifischen Umweltbelastungen – bzw. der Vermeidung dieser Belastungen verknüpft. So wurde in den 2020er Jahren im Erlanger Stadtsüden von einem großen Wohnungsunternehmen in einer Siedlung nachverdichtet, die nach dem 2. Weltkrieg als Arbeitersiedlung von Siemens errichtet worden war. Obwohl hierfür einige Bäume gefällt werden mussten, scheint eine solche Nachverdichtung im Sinne einer kompakten und umweltschonenden Stadt sinnvoll. Die Kollegen und Studierenden haben allerdings darauf aufmerksam gemacht, dass auch diese Nachverdichtung mit der Schaffung einer neuen Segregation auf kleinräumiger Ebene verknüpft wurde. Die Stadt hatte für das Projekt die Errichtung von 25% der neuen Wohnungen als sozial geförderte Wohnungen verlangt – und der Investor hat diese Wohnungen an den stark befahrenen Straßen quasi als Lärmschutzwall für die anderen Wohnungen errichtet.[52]

Das heißt: In einer zunehmend wissensorientierten Gesellschaft ist es sicherlich notwendig, dass sich Städte und Regionen um die klugen Köpfe bemühen. Diese Bemühungen sollten aber nicht nur auf Marketing setzen, sondern auch auf gerechte und gute Bildungschancen für alle Kinder in einer Stadt. Auch darüber hinaus muss es Aufgabe von Stadtentwicklung bleiben, benachteiligende Ungleichheiten zu verringern.

Herausforderung Wissensgesellschaft –
Antworten: Zusammenleben gerecht gestalten

- gute und gerechte Bildungschancen
- benachteiligende Ungleichheiten verringern
- notwendige Nachverdichtungen sozial gerecht gestalten

[51] Als städtische Mikosegregation werden dabei Strukturen der ungleichen Verteilung von Wohnstandorten in einem kleinräumigen Bereich bezeichnet, die in der amtlichen Statistik i.d.R. nicht sichtbar werden – da diese mit größeren statistischen Bezirken arbeiten.

[52] Klaus Geiselhart et al.: Poor Doors in Erlangen: Umweltbezogene Mikrosegregation unter Bedingungen der Reurbanisierung. *sub\urban* 8.1/2, 2020.

Digitale Transformation und die Zukunft städtischer Öffentlichkeit

Die „digitale Transformation" bezeichnet die Veränderungen gesellschaftlicher Strukturen und Praktiken im Kontext der Verbreitung von digitalen Technologien. Die Erhebung zur Nutzung von Informations- und Kommunikationstechnologien in privaten Haushalten durch das Statistische Bundesamt zeigt, dass zwischen 2000 und 2020 in Deutschland der Anteil der Personen ab 10 Jahren, die das Internet nutzen, sich von ca. einem Drittel auf ca. 90% verdreifacht hat.[53] Hinter diesen nüchternen Zahlen verbergen sich grundlegende Veränderungen der Praktiken, wie Menschen kommunizieren, sich informieren, Dienstleistungen und Produkte konsumieren usw. Inwiefern sind diese Veränderungen und die digitale Transformation insgesamt auch eine Herausforderung für die Entwicklung von Städten und städtischen Gesellschaften? Dieser Frage möchte ich anhand von drei Beispielen nachgehen: erstens den Versprechen einer so genannten „smart city" – also Konzepten von Stadt, in der Prozesse datenbasiert möglichst effizient und ressourcenschonend gesteuert werden, zweitens den Potenzialen einer „digitalen Demokratie" und der Veränderung politischer Öffentlichkeit im Kontext der digitalen Transformation sowie drittens dem Siegeszug des so genannten Online-Handels und dessen Folgen für die Innenstädte.

Zunächst zu den Konzepten einer „smart city": Ein Zusammenspiel von neuen digitalen Technologien und neuen sozio-technischen Praktiken (wie bspw. das interaktive und zunehmend ubiquitäre und mobile Internet oder satellitengestützte Lokalisierung,) führt zu Beginn des 21. Jh. dazu, dass immer mehr Prozesse digital erfasst und digital gesteuert werden können. Im Konzept der „smarten", d. h. digitalen und intelligenten Stadt greifen diese Technologien und Praktiken in einer Weise ineinander, dass Prozesse in Städten effizient und damit ressourcensparend gesteuert werden können. So können bspw. Sensoren freie Parkplätze erfassen und in digitale Informationssysteme einspeisen. Auf diese Weise sollen Parksuchverkehre radikal vermindert werden.[54] „Intelligente" Mülltonnen erfassen permanent ihren Füllstand über Sensoren und speisen diese Information wiederum in Systeme ein, so dass die Wege der Müllentsorgungsfahrzeuge optimiert

---

[53] IT-Nutzung im ersten Quartal des jeweiligen Jahres von Personen ab 10 Jahren, https://www.destatis.de/DE/Themen/Gesellschaft-Umwelt/Einkommen-Konsum-Lebensbedingungen/IT-Nutzung/Tabellen/zeitvergleich-computernutzung-ikt.html (3.09.2023).

[54] Der Marktführer in diesem Feld ist Anfang der 2020er Jahre ein Startup von Alumnis der FAU in Fürth (smart-city-system.com/; 2.10.2023).

werden können. In ähnlicher Weise lassen sich Beleuchtungs- oder Heizsysteme optimieren.[55]

Die sozialwissenschaftliche Stadtforschung hat bereits früh auf blinde Flecken und Probleme der Versprechen einer „smart city" hingewiesen.[56] So stellt sich zunächst ganz banal die Frage, was in Konzepten einer „smart city" erfasst und gesteuert wird – und was nicht? Wer profitiert von diesen neuen Sichtbarkeiten – wer nicht? Hinterfragt wird damit der vermeintlich rein technisch-optimierende Charakter von „smart city"-Konzepten. So hat bspw. der Erlanger Geograph Christian Eichenmüller in seiner Dissertation gezeigt, dass das groß angelegte „smart city"-Konzept der indischen Bundesregierung sich in eine modernistische Entwicklungslogik einfügt und etablierten gesellschaftlichen Eliten nutzt. Grundlegenden Probleme einer Vielzahl von Menschen in indischen Städten bearbeiten diese Konzepte gerade nicht.[57] Insgesamt folgen „smart city"-Konzepte vielfach einer a-politischen Idee von „Optimierung" und blenden damit aus, dass Fragen von Stadtentwicklung selten ohne Interessenkonflikte und eindeutig „optimierbar" sind.[58] So laufen bspw. auch banale Programme einer Verkehrssteuerung und technischen Reduzierung von Parksuchverkehren Gefahr, grundlegende Fragen einer zukunftsfähigen Verkehrspolitik nicht anzugehen und sogar aus dem Blickfeld zu rücken. Darüber hinaus stellt sich in diesen Projekten grundsätzlich die Frage, wer über die Daten verfügen kann. So lassen viele der in „smart city"-Konzepten erhobenen und verarbeiteten Daten Rückschlüsse über individuelles Verhalten zu, so dass sich dabei Risiken für die Privatsphäre auftun. Da „smart city"-Konzepte vielfach von großen Technologie-Unternehmen vorangetrieben wurden und werden[59] und Stadtverwaltungen i.d.R. nicht über die technischen Kompetenzen und Ressourcen verfügen, stellt sich für die Städte aber auch viel

---

55 Für einen technisch bzw. technokratisch orientierten frühen Überblick zur „*smart city*"-Debatte siehe: Batty, M., Axhausen, K.W., Giannotti, F. et al. Smart cities of the future. Eur. Phys. J. Spec. Top. 214, 2012, S. 481–518. https://doi.org/10.1140/epjst/e2012-01703-3

56 Deutschsprachig bspw.: Sybille Bauriedl und Anke Strüver, Smarte Städte. Digitalisierte urbane Infrastrukturen und ihre Subjekte als Themenfeld kritischer Stadtforschung, In: sub\urban. zeitschrift für kritische stadtforschung (1/2), 2017, S. 87–104.

57 Christian Eichenmüller, The Coloniality of Smart Cities: Developmentalist Agendas and the Production of Legibility in India's Smart Cities Mission, 2022 (https://www.proquest.com/dissertations-theses/b-coloniality-smart-cities-developmentalist/docview/2734699549/se-2?accountid=10755; 12.09.2023)

58 Christian Eichenmüller, Max Münßinger und Georg Glasze, Das Gehirn der Smart City. In: s\u 9(1/2),2021, S. 51–71.

59 Ola Söderström, Till Paasche und Francisco Klauser, Smart cities as corporate storytelling. In: City 18(3), 2014, S. 307–320.

grundsätzlicher die Frage einer „kommunalen Datensouveränität“: Inwieweit machen sich Stadtverwaltungen und Stadtpolitik dabei abhängig von großen Technologieunternehmen?[60] In der Konsequenz haben einige Stadtregierungen begonnen, Ende der 2010er Jahre Konzepte einer „smart city“ zu entwickeln, die dezidiert als „bottom up“-Projekte angelegt sind, also auf eine Handlungsermächtigung der Bürger:innen setzen – prominentes Beispiel ist Barcelona.[61]

Dabei werden „smart city“-Konzepte auch verknüpft mit Ansätzen, die digitale Informations- und Kommunikationsmöglichkeiten für neue Ansätze der politischen Information, Debatte und Entscheidungsfindung erschließen möchten – teilweise als E-Partizipation, E-Democracy oder E-Goverment bezeichnet.[62] Diese Ansätze bauen auf den neuen Möglichkeiten zur digitalen Interaktion auf, die sich mit dem so genannten Web 2.0 ab Mitte der 2000er Jahre eröffnet haben. Die Hoffnung ist, dass digitale Informationswege Entscheidungen und Regierungshandeln transparenter machen können, neue digitale Kommunikationswege Zugangshürden reduzieren und letztlich politische Partizipation verbessert werden kann. Zahlreiche Städte haben vor diesem Hintergrund mit neuen Formen einer digitalen Demokratie experimentiert.[63] Vielfach sind diese Hoffnungen auf eine digitale Demokratie in den 2020er Jahren jedoch von den Risiken der digitalen Transformation für die (nicht nur aber auch städtische) Demokratie in den Hintergrund gedrängt worden: Eine zunehmende Fragmentierung der

---

Pierre Filion, Markus Moos, und Gary Sands, Urban neoliberalism, smart city, and Big Tech: The aborted Sidewalk Labs Toronto experiment. In: Journal of URBAN AFFAIRS 36(1), 2023, S. 1–19.

[60] Paola Pierri, Towards a City-level Practice of Digital Sovereignty? Addressing the Question of Digital Rights and Democracy, In Georg Glasze, et al. (Hg.), Geopolitics of digital sovereignty, Elgar: in print, 2024.

[61] Hug March,Ramon Ribera-Fumaz, Barcelona, From corporate smart city to technological sovereignty, In Inside smart cities, S.227-242, Routledge, 2018.

[62] Vinod Kumar T.M. (Hg.), E-Democracy for Smart Cities. Singapore: Springer. – Springer eBook Collection Earth and Environmental Science, 2017.

Katrin Franz et al, E-Partizipation als neuer Impuls in stadtplanerischen Prozessen? Von den Visionen der Stadtplanenden zu den Utopien der BürgerInnen. Mitteilungen Der Fränkischen Geographischen Gesellschaft, 60(1),2014, S. 43–56. Abgerufen von https://fgg-erlangen.de/fgg/ojs/index.php/mfgg/article/view/340 (1.10.2023).

[63] Siehe bspw. Pierri (2024); inzwischen gibt es eine Vielzahl von Unternehmen, die Städte bei neuen digitalen Beteiligungsangeboten unterstützen – siehe bspw.: https://www.citizenlab.co/de (2.10.2023).

politischen Debatte sowie Desinformationen nicht zuletzt in digitalen Medien sind auch eine Gefahr für die politische Auseinandersetzung in Städten.[64]

Wie in der Einleitung skizziert, haben Arbeiten aus der sozialwissenschaftlichen Stadtforschung vielfach die kulturgeschichtliche Bedeutung der Stadt für die Entwicklung einer politischen Öffentlichkeit betont. Die Begegnung von Menschen aus ganz unterschiedlichen Kontexten und Lebenswelten auf den Märkten und Plätzen der Städte wird dabei interpretiert als eine Art Katalysator für die Entwicklung politischer Institutionen. Nun sollte die Bedeutung von öffentlichen Räumen für politische Öffentlichkeit und Demokratie aber auch nicht überschätzt werden. Märkte und Plätze alleine sind mit Sicherheit nicht hinreichend, um eine lebendige und stabile Demokratie zu schaffen. Dennoch: Die Sorge, dass die Innenstädte im Kontext der digitalen Transformation ihre Bedeutung als Ort der gesellschaftlichen Begegnung verlieren, muss ernst genommen werden.

Zunächst: Inwiefern sind die Beschreibungen einer „Krise“ oder gar eines „Niedergangs der Innenstädte“ angemessen?[65] Im Kern beziehen sich solche Bewertungen i.d.R. auf den Strukturwandel im Einzelhandel und die damit einhergehende Krise des innerstädtischen Einzelhandels. Bereits seit Mitte des 19. Jh. hatten sich die Innenstädte im Zuge der so genannten City-Bildung grundlegend transformiert: der Handel „wanderte“ von den Plätzen und Märkten in die Gebäude. Es entstanden neue Verkaufsformen wie das städtische Warenhaus. Gemeinsam mit der Ausdehnung von Büroflächen verdrängte der Einzelhandel allmählich die Wohnfunktion aus den Innenstädten. Die historischen Innenstädte zumindest der großen Städte wurden zu „Stadtzentren“ bzw. zur „City“ – vornehmlich zum Einkaufen.

Bereits ab Mitte des 20. Jh. bekommen die Stadtzentren allerdings neue Konkurrenz: Mit der Verbreitung des privaten PKWs und der einsetzenden Suburbanisierung entstehen neue vielfach großformatige und „autogerechte“ Standorte des Einzelhandels im suburbanen Umland. Verbunden sind diese Veränderungen der Standortstrukturen mit einem Wandel der Betriebsformen: Viele traditionelle Fachgeschäfte müssen aufgeben und

---

[64] Thorsten Thiel, Digitalisierung: Gefahr für die Demokratie? Ein Essay, Politikum: Analysen, Kontroversen, Bildung, ISSN 2364-4737, Wochenschau Verlag, Frankfurt a. M., Vol. 4, Iss. 3,2018, S. 50-55.

[65] Exemplarisch: https://www.deutschlandfunk.de/urbanes-leben-innenstaedte-schon-vor-corona-in-gefahr-100.html (2.10.2023); https://www.dw.com/de/shopping-sind-innenst%C3%A4dte-noch-zu-retten/a-54526624 (2.10.2023)

werden von neuen Formaten wie bspw. den Discountern verdrängt. Insgesamt lässt sich spätestens seit den 1960er Jahren eine Tendenz zu weniger aber großflächigeren Betriebsformen sowie zur Filialisierung beobachten.[66] Seit den 1990er Jahren und verstärkt mit den Umbrüchen im Kontext der „Corona-Pandemie" stellt der Online-Handel eine neue Konkurrenz für den stationären Einzelhandel dar – nicht nur aber insbesondere in den Innenstädten. In der Folge lässt sich in zahlreichen Städten eine Zunahme von leerstehenden Lokalen des Einzelhandels beobachten.[67] Mit der Krise des Einzelhandels in den Innenstädten (sowie nicht zuletzt in den dezentralen Lagen in den Stadtteilen) verlieren die Innenstädte also die zentrale Funktion, die sie in den letzten 150 Jahren erfüllt haben. Was bedeutet dies für die Zukunft der Stadt als Ort der Begegnung und von Öffentlichkeit?

Nun wäre es sicherlich falsch, die Stadtzentren des späten 19. und frühen 20. Jh. zu idealisieren. Die Einkaufs- und Bürostadt war nie ein idealer öffentlicher Raum, Räume des Konsums wurden (und werden) immer auch selektiv und exkludierend gestaltet. Dennoch stellt sich Stadtpolitik und -verwaltung die Aufgabe, den Strukturwandel der Innenstädte zu begleiten. Denn dieser Strukturwandel kann auch Chancen eröffnen für neue, nicht-kommerzielle und damit „öffentlichere" Orte der Begegnung – beispielsweise in Projekten wie dem ZAM (Zentrum für Austausch und Mitmachen e.V.) in Erlangen, angesiedelt in einem ehemaligen Lokal des Einzelhandels. Gleichzeitig können mit dem Rückgang und der zunehmenden räumlichen Konzentration des Einzelhandels in den Innenstädten neue Wohnmöglichkeiten (wieder) geschaffen werden. Die Innenstadt der Zukunft könnte damit (wieder) multifunktionaler werden – und vielleicht sogar die Aufgabe als Ort der gesellschaftlichen Begegnung und der (politischen) Öffentlichkeit besser erfüllen, als die Stadtzentren des 20. Jh.[68] So können die vielfacht wieder belebten Innenstädte nach dem Ende der Corona-Pandemie auch als Hinweis darauf gelesen werden, dass es vielleicht gerade auch im digitalen Zeitalter einen Bedarf nach „echten Begegnungen" gibt, den nur die öffentlichen Räume der Städte erfüllen können. Und nicht zuletzt erfüllen die öffentlichen Räume der Städte auch im 21. Jh. durchaus auch politische Funktionen: Gesellschaftliche Gruppen, die

---

[66] Elmar Kulke, Strukturwandel im Einzelhandel. In: Kulke, E. (Hrsg.) Wirtschaftsgeographie Deutschlands. Springer Spektrum, Berlin, Heidelberg. 2023, https://doi.org/10.1007.

[67] Siehe dazu die Beiträge in: Alexandra Appel und Sina Hardaker (Hrsg.), Innenstädte, Einzelhandel und Corona in Deutschland. Würzburg: Würzburg University Press – Geographische Handelsforschung 31, 2022.

[68] Marion Klemme, Transformation der Innenstädte: zwischen Krise und Innovation : Transformation der Innenstädte: zwischen Krise und Innovation. In: Informationen zur Raumentwicklung 49(2), 2022, S. 4–15.

mit ihrem Anliegen Gehör finden möchten, nutzen die öffentliche Räume als Bühnen – seien es die Klimaproteste oder viele anderen Formen der politischen Auseinandersetzung.[69]

Herausforderung Digitale Transformation und die Zukunft städtischer Öffentlichkeit

- „Smarte“ Städte nicht als einseitig technokratisches Projekt verstehen: digitale Kompetenzen „von unten“ stärken
- Transformation der Innenstädte als Chance zur Stärkung öffentlicher Räume als Orte von Begegnung und politischer Interaktion nutzen

Fazit: Potenziale städtischen Lebens als positives Leitbild

Die skizzierten Herausforderungen zeigen, dass Stadtentwicklung zu Beginn des 21. Jahrhundert vor großen Aufgaben steht. Nicht zuletzt sind die Herausforderungen in komplexer Weise miteinander verknüpft und erscheinen damit als ineinander verschränkte, „multiple“ Krisen[70]. Die Gefahr ist daher, dass die Herausforderungen als so riesig und damit fast unlösbar erscheinen, dass sie überhaupt nicht bearbeitet werden, sondern verdrängt oder negiert. Die Erfolge von simplen politischen Parolen, die eine Notwendigkeit von Veränderungen verneinen, indem sie bspw. die Herausforderungen der planetaren Umweltkrisen leugnen und/oder versprechen, Herausforderungen durch Abgrenzungen, Ausgrenzungen und Einigelungen „draußen“ halten zu können, verdeutlichen diese Gefahr.

Notwendig erscheinen daher positive Leitbilder, welche grundlegende Potenziale städtischen Lebens neu erschließen: Zum einen Städte als

[69] Georg Glasze, Privatisierung öffentlicher Räume? Einkaufszentren, Business Improvement Districts und geschlossene Wohnkomplexe. In: Berichte zur deutschen Landeskunde 75(2/3), 2001, S. 160–177.

[70] Das Konzept der „multiplen Krisen“ wird seit Beginn des 21. Jh. diskutiert – bspw. in: Ulrich Brand, "Die Multiple Krise." Dynamik und Zusammenhang der Krisendimensionen, Anforderungen an politische Institutionen und Chancen progressiver Politik. Berlin: Heinrich-Böll-Stiftung (2009). Insbesondere im Nachgang zur Corona Pandemie und des Angriffskriegs Russlands auf die Ukraine ist das Schlagwort zu einem zentralen Konzept der Gegenwartsdiagnose geworden.

kompakte Siedlungsform, die Verkehre vermeidet, Infrastrukturen gemeinschaftlich nutzt und damit sehr ressourceneffizient ist – zum zweiten Städte als Orte, an denen die Potenziale einer vielfältigen Gesellschaft ausgehandelt und erschlossen werden.

Das Konzept der Würde für soziologische Fragen nutzbar machen: Explorationen am Beispiel energiearmer Haushalte und peripherisierter, schrumpfender Orte

Katrin Großmann

Die Soziologie und normative Perspektiven

Der Werturteilsstreit in der Soziologie wirft noch immer seine Schatten. Anfang des 20. Jh. stritten beteiligte Wissenschaftler wie Max Weber, Lujo Brentano oder Werner Sombart einerseits und Eduard Spranger, Gustav von Schmoller und Rudolf Goldscheid andererseits darüber, ob die Soziologie Werturteile abgeben solle (Albert 2010). Normativität stehe der Disziplin nicht gut zu Gesicht, sie solle sich mit der Analyse und Erklärung des Gesellschaftlichen befassen und die Finger von „Soll-Aussagen" lassen, sagten die einen. Gesellschaftliche Tatsachen seien von Wissenschaftlern (zu diesem Zeitpunkt hätte gendern wenig Sinn ergeben, denn die Beteiligten waren allesamt Männer) normativ zu bewerten, die anderen.

Dass Wissenschaftler damit komplett objektive Werturteile abgeben könnten, so wie Spranger das damals postuliert hat, ist aus heutiger Sicht eher zu bezweifeln. Normative Perspektiven sind zwar einerseits der Gegenstand philosophischer und auch soziologischer Diskurse, andererseits weisen Soziologen zu Recht darauf hin, dass bei moralischen Fragen die Grenzen zwischen wissenschaftlichen und anderen gesellschaftspolitischen Diskursen fließend sind (Nieswand 2021). Eine Folge des Werturteilsstreits ist, dass die Soziologie eine unglaubliche Vielfalt im Kanon der Deskription entwickelt hat, während normative Urteile oft implizit oder wenig reflektiert und konzeptualisiert auftreten. Ich zähle mich zu einer Gruppe von Kolleg:innen (inzwischen lohnt das Gendern), die Soll-Aussagen nutzen und auch einfordern, dabei aber Wert auf eine Explizierung des Normativen legen. Die Sozialwissenschaften brauchen neben Methoden und theoretischen Schulen auch normative Theorien, um der Kritik Boden und den transformativen Ansätzen Horizont zu geben. Entscheidend ist, den Diskurs über Werte zu pflegen, ihre Definition in lebendiger Reflektion zu halten und sie in kritischen Analysen fruchtbar zu machen. Meine Beschäftigung mit dem Konzept der Würde ist ein Beitrag hierzu.

Besonders die angewandten Teildisziplinen der Soziologie wie Stadt-, Migrations- oder Umweltsoziologie haben in den vergangenen Jahren viele normative Konzepte bewegt wie soziale Gerechtigkeit und gesellschaftliche Teilhabe, Nachhaltigkeit und Resilienz, sozialer Zusammenhalt, Toleranz und viele mehr. Ein Begriff, der in den aktuellen Debatten noch eine eher randliche Bedeutung hat, ist der der Würde. Gestoßen bin ich auf diesen Begriff über Publikationen zum so genannten Rechtsruck in angelsächsischen Gesellschaften. International beispielsweise fragt Francis Fukuyama (2018), ob der Verlust von Würde, und hier spielt er auf die Wähler:innen rechtspopulistischer und nationalistischer Parteien an (gendern ist hier wiederum geboten, auch wenn es mehrheitlich ältere weiße Männer sind), unsere (westlichen) Demokratien gefährdet. Aber auch national weisen Stimmen wie die der sächsischen Staatsministerin Petra Köpping darauf hin, dass Demütigungserfahrungen der Ostdeutschen eine wichtige Rolle in rechts-nationalistischen Orientierungen und Bewegungen spielen (Köpping 2018).

Ich finde diesen Begriff intellektuell attraktiv, da er einmal nicht auf die materielle Seite sozialer Ungleichheit verweist. Wir sind es in der Soziologie gewohnt, über den sozio-ökonomischen Status von Menschen in der Gesellschaft zu debattieren, wir erklären sozio-ökonomische Deprivation und vermessen Armut und Reichtum. Wir kritisieren auch die Existenz (oder wenigstens das Ausmaß) sozio-ökonomischer Ungleichheit, weil sie Lebenschancen handfest beeinträchtigen. Den moralischen Status von Menschen und die Verletzungen des emotionalen Selbst jedoch kennen wir weit weniger gut. In der Sozialphilosophie wird mehrfach die Annahme geäußert, dass Anerkennung für Menschen wichtiger sei als Wohlstand. Fukuyama (2018) behauptet mit Rückgriff u.a. auf philosophische Klassiker, dass die Suche nach Anerkennung der eigentliche Motor gesellschaftlicher Entwicklung sei und dass, was als Verteilungskonflikte geframt werde, letztlich im Kern der Kampf um Anerkennung, Respekt und damit Würde sei. Didier Fassin resümiert, dass die Moralische Ökonomie, die Fragen der Anerkennung und Bewertung von Menschen(-Leben) betrifft, der Politischen Ökonomie vorausgehe, die Fragen des Zugangs zu Ressourcen und Macht betrifft (Fassin 2017:175). Axel Honneth betont bereits seit den 1990er Jahren, dass gesellschaftliche Anerkennung Grundlage sozialer Prozesse ist und Erfahrungen der Missachtung Ausgangspunkt sozialer Konflikte sind (Honneth 1992).

Mit diesem Artikel möchte ich anhand von zwei exemplarischen Themenfeldern erkunden, wie das normative Konzept der Würde in soziologischen Arbeiten fruchtbar gemacht werden kann. Dabei greife ich auf langjährige Arbeiten zu den beiden Themenfeldern Energiearmut und schrumpfende Städte zurück und verwende Material aus mehreren Forschungsprojekten[1].

Ein relationaler Begriff der Würde

Während den Sozialwissenschaften die Komplexität etwa des Gerechtigkeitsbegriffs völlig evident ist (Fainstein 2010, Young 2011), ist der Begriff Würde im konzeptionellen Sinne unterbelichtet. Die sozialphilosophische Literatur zu Würde ist aber genauso reich und kontrovers wie etwa die zu Gerechtigkeit und wird in anderen Disziplinen wie der Biologie auch aufgegriffen, z.B. um die ethischen Fragen der Embryonenforschung zu beantworten. „Würde" bezeichnet den moralischen Status von Menschen in der Gesellschaft (Forst 2011), so wie Klasse oder Schicht den sozio-ökonomischen Status bezeichnet. Während sich der sozio-ökonomische Status in Einkommen, Vermögen oder Bildung ausdrücken kann, zeigt sich die Würde eines Menschen etwa in dem Respekt, der einem entgegengebracht wird oder den man für sich selbst empfindet. Würde wird in sozialen Beziehungen hergestellt, geachtet oder verletzt (Clark-Miller 2017).

Der Begriff Würde hat sowohl im alltagsweltlichen Gebrauch als auch im wissenschaftlichen Verständnis eine Geschichte, in deren Folge sich die Konnotationen im Begriffsverständnis ändern. Das lateinische „dignitas" lässt sich im Deutschen mit „Ehre/Ansehen/Rang" übersetzen und verweist damit auf ein historisch älteres Verständnis von Würde, das eher mit einem herausgehobenen Status oder (im abendländischen Kontext) einem höheren Kirchenamt in Verbindung gebracht wurde (Debes 2017). Das moder-

---

[1] Mit schrumpfenden Städten beschäftige ich mich im Prinzip seit meiner Dissertation zu Leitbildern im Stadtumbaudiskurs in Chemnitz in den frühen 2000er Jahren. Von 2010-2012 habe ich im EU-finanzierten Projekt „Shrink Smart - The Governance of Shrinkage within a European Context" gearbeitet, in jüngster Zeit beschäftigten sich die Projekte LISH - und KiO: Kleinstädte in Ostdeutschland. Desintegration ... mit schrumpfenden und peripherisierten Kleinstädten. Mit Energiearmut in Deutschland und Europa befasse ich mich seit ca. 2012 und habe hier am Projekt „Energieeffiziente Stadt Delitzsch" (BMBF), an der COST-Action ENGAGER zu Energiearmut in Europa mitgewirkt sowie mehrere Projekt- und Abschlussarbeiten von Studierenden betreut. Hier wurden jeweils qualitative Forschungsarbeiten durchgeführt, die sich auf Dokumentenanalysen, teilnehmende Beobachtung sowie Interviews mit Bewohner:innen und Entscheidungsträger:innen gestützt haben.

nere Verständnis der Menschenwürde als ein jedem Menschen qua Existenz zugesprochener Wert wird gerne auf Kant zurückgeführt, auch wenn hier die Sekundärliteratur in der Interpretation von Kants Verständnis von Würde eher uneins ist (Sensen 2017). In jedem Fall bindet Kant den Begriff der Würde an die Fähigkeit des Menschen, seine Urteilskraft zu nutzen, moralisch begründete Urteile zu treffen und danach zu handeln. Anfang des 20. Jahrhunderts begann die „Demokratisierung" des einstigen Würdebegriffs von der Idee von Rang und Ehre hin zu einem universalistischen Wert aller Menschen (Waldron 2012). Er wurde immer häufiger Teil der ethischen Bekenntnisse in Verfassungen der westlichen Welt, etwa 1937 in der Irischen Verfassung. Der große Meilenstein für einen universalistischen Begriff der Menschenwürde ist ohne Zweifel die UN Charta der Menschenrechte, in der Würde als die Basis der Menschenrechte festgeschrieben wurde: "We the people of the United Nations determined ... to reaffirm faith in fundamental human rights, in the dignity and worth of the human person" (UN General Assembly 1948), mit dem dieses Dokument die Abscheu gegen die vielfachen Verletzungen gegen die Menschlichkeit des gerade beendeten Zweiten Weltkriegs ausdrückte (Zucker 2014).

Doch wird seitdem von vielen Seiten die Diskrepanz zwischen den Universalismus deklarierenden Werten der westlichen Welt seit der Aufklärung und den Verbrechen gegen die Menschlichkeit sowie anhaltenden Verletzungen der Würde von Menschen thematisiert. Kritik an den älteren abendländischen Konzepten von Würde kommt u.a. aus der Sicht der Kolonisierten und in der Sklaverei unterdrückten. Sartres Vorwort zur Frantz Fanons berühmtem Buch von 1961 „Die Verdammten dieser Erde" bringt dies deutlich auf den Punkt: „*... euer Humanismus erklärt uns für universal, und eure rassistische Praxis partikularisiert uns.*" (Sartre in Fanon 2004 [1961]: 8). Gerade von Seiten der Rassismusforschung wird die vermeintliche Universalität des Würdebegriffs entzaubert. Was Weiße am wenigsten hören wollen, so Bromell unter Rückgriff auf Baldwin, sei „'*... is that they have made their own sense of selfworth contingent upon their denial of the self-worth of blacks*'" Bromell (2013: 299, 303) Die wiederholten Erfahrungen von Demütigung, physischer und psychischer Herabstufung, Entrechtung und Gewalt fordern ein vermeintlich mögliches neutrales, universelles Verständnis von Menschenwürde heraus. Fanon selbst schreibt dazu: „*... the Western bourgeoisie generally manages to mask this racism by multiplying the nuances, thereby enabling it to maintain intact its discourse on human dignity in all its magnanimity*" (Fanon, 2004:109).

Ein zeitgenössisches Verständnis von Menschenwürde muss das Konzept also mit konkreten Erfahrungswelten zusammenbringen. Dazu haben meine Kollegin Elena Trubina und ich vorgeschlagen, als konzeptionelle Heuristik Würde plural, relational und affektiv zu betrachten sowie beide Seiten der Medaille, also Erfahrungen von Würdeverletzung und Erfahrungen von Würde in den Blick zu nehmen, siehe Abb. 1

Abb. 1: Ein Operationalisierung von Würde. aus: Großmann und Trubina (2022: 6), übersetzt.

In der Literatur erscheinen drei Aspekte – oder auch Dimensionen – von Würde als relevant für eine gewisse Operationalisierung des Begriffs, also für die Anwendung auf konkrete Untersuchungs- und Politikfelder. Da ist **erstens** der Begriff des Respekts bzw. der **Anerkennung**, der teilweise synonym mit „Würde" verwendet wird (etwa bei Fukuyama). Respekt und Anerkennung bedeuten hierbei die Realisierung der Ebenbürtigkeit in den Beziehungen – die Anerkennung des Anderen als prinzipiell (gleich-)wertig. Der **zweite** Aspekt ist die **Selbstachtung**, die besonders plastisch in Ernst Bloch's Metapher vom aufrechten Gang ausgedrückt wird. Von anderen respektiert zu werden, ist eine Voraussetzung für die Herausbildung von Selbstachtung. Fehlt die Achtung durch andere, führt dies meist auch zu einer Verletzung von Selbstwertgefühlen (Statman 2000). Eva Weber Guskar (2017: 221ff.) führt dazu aus, dass das Empfinden von eigener Würde bedeutet, seinem eigenen normativen Selbstbild entsprechen zu können –

die Person zu sein, die man sein möchte. **Drittens** ist Würde **Selbstbestimmung**, d.h. die Fähigkeit, die eigenen Ziele und die Mittel zu bestimmen, ein gutes Leben zu erreichen. Dies wird ebenso von z.B. Studien zur Lage indigener Bevölkerung in Kanada angesprochen (Corntassel 20008: 123) wie auch in der Soziologie der Pflege (Clark-Miller 2017). Rainer Forst betont die politische Seite von Selbstbestimmung:

> "At stake is one's status of not being subject to external forces that have not been legitimized to exercise rule – in other words, it is a matter of being respected in one's autonomy as an independent being." (Forst 2011: 968).

Während Respekt und Anerkennung in der Literatur zu Würde zwar häufiger genannt werden, wird der Selbstbestimmung jedoch oft ein höheres Gewicht zugewiesen. Dietmar von der Pfordten (2016) z.B. bezeichnet Selbstbestimmung als die „große Menschenwürde", während ein gehobener Status für ihn nur die kleine Menschenwürde markiert. Forst (2011: 968) definiert Selbstbestimmung als Freiheit von Willkür: als Recht darauf, als autonomes und unabhängiges Wesen behandelt zu werden, was dem Begriff eine politische Komponente gebe. Mit Würde behandelt zu werden – von Subjekten wie von Institutionen – bedeute demzufolge, als Gleicher unter Gleichen respektiert zu werden und ein Recht darauf zu haben, dass andere ihre Handlungen rechtfertigen bzw. legitimieren müssen. Wird Würde verletzt, drückt sich das in Gewalt, Demütigungen und Unterdrückung aus, in einem Verlust der Selbstachtung, Scham und Gefühlen von Minderwertigkeit, und in Abhängigkeit und Paternalismus aus.

Ein relationales Würdekonzept betont, dass Würde in Wechselwirkung mit dem gesellschaftlichen Kontext hergestellt oder verletzt wird. Nora Jacobson und Kolleg:innen nennen dies „dignity encounters", also die Emergenz von Würde oder Würdeverletzungen in Begegnungen und Zusammentreffen von Menschen. Diese Begegnungen sind wiederum von den asymmetrischen Strukturen der (jeweiligen) Gesellschaft geformt, wo manche Akteure über mehr Macht, Wissen, Autorität oder Wohlstand verfügen als andere. Rainer Forst (2011) bringt den Kontext auch in Bezug auf Normen und Standards einer (lokalen) Gesellschaft ins Spiel indem er darauf hinweist, dass dieselben Wohnverhältnisse in einem Kontext als unwürdig und in einem anderen Kontext als würdevoll gelten können, denn das hängt davon ab, was jeweils als normal und angemessen angesehen wird. Da diese Kontexte verschieden sind, ist auch Würde im Plural zu denken. Emotionalität wiederum ist bedeutsam, da Würdeerfahrungen und –verletzungen zuallererst emotional wahrgenommen werden. Die spontane Reaktion auf eine Erniedrigung oder Demütigung ist Wut – und nicht die kognitive Interpretation der Erfahrung als nicht legitimierte Ungleichbehandlung.

Energiearmut als entwürdigende Erfahrung

Energie ist Lebensgrundlage, Treibstoff der gesellschaftlichen Entwicklung und unseres Alltags. Sie erweitert die Grenzen menschlichen Handelns (Rosa et al. 1988), ermöglicht Komfort, Mobilität, Kommunikation und entscheidet wesentlich über Gesundheit, Lebensqualität und gesellschaftliche Teilhabe. Die Verfügbarkeit von Energie, auf Englisch nicht von ungefähr mit ‚power' übersetzbar, ist eine Komponente gesellschaftlicher Macht (Adams 1975, zitiert in ebd., S. 153). Wir nutzen sie als Elektrizität, um rund um den Globus zu kommunizieren, um Lebensmittel zu lagern, zum Kochen, zum Arbeiten, zum Lernen. Wir nutzen Energieträger, um zu heizen und uns warm zu halten, um gesund zu bleiben, um Krankheiten zu behandeln und nicht zuletzt, um Spaß zu haben. Ohne Energie ist alltägliche moderne Mobilität nicht denkbar, ob mit dem PKW oder mit dem ÖPNV. Energie ist also essenzieller Bestandteil menschlicher Lebenswelten.

Für ein würdevolles Leben, so müsste man schlussfolgern, wäre es also notwendig, dass jeder Mensch Zugang zu diesem Gut hat. Energie gilt daher in der sozialwissenschaftlichen Energieforschung auch als Voraussetzung für ein würdevolles Leben:

> "Energy is fundamental to economic and social development; to reduce poverty and continue to grow. It supports people as they seek a whole range of development benefits: cleaner and safer homes, lives of greater dignity and less drudgery, to better livelihoods and better quality education and health services" (Bilgiç, 2017: 1, ähnlich auch Bulkeley et al. 2014).

Mit Blick auf weltweite Probleme im Zugang zu Energie schreiben Chakravarty and Tavoni (2013: 67), dass "Modern sources of energy like electricity and clean cooking fuels are the prerequisite of a life with a minimal standard of comfort and dignity." Wie entscheidend die Frage nach dem Zugang zu Energie auch in einem reichen Land wie Deutschland ist, haben die Jahre der Corona-Pandemie gezeigt. Ohne die Verfügbarkeit von Strom keine Kommunikation über Distanzen, kein home schooling und kein Zugang zu Informationen. Tatsächlich mehren sich die Stimmen, die ein Recht auf eine Grundversorgung mit Energie fordern und genauso wie ein Recht auf Bildung in den Staatsvertrag hineindenken (siehe https://righttoenergy.org/, auch Jiglau et al. 2023). Hesselman (2022) zeigt aus juristischer Perspektive, dass dieses Recht auf Energie im Prinzip bereits in der internationalen Rechtsprechung verankert ist.

Der Zugang zu Energie wird jedoch weitgehend über Marktmechanismen geregelt und ist damit von sozialen Ungleichheiten (mit-)determiniert, was in der sozialwissenschaftlichen Debatte mit dem Begriff der Energiearmut gefasst wird. Energiearmut ist eine soziale Problemlage, die bezeichnet, dass Menschen nicht in der Lage sind, *„ein sozial und materiell nötiges Level an häuslichen Energiedienstleistungen zu erreichen“* (Bouzarovski und Petrova 2015, S. 1, eigene Übersetzung). Damit wird entweder die Lebensqualität durch einen Mangel an Energie beeinträchtigt oder die Energiekosten belasten den Haushalt so stark, dass es zu Einbußen in anderen wesentlichen Teilen des Lebens kommt. Zu den bekannten Phänomenen gehören unter anderem gesundheitliche Beeinträchtigungen und Erkrankungen bis hin zum Tod durch Erfrieren, soziale Isolation oder Scham (Brunner et al. 2016), des Weiteren die eingeschränkte Teilhabe am gesellschaftlichen Leben und mangelnde Chancen politischer Beteiligung. Diese soziale Problemlage wird seit Jahrzehnten weltweit erforscht und politisch adressiert. Das Energy Poverty Observatory der EU schätzt, dass vor der Energiekrise etwa 50 Millionen EU-Bürger:innen betroffen waren (Thomson und Bouzarovski 2018), seitdem dürften die Zahlen europaweit gestiegen sein. Deutschland, das ohnehin lange die höchsten Strompreise in Europa hatte, erlebte mittelfristig nahezu eine Verdopplung der Strompreise[2].

Auch in Deutschland ist Energiearmut ein relevantes wissenschaftliches und politisches Problemfeld. Sie beeinträchtigt die psychische und physische Gesundheit und hat – unabhängig von der Einkommenssituation – einen signifikant negativen Effekt auf das subjektive Wohlbefinden bzw. die psychische Gesundheit (Biermann 2016). Trotzdem fehlt bislang in Deutschland die politische Anerkennung des Problems. In Großbritannien und Frankreich gibt es bereits seit langer Zeit etablierte Definitionen und Monitoring-Systeme, nach Aufforderung durch die EU werden diese in weiteren Ländern, insbesondere in Ost- und Südeuropa, eingerichtet. Demgegenüber verweigert sich Deutschland dieser Aufforderung mit der Begründung, dass dies unnötig sei und die vorhandenen Instrumente der Sozialpolitik in Deutschland ausreichend Vorsorge leisten würden (BMWi 2019, S. 49). Energiearmut ist damit in Deutschland nicht als politisches Handlungsfeld anerkannt, der Begriff für den nationalen Kontext nicht definiert, und das Problem wird in seiner Entwicklung nicht beobachtet. Paradoxerweise gibt es trotzdem staatlich geförderte Initiativen, um betroffene Haushalte zu unterstützen, wie zum Beispiel den Stromsparcheck der Caritas. Auch beteiligt sich die Bundesrepublik an der Förderung von internationalen Forschungs- und Praxisprojekten zur Bekämpfung von Energiearmut,

[2] https://strom-report.com

und die Bundesländer unterstützen Sozial- und Verbraucherschutzverbände bei der Entwicklung von neuen Ansätzen der Problemlösung, so beispielsweise im Modellprojekt NRW bekämpft Energiearmut (VZ NRW 2015).

Die Erfahrungen, die energiearme Haushalte machen, gehen weit über ein bloßes Frieren in der Wohnung hinaus. Die extremste Erfahrung ist die Abschaltung von Energie, also eine Strom- oder Gassperre, auch wenn Gassperren vom Mietrecht verhindert werden und nur im Eigentum greifen. Wer sein Gas nicht bezahlt hat Mietschulden gegenüber dem Vermieter, nicht Gasschulden gegenüber dem Versorger. In Deutschland wird die Abschaltung des Zugangs zu Energie noch recht oft angewendet, deutlich häufiger für Strom als für Gas. Während in Großbritannien Stromsperren kaum noch vorkommen, in Frankreich Sperren in den Wintermonaten verboten sind und Versorger in Katalonien vor einer Sperre nachweisen müssen, dass es keinen sozialen Härtefall trifft (Hesselman et al. 2019), ist die Zahl der angedrohten und umgesetzten Sperren in Deutschland ungebrochen hoch beziehungsweise steigt sogar. Die Schätzungen, die auf den Meldungen der Grund- und weiteren Energieversorger basieren, weisen jährlich zwischen 300 000 und 350 000 Sperren aus. Zuletzt gab die Bundesnetzagentur für 2021 die Zahl von etwa vier Mio. Sperrandrohungen, von denen ca. 235 Tsd. ausgeführt wurden. Damit ist die Tendenz nach den Corona-Jahren mit Sperrmoratorium wieder steigend. Die Schätzungen der Verbraucherverbände liegen in der Regel noch deutlich höher, da die Angaben auf freiwilligen und unvollständigen Meldungen von Unternehmen der Energieversorgung beruhen (Großmann und Kahlheber 2017).

Stromsperren bringen Haushalten hohe wirtschaftliche Verluste, sie lähmen den Alltag und isolieren sie von ihren sozialen Netzen. Haushalte erleben eine Situation starker Abhängigkeit von den Ressourcen anderer, um den Alltag zu bewältigen, etwa um ihre Wäsche zu waschen oder eine warme Mahlzeit zuzubereiten. Stromsperren exkludieren zudem von sozialer und politischer Teilhabe, sie lösen Scham und Demütigung aus, im eigenen sozialen Umfeld wie auch im Umgang mit Institutionen (ebd.). Wenn wir nun Erfahrungen von energiearmen Haushalten wie sie in qualitativen Interviews berichtet werden, mit der oben erläuterten Würde-Heuristik betrachten, dann finden sich Würdeverletzungen in allen drei Dimensionen. Insbesondere die Erfahrung von Stromsperren wird als demütigend und erniedrigend beschrieben. So berichtet ein junger, alleinstehender Vater eines zweieinhalbjährigen Kindes über den Moment, als ihm aufgrund fehlender Zahlungen der Strom abgestellt wurde: „Das war so ein Schlag in die Fresse, auf deutsch gesagt" (Franke 2019: 60f.).

Eine junge Frau mit Familie beschreibt, dass der Strom abgestellt wurde, weil sie die erste Nachzahlung von 700 Euro, die nach einem Umzug in der neuen Wohnung anfiel, nicht zahlen konnten. Der Abschlag war offenbar deutlich zu niedrig angesetzt. Sie habe „Tränen, Trauer und Hilflosigkeit" (ebda.) empfunden angesichts der Sperre. Weiter berichtet sie über paternalistische und demütigende Haltungen der zuständigen Mitarbeiter:innen von Institutionen, hier des Versorgers:

> „Die haben gesagt ‚das interessiert uns nicht, wir müssen unseren Strom auch bezahlen. Wenn du nicht zahlen kannst, dann musst du halt ohne Strom leben" (ebda.). Eine 59jährige Frau, die aufgrund eines Unfalls arbeitsunfähig ist, berichtet "Und wenn Sie - wenn Sie mitkriegen, wie Sie behandelt werden von Behördenmitarbeitern am Telefon, also das ist schon arg. Also man muss sich ein dickes Fell zulegen."

In der Folge entstehen Minderwertigkeitsgefühle und Scham. Ein Interviewpartner einer polnischen Kollegin brachte dies so auf den Punkt: „'During the interviews I was asked such questions that made me feel like a used toilet paper.'" (veröff. in Großmann et al. 2021: 102064). Scham entsteht oft gegenüber der eigenen Familie, zum Beispiel wenn man sich als Versager fühlt, den eigenen Kindern keinen angemessenen Lebensstandard bieten zu können oder auf die Hilfe der eigenen Eltern angewiesen zu sein. Der alleinstehende Vater beispielweise empfand es als demütigend und beschämend, am Wochenende bei seiner Mutter Wäsche waschen zu müssen und „nicht spontan waschen zu können, wenn beispielsweise der Sohn ‚dreckig vom Kindergarten nach Hause kommt, klitschnass ist, vielleicht durch Urin oder weiß ich was" (Franke 2019: 48) Eine Studentin und alleinerziehende Mutter beschreibt die Zeit rund um die Stromsperre so:

> „ ... also ich find es ganz arg schlimm, aber da habe ich ganz viele Existenzängste gehabt. ... Weil das war einfach ganz furchtbar aufwendig, entwürdigend (---), da verschwinden Anträge, ach ich weiß schon, wann ich einen Antrag abgegeben habe. Und das war einfach ganz schlimm. Dann hätte ich auch noch in so eine Maßnahme gehen sollen. Frau im Beruf, oder irgend so ein Scheißdreck, wo ich mir echt vorkam, ... (beginnt zu zittern) ... Und man wird einfach dazu gezwungen, ganz egal. Das sind ganz unterschiedliche Menschen natürlich, aber wenn man gar nichts dafür kann, dass man in so eine Notlage kommt, also finde ich das wirklich schon, das ist ein bisschen diktaturartig muss ich ehrlich sagen. Also mit freier Entscheidung oder freiem Leben hat das wenig zu tun, meiner Meinung nach. Und wenn man das halt nicht macht, wird halt jetzt gekürzt. Da gibt es halt kein Geld. Ja." (Interview 2019).

Gerade in diesem Interview wurde deutlich, dass die Interviewpartnerin sich selbst als junge Akademikerin sieht, als eine orientierte und selbst gesteuerte Persönlichkeit, die durch ihre finanziellen Probleme aber als Mensch zweiter Klasse behandelt wird. Auch eine alleinstehende Frau Mitte 50, die aufgrund eines Unfalls im Haushalt arbeitsunfähig ist, drückte es selbst so aus: „Man hat das Gefühl ... klar man ist ein Mensch zweiter Klasse" (Interview 2019). Flankiert werden solche persönlichen Erfahrungen von einem stigmatisierenden öffentlichen Diskurs, der Verantwortung für soziale Notlagen den Individuen zuschreibt, ein Phänomen das in der Literatur als "blaming the poor" beschrieben wird (Dorey, 2010: 215; Greenbaum, 2015). Emblematisch dafür ist ein Zitat aus einem Bundestagsprotokoll, in dem über einen Antrag der Partei „Die Linke" zum Verbot von Stromsperren diskutiert wurde. Jens Köppen, Mitglied der CDU-Fraktion, wird u.a. mit folgendem Redebeitrag zitiert:

> „Studien haben auch ergeben, dass ein Teil der Stromsperren – auch darüber müssen wir reden - auf das bewusste Ausnutzen der Grundversorgungspflichten zurückzuführen ist. Deswegen ist für mich klar: Ein Verbot von Stromsperren ist ein Fehlanreiz, und zwar zulasten der Energieversorgung und letztlich zulasten der Allgemeinheit; denn diejenigen, die sagen: „Ich bezahle die Stromrechnung nicht, weil ich es einfach nicht kann oder nicht will", tun das aufgrund eines Fehlanreizes, und das müssen wir verhindern, liebe Kolleginnen und Kollegen von Grünen und Linken ..." (Deutscher Bundestag, 2019: 15215).

Der Würdeverlust schrumpfender Städte

Wenn Selbstbestimmung die Hauptdimension von Würde ist, dann ist es eine Erfahrung vieler schrumpfender Städte, die Selbstbestimmung aufgeben zu müssen. Warum? Schrumpfende Städte landen mit schöner Regelmäßigkeit in der Haushaltssicherung, denn während die Einnahmen zurück gehen, steigen oft die Ausgaben. Die Gewerbesteuern und die Pro-Kopf-Pauschale sind die Haupteinnahmequellen von Kommunen, Sozialleistungen, Daseinsvorsorge und Infrastruktur sind ihre zu finanzierenden Pflichtaufgaben. Ersteres sinkt in der Folge von Deindustrialisierung und Geschäftsaufgaben, letzteres steigt mit steigender Arbeitslosigkeit und mit der Unterauslastung der Infrastruktur. Ein Stadtbus kostet gleich viel, ob nun 15 oder 35 Passagiere mitfahren.

Rutschen Kommunen dauerhaft in die roten Zahlen, fordert die Kommunalaufsicht die Erstellung eines Haushaltssicherungskonzepts, um Schulden abzubauen. *„Das HSK wurde und wird angewandt als Bedingung der Gewährung von Schuldendiensthilfen und als Sanktion verfehlter Haushaltsgrundsätze."* (Geißler 2009). Im Falle eine Kommune kommt in die Haushaltssicherung lässt also das Land die Ausgaben extern kontrollieren. Um die Schulden abzubauen, werden die Kommunen in ihrem Handeln eingeschränkt, die Mittelverwendung braucht die Zustimmung der kontrollierenden Instanz.

Ein Beispiel aus einer schrumpfenden Thüringer Kleinstadt zeigt, was dies für Kommunen bedeutet. Im folgenden Interviewausschnitt schildert der Gesprächspartner, selbst Mitglied des Stadtrats, wie es zur Schließung des städtischen Freibads kam. Der Stadtrat hatte die Schließung des Freibads abgelehnt, doch über die Haushaltssicherung wurde sie erzwungen.

> „Das große Problem war einfach, L. war abhängig von Geldern vom Land, weil ein Haushaltssicherungskonzept damals noch- weil wir noch zu viele Schulden hatten // und nicht genug Einnahmen. Und da ist uns halt gesagt worden, … , nein, ihr dürft nicht so viele freiwillige Leistungen mehr haben, das ist einfach zu viel Geld, weil halt hier dem Schwimmbad allein 100.000 Euro zugeschossen worden sind und daraufhin mussten wir das streichen. … im Prinzip ist das vom Stadtrat abgelehnt worden bis die Behörde kam und dann gesagt hat, pass mal auf, dann machen wir eine Vorwegnahme und entscheiden das für euch, dann haben wir dann halt doch zustimmen müssen. Aber man kam sich halt schon ein bisschen, na ja, da haben wir damals auch gesagt, na ja, wofür sind wir denn … dann hier. (Stadtrat, CDU, 2021)

Mit anderen Worten: schrumpfende Städte verlieren über einen vor Ort kaum zu beeinflussenden Mechanismus des deutschen Kommunalrechts, nämlich den Aufbau der kommunalen Finanzen, die Entscheidungshoheit über alle so genannten „Freiwilligen Aufgaben" einer Kommune, die vor allem auch viele soziale Bereiche betreffen. An den sinkenden Einnahmen ändert sich nichts, Verwaltung und Stadtrat werden entmachtet, um die Not anders zu verwalten. Vor Ort wird dies als tiefgreifender Einschnitt in die Selbstbestimmung erlebt, wie das Zitat oben zeigt. In einem Workshop des EU Forschungsprojekts „Shrink Smart" 2012 in Halle schilderte ein Vertreter der Stadtverwaltung, dass Halle – damals ebenfalls in der Haushaltssicherung und damit extern kontrolliert – nicht mal Fördermittel akquirieren könne, da der geforderte Eigenanteil der Kommune von z.B. 25% der Projektkosten nicht aufgebracht werden kann, oder die Bewilligung für die Ausgabe von den Landes-Behörden nicht rechtzeitig komme.

Wie können schrumpfende Städte hier zu mehr Selbstbestimmung gebracht werden? Dass weder die sinkenden Finanzen noch die Aufgabe der

Selbstverwaltung ein unausweichliches Schicksal für schrumpfende Städte sind, zeigt das Beispiel Finnland, wo der Staat ländliche periphere Kommunen finanziell stützt, um funktionsfähige Siedlungsstrukturen aufrecht zu erhalten (Schmidt-Thomé und Lilius 2023, siehe auch https://www.aalto.fi/en/department-of-architecture/LISH). Die Forderung nach anderen finanziellen Bedingungen wurde bereits mehrfach laut. Prominent forderte das Projekt „Shrinking Cities", welches das Thema international prominent gemacht hatte, dass schrumpfende Städte und Regionen andere Rahmenbedingen bekommen. So wurde überlegt, dass mit „special social welfare zones", mit Steuervergünstigungen oder „temporary autonomous zones" experimentiert wird, damit hier für engagierte Akteure Steine aus dem Weg geräumt statt hineingelegt werden. Das Projekt EU Projekt „Shrink Smart" empfahl 2013, bedingungslose Förderprogramme für schrumpfende Städte aufzulegen, die schrumpfende Städte dazu befähigen, auch dann Fördermittel einzuwerben, wenn sie unter den Haushaltsbedingungen, die oben beschrieben wurden, nicht den häufig geförderten Eigenanteil aufbringen können.

Doch nicht nur in Punkto Selbstbestimmung, auch in den anderen beiden Dimensionen wird die Würde der Orte verletzt. Schrumpfende und peripherisierte Orte werden öffentlich stigmatisiert und das Selbstbild gerät ins Wanken. Gerade die überregionale Berichterstattung ist in Wort und Bild häufig respektlos, teilweise in der Sprache sogar gewaltvoll. In den frühen 2000ern traft dies mit Wucht die ostdeutschen Großwohnsiedlungen in schrumpfenden Städten. Der Spiegel titelte im Oktober 2000 zu Stendal „Da hilft nur noch Dynamit: Abriss Ost statt Aufschwung Ost. Die Geschichte eines Stendaler Plattenbaus und seiner Mieter zeigt, warum in den einst begehrten Vierteln fast jede zweite Wohnung leer steht." Die Mieter:innen werden als Wendeverlierer dargestellt, als Dinosaurier des DDR-Systems, als ehemals *„von der Sonne beschienenes Kind des real existierenden Sozialismus"*, die einfach nicht im Kapitalismus ankommen, denn die Wendegewinner seien schon längst weggezogen.

> „Seit der Wende schlagen sich die Bewohner der Friedrich-Ebert-Straße 19 bis 29 mehr schlecht als recht durch. Das Haus ist inzwischen heruntergekommen, die Gegensprechanlagen sind herausgerissen, die Flure verlassen. Die gardinenlosen Fenster sehen aus wie dunkle Höhlen." (Koelbl 2000)

Wie mag es sich für die Bewohner:innen angefühlt haben, diesen Artikel zu lesen? Bei einem anderen Artikel aus dergleichen Zeit ist mir die Reaktion der Bewohner:innen bekannt. Während der Arbeit an meiner Doktorarbeit zeigte mir die lokale Bürgerinitiative in Chemnitz mit einer gehörigen Portion Wut im Bauch einen Artikel in der WAZ in dem das Heckert-Gebiet in

Chemnitz beschrieben wurde. Der Journalist sei doch so nett gewesen, wie er das denn so schreiben könne, fragten sie. Der Journalist hatte das gemacht, was damals viele taten, er hat den Verfall und den Leerstand thematisiert und der neu aufgewerteten Gründerzeitbebauung gegenübergestellt, das eine als abrisswürdig, das andere als erhaltungswürdig. Und er hatte die Bewohner:innen gleich mit abgewertet.

> „Plattenbauten für 80.000 Menschen, seelenlose Moderne. 46.000 Menschen leben hier noch, nach Augenschein darunter viele Mühselige und Beladene, die Gewürgten, die Untüchtigen und die nicht mehr werktätigen Massen. In Hochhäusern, deren Schatten alles verdunkeln." (Wolf 2002)

Anschließend schildert der Journalist die Perspektive der Bürgerinitiative, die ihren Wohnstandort verteidigt und ihre Ortsverbundenheit betont. Diese Sicht wird dann jedoch aus der Sicht des Autors als irrelevant abgestempelt:

> „Doch zwischen Heimatgefühlen eines Menschen und allgemeinen Ansichten von Schönheit besteht keinerlei Zusammenhang." (ebda.)

Der Artikel ist in einer hegemonialen Perspektive geschrieben, er beansprucht, allgemein gültige Urteile zu fällen und diskreditiert damit die Innenperspektive der Bürgerinitiative, verweigert den Gesprächspartnern die Anerkennung ihrer (politischen und lebensweltlichen) Position und demütigt die Menschen mit Zuschreibungen, die sicherlich mehr über den Hochmut des Autors als die Eigenschaften der als mühselig, beladen, gewürgt oder untüchtig Bezeichneten aussagt.

In einem solchen hegemonial geführten Diskurs schlägt sich das auch auf das Selbstbild nieder. Dies macht sich vielfältig bemerkbar: Menschen berichten, dass sie ihren Urlaubsbekanntschaften gegenüber nur grob umschreiben wo sie wohnen, um unangenehmen Fragen aus dem Weg zu gehen, schimpfen über den Zustand des Wohngebiets und über die fehlende Pflege der Grünflächen, man ließe das ja hier absichtlich verlottern oder betont, dass es wirklich schlimme Ecken gäbe, aber man selbst wohne ja im guten Teil der Siedlung. Auffällig in den vielen qualitativen Interviews über eine Dissertation und vier Forschungsprojekte hinweg, die ich mit Bewohner:innen in schrumpfenden und stigmatisierten Großwohnsiedlungen geführt habe, ist, dass man sich immer zum Stigma verhalten hat, auch wenn es im Interview eigentlich gerade um die Energierechnungen ging. Die Statements folgten den bekannten Mustern der Reaktion auf territoriale Stigmatisierungen. Abwehr der Stigmatisierung, Verletzung („spatial anguish", räumliche Pein), Wegzug, Anpassung an die Norm (Großwohnsiedlungen sind tatsächlich furchtbar) oder Abkehr von der Norm (ich finde es hier toll, was andere sagen interessiert mich nicht), die Abwehr der Stigmatisierung (wer das sagt, war ja nur noch nie hier) oder die Erbringung von Gegenbeweisen (siehe Wacquant 2007). Zur Zeit der starken Bevölkerungsverluste mögen diese Großwohnsiedlungen gar nicht unbedingt Orte der Konzentration sozialer Problemlagen gewesen sein, die Scham, die Wacquant für städtische Armutsviertel als *„acute sense of social indignity that enshrouds neighbourhoods of relegation"* (ebda., S. 68) eindrücklich beschreibt, fand sich aber auch hier.

Sind es soziale Merkmale und materielle Vernachlässigung („broken windows") für Wacquants Viertel der Urban Outcasts, so ist es der sich breit machende Leerstand in schrumpfenden Quartieren, der signalisiert, dass hier nur die wohnen, die nicht weg können und an verlorenen Orten übrig bleiben. In Medienberichten wird entsprechend häufig gefragt, wer als letzter das Licht ausmacht, visuell dominieren düstere Stimmungen, unfreundliche Farben, es scheint auf den Bild bemerkenswerterweise selten die Sonne und immer wieder werden gebrechliche ältere Menschen und leer wirkende Fassaden abgebildet, dabei würden sich sicher auch jüngere Menschen und sogar Kinder fürs Foto finden.

Schlussbetrachtungen

Ausgangspunkt der hier vorgenommenen Exploration war die Frage, inwiefern das Konzept der Würde einen erhellenden Beitrag zu soziologischen Arbeiten liefern kann. Angeregt wurde dies durch Arbeiten, die postulieren, dass in westlichen Gesellschaften die Suche nach Respekt und Anerkennung einen mindestens gleich wichtigen oder sogar höheren Stellenwert für den gesellschaftlichen Zusammenhalt hat als die Suche nach materiellem Wohlstand. Für Fukuyama (2018) wogen Demütigungen schwerer als materielle Not, die wahrgenommene Verletzung der Würde von Menschen in der gesellschaftlichen Peripherie erodiere die Basis westlicher Demokratien und führe zu nationalistischen und rassistischen Ressentiments. Auch aus der Perspektive der Emotionsforschung wurde diese Sicht vertreten, sie zeigt, dass gerade die emotionale Erfahrung von Herabstufung und gefühlter Minderwertigkeit nationalistisch-autoritaristischen Politikern in die Hände spielen (Illouz 2023, Hochschild 2016).

Die Ausführungen zu Energiearmut und schrumpfenden Städten und ihren Quartieren konnten zeigen, dass hier vielfache Verletzungen der Würde der Orte und damit auch der Bewohner:innen, die sich mit ihnen identifizieren, vorliegen. Energiearmut ist eine demütigende Erfahrung, vor allem durch den Kontext, durch die Bedeutung, die Energie für gesellschaftliche Teilhabe hat. Hier sind verletzende und herabwürdigende „dignity encounters" (Jacobson et al. 2009) nicht zuletzt im Umgang mit Institutionen zu finden. Im Falle schrumpfender Städte und Quartiere sind Verletzungen oft subtiler, indirekter als im Beispiel der Energiearmut. Sie beziehen sich auf Gruppen und Orte, weniger auf Einzelpersonen. Stigmatisierung und demütigende Äußerungen sind in den gezeigten Beispielen der Beschreibung von Großwohnsiedlungen, die von Leerstand und Abwanderung gekennzeichnet waren, besonders deutlich. Das konzeptionelle Modell von Würde und Würdeverletzungen ist hilfreich, um auch Abhängigkeit und paternalistische Politikansätze in die Betrachtung einzubeziehen. Die Regelungen zu kommunalen Haushaltssicherungskonzepten unterminieren die Selbstbestimmung, so als müssten die Kommunen kontrolliert werden weil sie selbst nicht in der Lage sind, ihre Finanzen vernünftig zu verwalten.

Forschung zum Rechtsruck in der Gesellschaft wiederum zeigt, dass es tatsächlich die innerstädtischen und ländlichen Peripherien, die schrumpfenden Orte und Regionen sind, wo in den vergangenen Wahlen in Deutschland die AfD und anderen Ländern entsprechend die national-autoritaristischen Parteien die höchste Zustimmung erhalten haben (Förtner u.a. 2019, Rodríguez-Pose 2018). Doch ob dies bereits ein Beweis der These Fukuyamas These ist, bleibt offen, denn auch die Mobilisierungsstrategien rechter Akteure fokussieren sich auf diese Orte. Sicher ist meines Erachtens, dass Erfahrung von Entwürdigung Teil der Erklärung nationalistischer und autoritärer Strömungen ist, aber eben nur ein Faktor unter mehreren. Auch wäre zu erklären, warum ähnliche Erfahrungen von Würdeverletzungen mit sehr unterschiedlichen politischen Haltungen einhergehen können.

Was beide Beispiele, schrumpfende Städte und Energiearmut, aber auch zeigen, ist, dass materielle Ungleichheiten und Würdeverletzungen nicht trennbar sind. Am Beispiel schrumpfender Städte zeigt die Problematik der Kommunalfinanzen, dass der Rückgang von Wirtschaftskraft und Bevölkerungszahlen zu handfesten materiellen Einbußen führt, die wiederum die Handlungsfähigkeit der Kommunen begrenzen. Dies führt zu Abhängigkeiten von weiteren externen Finanzierungsmöglichkeiten, was die Selbstbestimmung der Kommunen bereits einschränkt. Dass aber in einem Haushaltssicherungskonzept externe Berater dann sogar Stadtratsbeschlüsse kippen können oder Abläufe so stark behindern, dass Fördermittelakquise behindert wird, wird zudem als herabwürdigend und paternalistisch wahrgenommen. Es ist im wörtlichen Sinne eine Ohnmachtserfahrung. Zur materiellen Ungleichheit kommt eine Herabstufung in der moralischen

Hierarchie der Gesellschaft hinzu. Die Fälle energiearmer Haushalte zeigen, dass die Ohnmacht und Demütigung vor allem gegenüber gesellschaftlichen Institutionen erlebt wird. Margalit (1998) definiert eine „würdevolle Gesellschaft" so: *„A decent society is one whose institutions do not humiliate the people."* So gesehen ist hier in Deutschland noch Luft nach oben.

Was Würdeverletzungen in Gesellschaften auf größerer Ebene bewirken, und wie dies mit anderen gesellschaftlichen Faktoren zusammenspielt, ist wenig gut erforscht. Ich hoffe, ich konnte meine Leser:innen überzeugen, dass dies jedoch in der Soziologie in verschiedenen Themengebieten wichtig, erklärend und gewinnbringend wäre. Kritik an gesellschaftlichen Verhältnissen ist sowohl auf einer rationalen als auch auf einer emotionalen Ebene begründet und formulierbar. Emotionen sind wertvolle Anzeiger für (vorläufig formuliert) Anerkennungsungleichheiten, also gefühlte Verletzungen der Gleichwertigkeit.

Weitere Fragen schließen sich an. Würde ist – nicht zuletzt dank der Abwesenheit soziologischer Arbeiten in der Würdeliteratur – vor allem auf einer individuellen Ebene ausgearbeitet, doch wie steht es mit der Würde sozialer Gruppen? Oder, noch schwieriger: wie steht es mit der Würde von Orten? Raumbezüge sind in der Literatur zu Würde konzeptionell gar nicht ausgearbeitet. Vorhandene Arbeiten zu territorialer Stigmatisierung wie die oben zitierten Arbeiten von Wacquant können hier einen Weg weisen. Weiterhin taucht in der Beschäftigung mit Ressentiments eine knifflige Grenze auf, die es zu klären gilt: die zwischen einer angemessenen Selbstachtung und der empirisch dafür oft angestrebten Höherstellung gegenüber anderen. Empirisch vermischt sich dies in der Suche nach Privilegien. Eine allgemeine Theorie der Würde muss hier eine Grenze zwischen (Selbst-)Achtung und Privilegien klären, also auch die Konnotationen von Rang und Würde, die älteren, historischen Würdebegriffen innewohnt. Letztlich sind die Verschränkungen von materiellen und moralischen Ungleichheiten nicht nur empirisch, sondern auch konzeptionell zu klären, also im weitesten Sinne die Beziehung von (Verteilungs-)Gerechtigkeit und Würde.

Referenzen

Albert, Gert 2010: Der Werturteilsstreit. In: Kneer, Georg; Moebius, Stephan (Hg.): Soziologische Kontroversen: Beiträge zu einer anderen Geschichte der Wissenschaft vom Sozialen. Berlin: Suhrkamp, S. 14–45.

Biermann, Phillipp 2016: How fuel poverty affects subjective well-being: Panel evidence from Germany. In: Oldenburg Discussion Papers in Economics, V-395–16. Oldenburg: University of Oldenburg Department of Economics.

Bilgiç, Gülbaha 2017: The measure and definition of access to energy systems by households and social effects of lack of modern energy access. In: Energy and Environmental Engineering, H. 5 (1), S. 1–7.

BMWi – Bundesministerium für Wirtschaft und Energie (Hg.) 2019: Entwurf des integrierten nationalen Energie- und Klimaplans. European Commission, Energy. Verfügbar: <https://ec.europa.eu/energy/sites/ener/files/documents /germany_draftnecp.pdf> (Zugriff: 2023-10-30).

Bromell, Nick 2013: Democratic indignation: Black American thought and the politics of dignity. In: Political Theory, H. 41(2), S: 285–311.

Brunner, Karl-Michael; Christanell, Anja; Mandl, Sylvia 2016: Energiearmut in Österreich: Erfahrungen, Umgangsweisen und Folgen. In: Großmann, Katrin; Schaffrin, André; Smigiel, Christian (Hg.): Energie und soziale Ungleichheit: Zur gesellschaftlichen Dimension der Energiewende in Deutschland und Europa. Wiesbaden: Springer VS, S.131–155.

Bouzarovski, Stefan; Petrova, Saska 2015: A global perspective on domestic energy deprivation: Overcoming the energy poverty-fuel poverty binary. In: Energy Research & Social Science, H.10, S. 31–40.

Bulkeley, Harriet; Luque-Ayala, Andrés; Silver, Jonathan 2014: Housing and the (re)configuration of energy provision in Cape Town and São Paulo: making space for a progressive urban climate politics?. In: Political Geography, H. 40, S. 25–34.

Bundesnetzagentur (Hg.) 2022: Monitoringbericht 2022. Verfügbar: <https://www.bundesnetzagentur.de/SharedDocs/Mediathek/Monitoringberichte/MonitoringberichtEnergie2022.pdf?__blob=publicationFile&v=3> (Zugriff: 2023-10-30 30).

Chakravarty, Shoibal; Tavoni, Massimo 2013: Energy poverty alleviation and climate change mitigation: is there a trade off?. In: Energy Economy, H, 40, S. 67–73.

Clark-Miller, Sarah 2017: Reconsidering dignity relationally, ethics and social welfare. In: Ethics and Social Welfare, H. 11(2), S. 108–121.

Debes, Remy (Hg.) 2017: Dignity: A History. New York: Oxford University Press.

Deutscher Bundestag 2019: Plenarprotokoll 19/122 vom 25.10.2019. Verfügbar <https://dserver.bundestag.de/btp/19/19122.pdf#P.15213> (Zugriff: 2023-10-24).

Fainstein, Susan (Hg.) 2010: The Just City. Ithaca, London: Cornell University Press.

Corntassel, Jeff 2008: Toward sustainable self-determination: Rethinking the contemporary indigenous-rights discourse. In: Alternatives: Global, Local, Political, H.33, S. 105–132.

Dorey, Pete 2010: A poverty of imagination: blaming the poor for inequality. In: The Polital Quarterly, H. 81, S. 333–343.

Fanon, Frantz (Hg.) 2004: The Wretched of the Earth. New York: Grove Press.

Fassin, Didier (Hg.) 2017: Das Leben: Eine kritische Gebrauchsanweisung. Berlin: Suhrkamp.

Forst Rainer 2011: The ground of critique – On the concept of human dignity in social orders of justification. In: Philosophy & Social Criticism, H. 37(9), S. 965–976.

Franke, Robert 2019: Stromsperren als Folge von Energiearmut in Griechenland und Deutschland. (Electricity disconnections as a consequence of energy poverty in Greece and Germany) (Master Thesis). Erfurt, DE: University of Applied Sciences Erfurt.

Förtner, Maximilian; Belina, Bernd; Naumann, Matthias 2019: Stadt, Land, AfD. In: sub\urban, H. 7 (1/2), S. 23–44.

Fukuyama, Francis (Hg.) 2018: Identity: The Demand for Dignity and the Politics of Resentment. New York: Farrar, Straus and Giroux.

Geißler, René (Hg.) 2009: Kommunalrechtliche Steuerungsansätze der Haushaltskonsolidierung. Potsdam: Universitätsverlag Potsdam.

Greenbaum, Susan D. (Hg.) 2015: Blaming the Poor: The Long Shadow of the Moynihan Report on Cruel Images About Poverty. New Brunswick: Rutgers University Press.

Grossmann, Katrin; Trubina, Elena 2022: Dignity in urban geography: Starting a conversation. In: Dialogues in Human Geography, H. 12(3), S. 406-426.

Grossmann, Katrin; Jiglau, George; Dubois, Ute; Sinea, Anca; Martín-Consuegra, Fernando; Dereniowska, Malgorzata; Franke, Robert; Guyet, Rachel; Horta, Ana; Katman, Filiz; Papamikrouli, Louiza; Castaño-Rosa, Raúl; Sandmann, Leona; Stojilovska, Ana; Varo, Anais 2021: The critical role of trust in experiencing and coping with energy poverty: Evidence from across Europe. In: Energy Research & Social Science, H. 76.

Großmann, Katrin; Kahlheber, Antje 2018: Energy poverty in an intersectional perspective: on multiple deprivation, discriminatory systems, and the effect of policies. In: Simcock, Neil; Thomson, Harriet; Petrova, Saska; Bouzarovski, Stefan (Hg.): Energy Poverty and Vulnerability: A Global Perspective. London, New York: Routledge, S. 12–32.

Hesselman, Marlies 2022: Right to Energy. In: Binder, Christina; Nowak, Manfred; Hofbauer, Jane A.; Janig, Philipp (Hg.): Elgar Encyclopedia of Human Rights. Edward Elgar Publishing, S. 62-69.

Hesselman, Marlies; Varo, Anaïs; Laakso, Senja 2019: European Energy Poverty: Agenda Co-Creation and Knowledge Innovation (ENGAGER 2017-2021): Policy Brief No. 2, June 2019: The Right to Energy in the European Union. Verfügbar: <www.engager-energy. net/wp-content/uploads/2019/06/ENGAGER-Policy-Brief-No.-2-June-2019-The-Right-to-Energy-in-the-EU.pdf> (Zugriff: 2023-10-24).

Hochschild, Arlie Russel (Hg.) 2016: Strangers in Their Own Land: Anger and Mourning on the American Right. New York: The New Press.

Honneth, Axel (Hg) 1992: Kampf um Anerkennung. Frankfurt am Main: Suhrkamp.

Illouz, Eva 2023: Undemokratische Emotionen. Berlin: Suhrkamp.

Jacobson, Nora; Oliver, Vanessa; Koch, Andrew 2009: An urban geography of dignity. In: Health & Place, H. 15(3), S. 695–701.

Jiglau, George; Hesselman, Marlies; Dobbins, Audrey; Grossmann, Katrin; Guyet, Rachel; Tirado Herrero, Sergio; Varo, Ana 2023: Energy and the social contract: From "energy consumers" to "people with a right to energy". In: Sustainable Development, S. 1–16.

Jütten, Timo 2017: Dignity, esteem, and social contribution: A recognition-theoretical view. In: Journal of Political Philosophy, H. 25(3), S. 259–280.

Koelbl, Susanne 2000: Da hilft nur noch Dynamit. Abriss Ost statt Aufschwung Ost. Die Geschichte eines Stendaler Plattenbaus und seiner Mieter zeigt, warum in den einst begehrten Vierteln fast jede zweite Wohnung leer steht. In: DER SPIEGEL, Nr. 41/2000, 08.10.2000.

Köpping, Petra (Hg.) 2018: Integriert doch erstmal uns! Eine Streitschrift für den Osten. Berlin: Ch. Links Verlag.

Margalit, Avishai (Hg.) 1996: The Decent Society. Cambridge: Harvard University Press.

Nieswand, Boris 2021: Konturen einer Moralsoziologie der Migrationsgesellschaft. In: Zeitschrift für Migrationsforschung, H. 1(1), S. 75 - 95.

Rodríguez-Pose, Andrés 2018: The revenge of the places that don't matter (and what to do about it). In: Cambridge Journal of Regions, Economy and Society, H 11(1), S. 189 - 209.

Rosa, Eugene A.; Machlis, Gary E.; Kenneth, M. Keating 1988: Energy and society. In: Annual Review of Sociology, H. 14, S. 149–172.

Schmidt-Thomé, Kaisa; Lilius, Johanna 2023: Smart shrinkage and multi-locality – The appeal of hope, illustrated through Puolanka, a rural municipality in Finland. In: Urban, Planning and Transport Research, H. 11.

Sensen, Oliver 2017: Dignity: Kant's Revolutionary Conception. In Debes, Remy (Hg.): Dignity. A History. New York: Oxford University Press, S. 237–262.

Thomson, Harriet, Bouzarovski, Stefan 2018: Addressing Energy Poverty in the European Union: State of Play and Action. Verfügbar: <https://www.energypoverty.eu/sites/default/files/downloads/publications/18-08/paneureport2018_final_v3.pdf> (Zugriff: 2019-07-27).

United Nations General Assembly (1948): Universal Declaration of Human Rights. New York: United Nations General Assembly.

Von der Pfordten, Dietmar(Hg.) 2016: Menschenwürde. München: C.H. Beck Verlag.

VZ NRW – Verbraucherzentrale Nordrhein-Westfalen 2015: Gemeinsame Wege aus der Energiearmut: Erfahrungen und Erfolge aus Nordrhein-Westfalen. Verfügbar: <https://www.verbraucherzentrale.nrw/sites/default/files/migration_files/media237456A.pdf> (Zugriff: 2023-10-25).

Waldron, Jeremy (Hg.) 2012: Dignity, Rank and Rights. New York: Oxford University Press.

Wacquant, Loïc 2007: Territorial Stigmatization in the Age of Advanced Marginality. In: Thesis Eleven, H. 91(1), S. 66-77.

Weber-Guskar, Eva 2017: Menschenwürde: Kontingente Haltung statt absoluter Wert. In: Brandhorst, Mario; Weber-Guskar, Eva (Hg.): Menschenwürde: Eine Philosophische Debatte über Dimensionen ihrer Kontingenz. Berlin: Suhrkamp, S. 206–233.

Wolf, Hubert 2002: Einstürzende Neubauten. In: WAZ - Westdeutsche Allgemeine Zeitung. Wochenendbeilage, 13. April 2002.

Young, Iris Marion (Hg.) 2011: Responsibility for Justice. New York: Oxford University Press.

Zuckert, Michael 2014: Dignity, Human. In: The Encyclopedia of Political Thought. MA and Oxford: Wiley-Blackwell, S. 933-936.

„Was Sie von der Natur erwarten können, finden Sie hier beynahe zusammen“

ANDREAS JAKOB

Bei dem am 7. Juli 2022 im Rahmen der Atzelsberger Gespräche gehaltenen Vortrag lag dem Motto der Tagung *„Stadt und Land – wie gestalten wir unseren Lebensraum?“* entsprechend das Hauptaugenmerk auf der geschichtlichen Entwicklung der Erlanger Kulturlandschaft. Dabei konzentrierte sich das Interesse im Wesentlichen auf die nur etwa 1.000 ha große Gemarkung der barocken Alt- und Neustadt Erlangen, das historische Zentrum der heutigen Großstadt, die auf den ersten Blick wenig Besonderes zu bieten scheint. Erst die zahlreichen Berichte, Briefe, Untersuchungen, Skizzen, Zeichnungen, Gemälde und sonstigen Zeugnisse, die vor allem die Professoren und Studenten der kleinen 1743 gegründeten Universität, aber auch viele Bürger hinterlassen haben, zeigen den enormen materiellen und kulturellen Reichtum dieses Kleinraums. Sie belegen sich wandelnde Nutzungen und Ansprüche, Naturereignisse, die es schon immer gegeben hat, Vorzüge aber auch Nachteile der geologischen Beschaffenheit des Siedlungsgebietes, das kontinuierliche Wachstum der Stadtgesellschaft und den unaufhaltsamen Siegeszug des Fortschritts. Sie zeigen eine heute nicht mehr vorstellbare Nähe der Menschen, nicht zuletzt auch der Behörden, zu ihrer Umgebung, ein teilweise völlig anderes Verhältnis zur Natur und ihren *„kleinen“* Vorzügen und Annehmlichkeiten, eine Empathie, die man sich bei Verantwortlichen heute gerne häufiger wünschen würde. Angesichts der derzeitigen gravierenden Veränderungen der Umwelt durch nach wie vor immer weiter voranschreitende Übersiedlung und die gleichzeitige Umwidmung öffentlicher Grünanlagen in Biotope und *„Klimawälder“* als Folge der Erderwärmung geben die im Folgenden um den wichtigen *„Fluss“* ergänzten Bereiche *„Stadt“*, und *„Land“* anhand der immer noch nachvollziehbaren Verhältnisse Einblicke in eine spannende, tatsächlich nicht immer *„gute“* alte Zeit.[1]

[1] Für freigiebig zur Verfügung gestellten Rat und Tat bei der Abfassung des Textes danke ich Jochen Buchelt, Bertold Frhr. von Haller, Prof. Roman Koch und Claudia Koolman. Mein Dank gilt der Dr. Alfred Vinzl-Stiftung und ihrem Vorsitzenden, Prof. Mathias Rohe, für die Möglichkeit, die in fast 40 Jahren Beschäftigung mit der Erlanger Geschichte gewonnene Sichtweise der hiesigen Kulturlandschaft noch einmal zusammenzufassen. Der Aufsatz ist Altoberbürgermeister Dr. Dietmar Hahlweg gewidmet, in dessen Amtszeit 1972 bis 1996 der Ausgleich zwischen Ökonomie und Ökologie einen neuen Höhepunkt erreichte.

Von „einer der schönsten Städte Deutschlands“ zur „Stadt der freundlichen Langeweile“?

Als kleinste der sechs bayerischen Großstädte liegt Erlangen heute zusammen mit Nürnberg und Fürth in einer der am dichtesten besiedelten Regionen des Freistaats. Einst wegen seiner klaren geometrischen Anlage als „eine der schönsten Städte in Deutschland“ gerühmt, entspricht die durch das strenge Straßenraster und die gleichförmigen zwei- und dreigeschossigen Reihenhäuser charakterisierte, seit Georg Dehio (1850-1932) 1905 aber als „Stadt der freundlichen Langeweile“ diskreditierte historische Altstadt heute kaum mehr touristischen Schönheitsvorstellungen und ist kein Reiseziel für Besucherströme. Zu groß ist die Konkurrenz durch das etwa 17 Kilometer südlich gelegene Nürnberg, das immer noch sehenswerte ehemalige „Schatzkästlein des Heiligen römischen Reiches Deutscher Nation“, und die Weltkulturerbestadt Bamberg 34 Kilometer nördlich von hier. Hätten jedoch Städte Ohren, hätte es Erlangen faustdick dahinter.

Denn Erlangen hat landschaftlich und geschichtlich durchaus Ungewöhnliches zu bieten. Mit gerade einmal 24.441 Einwohnern im Jahr 1919, entstand die heutige Großstadt mit über 100.000 Einwohnern im Zeitraum von nur einem guten halben Jahrhundert in drei Schritten. Nach dem Ersten Weltkrieg erfolgte die Eingemeindung der Vororte Sieglitzhof (1919), Alterlangen (1920), Büchenbach (1923) und Bruck (1924).[2] Kurz nach dem Ende des Zweiten Weltkriegs verlegten im Sommer 1945 die Siemens-Schuckertwerke ihre Hauptverwaltung von Berlin hierher, gleichzeitig fanden Tausende Flüchtlinge und Vertriebene eine neue Heimat; um 1970 hatte jeder vierte Einwohner eine entsprechende Biografie.[3] War Erlangen 1946 noch eine Mittelstadt mit 45.536 Einwohnern, explodierte es regelrecht in knapp 30 Jahren bis 1974 zur Großstadt. 1964 übertraf Erlangen mit 220 fertiggestellten Wohnungen auf je 10.000 Einwohner sogar sämtliche Großstädte des Bundesgebietes.[4] Stadtbildprägend waren die großzügigen „Wohnparksiedlungen“, d.h. langgestreckte zwei- oder dreigeschossige Baublöcke

---

[2] Andreas Jakob, Art. Eingemeindungen, in: Christoph Friederich/Bertold Frhr. von Haller/Andreas Jakob (Hg.), Erlanger Stadtlexikon, Nürnberg 2002, S. 220 f.

[3] Gertraud Lehmann/Regina Paulus, Art. Heimatvertriebene, in: Erlanger Stadtlexikon (wie Anm. 1), S. 352 f.

[4] Andreas Jakob, „Und mit Siemens-Schuckert um die Wette baute und baut die Stadt Erlangen“: Stadtplanung und Stadtentwicklung 1945-1955, in: Jürgen Sandweg/Gertraud Lehmann (Hg.), Hinter unzerstörten Fassaden. Erlangen 1945-1955, Erlangen 1996, S. 577-621, hier S. 577.

in großen Grünanlagen.[5] Auch sonst sorgte man weitsichtig für die Erhaltung von stadtinterner Natur. 1960 entfielen von den damals noch 2.985 ha des Stadtgebietes auf Wald, Grünflächen und Erholungsbereiche 660,7 ha. Die größte Ausdehnung hatten die Regnitzauen mit 343 ha, der Meilwald mit 190 ha, die Schwabachauen mit 57 ha und der Büchenbacher Wald mit 15 ha. Sportflächen umfassten insgesamt 27 ha, Friedhöfe 13 ha, der Schlossgarten 7,5 ha und der Eichenwald 4 ha. Gleichzeitig ging aber bis dahin die landwirtschaftlich genutzte Fläche um 25 Prozent auf 1.240 ha zurück.[6]

Um Großstadt zu werden bedurfte es gleichwohl noch der Eingemeindung weiterer Vororte: 1967 kamen Kosbach, Häusling und Steudach dazu, und schließlich im Zuge der Bayerischen Gebietsreform am 1. Juli 1972 Dechsendorf, Eltersdorf, Frauenaurach (mit Neuses und Schallershof), Hüttendorf, Kriegenbrunn und Tennenlohe. Heute umfasst das Stadtgebiet 76,96 km^2.[7] Erlangen hatte am 30. September 2022 117.466 Einwohner, davon (Stand 31.12.2021) 24.189 Ausländerinnen und Ausländer aus 147 Nationen.[8] 2014 gab es hier bei rund 108.000 Einwohnern 104.000 einkommenssteuerpflichtige Arbeitsplätze.[9] Größte Arbeitgeber sind die Firma Siemens und die Universität bzw. die Universitätskliniken.

Die eingemeindeten Dörfer brachten nicht nur ihre Einwohner und Gemarkungen mit, sondern auch ihre Geschichte aus der Zeit ihrer Zugehörigkeit zum Hochstift Bamberg, zum Markgraftum Bayreuth oder zur freien Reichsstadt Nürnberg. Das gleiche gilt für die Heimatvertriebenen, Flüchtlinge und nicht zuletzt die „Siemensianer“. Eine weitere überwiegend sehr junge und heterogene, ständig wechselnde Personengruppe sind die im WS 2022/23 39.657 Studierenden der Friedrich-Alexander-Universität Erlangen-Nürnberg, davon 19.860 Frauen und 7.807 aus dem Ausland.[10]

Die folgende Abhandlung stellt im Wesentlichen das alte Erlangen in den Mittelpunkt.

---

[5] Andreas Jakob, Art. Wohnpark-Siedlungen, in: Erlanger Stadtlexikon (wie Anm. 1), S. 756. – Ders., Grün im 20. Jahrhundert, in: Plätze & Gärten. Lebensräume in der Stadt, Nürnberg 1987 (= Ausstellungskatalog des Stadtmuseums Erlangen), S. 70 f.
[6] Jakob, Grün (wie Anm. 4), S. 70.
[7] https://de.wikipedia.org/wiki/Erlangen, Aufruf vom 7.3.2023.
[8] Einwohnerzahlen 1497-2000, in: Erlanger Stadtlexikon (wie Anm. 1), S. 778. – Andreas Jakob, Art. Gemarkung, ebda., S. 305. – Jakob, Art. Eingemeindungen (wie Anm. 1).
[9] Andreas Jakob, Chronik 70 Jahre CSU, in: Wir sind CSU Erlangen. Gestern. Heute. Morgen, Erlangen 2016, S. 17-64, hier S. 51.
[10] https://www.fau.de/fau/willkommen-an-der-fau/daten-und-fakten/, Aufruf 21.2.2023.

Stadt: Hochkultur und wirtschaftliche Blüte auf 956 Hektar

Erlangen hatte, was seine politische Geschichte anbelangt, in seinen Anfängen eine extreme Randlage. Im Gebiet der heutigen Großstadt grenzten um das Jahr 1000 drei Gaue und zeitweilig drei Bistümer aneinander: westlich der Regnitz lag der Rangau, der zum Bistum Würzburg gehörte. Nördlich der Seebach und der Schwabach, zwei von Westen bzw. Osten in die Regnitz entwässernden Flüsschen, erstreckte sich der Radenzgau, der seit der Gründung des Bistums Bamberg 1007 zu dessen Gebiet gehörte. 1016 wurde die Bamberger Bistumsgrenze auf dem Boden des zum Bistum Eichstätt gehörenden baierischen Nordgaus, der östlich der Regnitz lag und von Neuburg an der Donau bis zur Erlanger Schwabach reichte, von dort nach Süden nach Nürnberg an die Regnitz verlegt.[11]

Erlangen ist als *„villa Erlangon“* (heute Alterlangen) 1002 erstmals erwähnt. Von dem westlich der Regnitz gelegenen Ort aus wurde damals östlich derselben auf beiden Ufer-seiten der in den Wald hineinführenden Schwabach eine Rodung betrieben bzw. Siedlung angelegt. In diesem Jahr genehmigte Kaiser Heinrich II. diese durch die Zuweisung von zwei östlich der Regnitz gelegenen Meilenquadraten einerseits, andererseits begrenzte er sie dadurch in ihrer weiteren Ausdehnung, was sich in späteren Jahrhunderten als äußerst problematisch erweisen sollte. Aus den beiden von der Schwabach als Mittelachse nach Norden bzw. Süden gerichteten Meilenquadraten entwickelte sich die spätere Erlanger Gemarkung. Südlich der Schwabach entstand die 1348 als *„Großenerlang“* (im Unterschied zu *„Klein-“* oder *„Wenigen Erlang“* westlich der Regnitz) bezeichnete Siedlung, nördlich lag der kulturgeschichtlich bedeutsame sog. Burgberg. Ihre Gemarkung erstreckte sich mit Ausnahme der bereits 1408 erwähnten Sackwiesen nordwestlich des Burgbergs nur östlich der Regnitz, schloss aber den Fluss mit seinen Inseln (Wöhrde) ein. Anlässlich der Teilung des zum Hochstift Bamberg gehörenden Meilwaldes[12] 1565 in den Bischofsmeilwald (an Bubenreuth grenzendes Waldgebiet am West- und Nordhang des Rathsbergs) und den Erlanger Meilwald (am Südhang des Rathsbergs) wurden die nördlichen Grenzen der Gemarkung festgelegt, die im Wesentlichen bis heute

[11] Andreas Jakob, Essay: Von den Anfängen Erlangens bis 1361, in: Erlanger Stadtlexikon (wie Anm. 1), S. 26-29.

[12] Die Bezeichnung Meilwald geht wahrscheinlich auf die beiden Meilenquadrate von 1002 zurück und erscheint erstmals 1314, als der Bischof von Bamberg neugegründeten Kloster Neunkirchen am Brand Holzrechte in der „Meil“ bei Erlangen verlieh (Bertold Frhr. von Haller, Art. Meilwald, in: Erlanger Stadtlexikon (wie Anm. 1), S. 493).

Bestand haben. Die Südgrenze zum zur Freien Reichstadt Nürnberg gehörenden Sebalder Reichswald bildete vor seiner Regulierung im 19. Jahrhundert in etwa der Lauf des Röthelheimgrabens, eines heute weitgehend überbauten Bächleins. Die Ostgrenze verlief in der Linie der Moltkestraße.[13]

Um den ursprünglich bis fast unmittelbar an die Regnitz reichenden Erlanger Burgberg zu umgehen, verliefen die Altstraßen im hohen Mittelalter zumeist westlich des Flusses. Spätestens seit dem 14. Jahrhundert führten die Geleits- und Handelsstraßen von/nach Nürnberg nach/von Leipzig, Erfurt, Kassel, Rostock, Frankfurt an der Oder usw. jedoch über Tennenlohe, Erlangen und Baiersdorf. Die Lage an wichtigen Verkehrswegen ist der Grund dafür, dass sich auf vielen der ältesten deutschen Straßenkarten auch Erlangen findet. Da die Flussauen in der Regel sumpfig waren, passierte die Landstraße hier den steilen Westhang des Burgbergs bis in das 19. Jahrhundert auf halber Höhe. Die einstige Dominanz der Nord-Süd-Achse und der von Westen über das etwa einen Kilometer breite Regnitztal kommenden Straße, die die Regnitz ursprünglich vermutlich über die *„Schmidtsinsel“* oder das *„Arlaßwerd“* überquerte und dann zwischen dem Martinsbühl und der im 14. Jahrhundert erbauten Veste, einer starken Turmburg, hindurch das Martinsbühler Tor erreichte,[14] lässt sich heute noch im Grundriss der Altstadt Erlangen ablesen.[15] 1361 erwarb Kaiser Karl IV. (1316-1378) als König von Böhmen das verkehrsgünstig gelegene Erlangen mit seiner nur etwa 956 ha großen Gemarkung als Etappenort für seine Landbrücke von Neuböhmen (Hauptstadt Auerbach/Oberpfalz) nach Aachen (Ort der Königskrönung) bzw. Frankfurt am Main (traditionell Ort der Wahl der Kaiser und Könige), und verlieh ihm 1374 Marktrechte. Sein Sohn, König Wenzel (1361-1419), mit dem Beinamen *„der Faule“*, erhob Erlangen 1398 zur Stadt.[16] 1402 fiel Erlangen an die Burggrafen von Nürnberg aus der Familie der Hohenzollern, die es 1404 dem Unterland ihres entstehenden Fürstentums *„ob dem Gebürg“*, dem späteren Markgraftum Brandenburg-Bayreuth, zuschlugen.

---

[13] Jakob, Gemarkung (wie Anm. 7)

[14] Bernd Nürmberger, Erlangen um 1530. Eine Lagebestimmung der Häuser und Straßen, in: EB 49/2003, S. 198-314, hier S. 290 f. mit Abb. 23. Auf der Karte ist Nr. 2 das ehemalige „Arlaßwerd“, Nr. 4 die sog. „Schmidtsinsel“, auf die Alterlangen ursprünglich ausgerichtet war über die der Verkehr von und nach der Erlanger Altstadt gelaufen sein dürfte. Daher gab es dort zwei Brücken, nämlich die lange wohl über den Hauptarm und die kleine über den östlichen Arm der Regnitz. – S. S. 126 ff. Wöhrde

[15] Andreas Jakob, Art. Altstraßen, in: Erlanger Stadtlexikon (wie Anm. 1), S. 122.

[16] Andreas Jakob, Die Entwicklung der Altstadt Erlangen. Von der „villa Erlangon“ zur Stadt der böhmischen Könige, in: Jahrbuch für fränkische Landesforschung Bd. 50 (1990), S. 1-122 (erschienen auch bei Palm & Enke als Sonderdruck).

Auch unter der Herrschaft der Hohenzollern bis 1806 war Erlangen, dessen Gemarkung weitgehend unverändert blieb, in Sichtweite von *„Ausland“* umgeben. Büchenbach und Alterlangen gehörten zum Hochstift Bamberg, Frauenaurach weiter südwestlich der Regnitz zum (erst nach 1402 entstandenen) Markgraftum Bayreuth, Bruck hatte eine gemischte nürnbergische und markgräfliche Herrschaft, Eltersdorf und Tennenlohe waren nürnbergisch. Im Bayreuther Markgraftum war Erlangen die zur Wirtschaftsmetropole Nürnberg nächstgelegene Stadt. Organisatorisch gehörte es zum markgräflichen Amt (seit 1698 Oberamt) Baiersdorf, kirchlich war es eine Filiale des Kollegiatstifts St. Martin in Forchheim. 1435 wurde die Marienkirche (heute Altstädter Kirche) zur Pfarrkirche erhoben, 1528 die Reformation eingeführt. 1632 und 1634 zerstörten kaiserliche Truppen aus der Bamberger Festungsstadt Forchheim das Städtchen fast vollständig. Ein Markstein für den Wiederaufbau war die Fertigstellung der nunmehr der Dreifaltigkeit[17] geweihten Kirche sieben Jahre nach Kriegsende 1655.

1686 sorgten die Auswirkungen der großen europäischen Geschichte für einen entscheidenden Entwicklungsschritt. Nach der Aufhebung des Toleranzedikts von Nantes 1685 durch den katholischen *„Sonnenkönig“* Ludwig XIV. (1638-1715) in Frankreich verließen Tausende seiner reformierten (calvinistischen) Untertanen ihre Heimat und verstreuten sich über halb Europa. Einige hundert Refugiés, sog. Hugenotten, nahm der lutherische Markgraf Christian Ernst (1644-1712) in seinem Fürstentum auf, obwohl sie nach Meinung der damaligen lutherischen Geistlichkeit schlimmer waren als *„Papisten und Türken“*, also als Katholiken und Nichtchristen[18]. Auch nach dem Dreißigjährigen Krieg, der um den *„wahren“*, das heißt immer den eigenen, Glauben geführt worden war, und nur Verlierer zurückließ, gab es keine Toleranz. Auf die damals höchst ungewöhnliche Entscheidung des Bayreuther Landesherrn – im Augsburger Religionsfrieden wurde 1555 das Prinzip *„cuius regio, eius religio“*, *„wessen Gebiet, dessen Religion“*, festgelegt – bezieht sich das heutige Motto der Stadt *„offen aus Tradition“*. [19]

---

[17] Auch Trinität, Dreieinigkeit, als Bezeichnung der Wesenseinheit von Gott Vater, Gott Sohn und Heiliger Geist.

[18] Auch wenige Jahrzehnte nach dem um des wahren Glaubens geführten Dreißigjährigen Krieg war die „richtige“ Konfession (i.d.R. die eigene) wichtiger als etwaige Ansiedler. Auch heute noch ist die Diskrepanz zwischen Lutheranern und Reformierten größer, als von beiden jeweils zu Katholiken. Nicht geduldet wurden in der Neustadt Erlangen als Ansiedler Katholiken und Juden.

[19] Andreas Jakob, Erlangen im 18. Jahrhundert (Das Bayerische Jahrtausend Bd. 8), München 2012. – S. dazu auch mehrere Aufsätze in Andreas Jakob/Hans Markus Horst/Helmut Schmitt (Hg.), Das Himmelreich zu Erlangen – offen aus Tradition? Aus 1000 Jahren Bamberger Bistumsgeschichte (Veröffentlichungen des Stadtarchivs Erlangen, Nr. 5), Nürnberg 2007.

Von der Aufnahme der als wirtschaftlich tüchtig geltenden Hugenotten erhoffte sich der Fürst einen Beitrag zum Wiederaufbau seines im Dreißigjährigen Krieg schwer zerstörten Landes. Wie er schrieb, wollte er, dass das *„... aus dem Ruin-Stand noch nicht vollkommentlich wieder erhobene ... sehr abgemittelte und enervierte Fürstentum ... hinwieder zu rechten Erauﬀerung gebracht, ersprießliches Gewerb und Hanthierung restabilisiert, und die lieben, gehorsamen Untertanen zu einem gedeylichen Aufkommen samt und sonders, nach und nach gebracht werden ...“*.[20] Er ließ etwa 200 m südlich des seither Altstadt genannten Städtchens Erlang(en) nach damals modernsten städtebaulichen Gesichtspunkten die im Grundriss rechteckige, durch zwei Plätze und ein Raster fein aufeinander abgestimmter schnurgerader Straßen charakterisierte Neustadt Erlang(en) anlegen, die seit 1701 nach ihm Christian-Erlang hieß. Die Anlage orientierte sich an dem 1631 von Kardinal Richelieu (1585-1642) im Département Indre-et-Loire nahe Tours und Poitiers gegründeten Städtchen Richelieu. Die zwei- und dreigeschossigen Reihenhäuser hatten gleichmäßig gestaltete Fassaden, die sich im Nachbargebäude fortsetzten. Die gewollte Einheitlichkeit des Straßenbildes entsprach dem damaligen Ideal der „Regularität“ und war von hohem ästhetischen Wert. Die Bauarbeiten begannen am 14. Juli 1686 mit der Grundsteinlegung zur sogenannten Hugenottenkirche, einem als Querhausanlage konzipierten, zunächst ohne Turm errichteten Sakralbau (Weihe 26. Februar 1693, Turm 1732-34), der sich am fortschrittlichen lutherischen Kirchenbau in Thüringen orientierte.[21] Städtebaulich ist die Neustadt Erlangen eine von mehr als 140 nach ähnlichen übergeordneten Gesichtspunkten angelegten Plan- oder Idealstädten, die vom 16. bis zum 18. Jahrhundert in 16 europäischen Ländern entstanden.[22]

Am 14. August 1706 brannte die kleine Altstadt Erlangen, die nicht mehr als vielleicht 500 Einwohner gehabt hatte, in einem Feuersturm binnen weniger Stunden fast vollständig ab. Es war dies die letzte größere Katastrophe, von der die Stadt, die auch den Zweiten Weltkrieg ohne nennenswerte Schäden überstand, bis heute heimgesucht wurde. Nachdem die Altstadt nach einem ähnlichen System wie die Neustadt, also mit begradigten

---

[20] Andreas Jakob, Die Neustadt Erlangen. Planung und Entstehung, Erlanger Bausteine 33/1986, Sonderband, S. 13. – Jakob, Erlangen im 18. Jahrhundert (wie Anm. 17), S. 16.

[21] Andreas Jakob, Die Hugenottenkirche in Erlangen. *„das eindringlichste Bauwerk reformierter Tradition in Bayern“* (Veröffentlichungen des Stadtarchivs Erlangen. Nr. 12), Wendelstein 2013.

[22] Andreas Jakob, Die Legende von den „Hugenottenstädten“. Deutsche Planstädte des 16. und 17. Jahrhunderts, in: Volker Himmelein (Hg.), „Klar und lichtvoll wie eine Regel“. Planstädte der Neuzeit, Karlsruhe 1990 (Ausstellungskatalog des Badischen Landesmuseums Karlsruhe), S. 181-198.

Straßen- und Platzfronten und einem ebenfalls einheitlichen Haustypus wiederaufgebaut wurde,[23] war Erlangen (bis 1812 überwiegend Erlang, dann Erlangen) sogar die, wenn auch sehr kleine, einzige doppelte Planstadt in Europa. Bis zur Zusammenlegung 1812 wurden die beiden von ihrer wirtschaftlichen Struktur sehr unterschiedlichen Gemeinwesen getrennt verwaltet. In der vor allem vom Export ihrer Gewerbe lebenden Neustadt rechnete man – wie in der benachbarten Reichsstadt Nürnberg, von deren immer noch überragender wirtschaftlichen Bedeutung das ganze Projekt 1686 abhing – zur Erleichterung des Geld- und Warenverkehrs mit dem kaiserlichen (rheinischen), in der ackerbürgerlich strukturierten Altstadt bis 1803 mit dem fränkischen Gulden.[24]

Nach schwierigen Anfangsjahren begann die Neustadt Erlangen, in der es zunächst keinen Zunftzwang gab und der Hausbau großzügig durch Material- und Steuerfreiheiten unterstützt wurde, ab etwa 1700 vor allem durch die Ansiedlung von deutsch-reformierten und lutherischen Handwerkern zu wachsen. Nachdem eine Zählung 1698 exakt 1.000 Franzosen und 317 deutsche Einwohner ergeben hatte, lebten 1723 1.028 Franzosen und 2.154 Deutsche in der Neustadt.[25] Wichtigstes Gewerbe waren mit Abstand die Strumpfwirker, gefolgt von Hutmachern, Handschuhmachern, Gold- und Silber-Drahtziehern, Gerbern, Tapetenwirkern und anderen.[26] Eine Manufaktur fertigte große Gobelins für den fürstlichen Bedarf. Erlangen war damals die modernste Stadt im Fürstentum mit erheblichem Entwicklungspotential. Einen ersten, die bis dahin reine Handwerker- und Gewerbestadt für eine andere Ausrichtung öffnenden wesentlichen Impuls brachte der Bau des Schlosses auf der östlichen Seite des großen Platzes. Von Erbprinz Georg Wilhelm (1678-1726) im Jahr 1700 begonnen, kaufte es ihm sein Vater, der Stadtgründer Markgraf Christian Ernst 1703 ab, um es seiner dritten Frau Elisabeth Sophie (1674-1748) als künftigen Witwensitz zu schenken. Wie der Markgraf, der als *„hochfürstliche Durchlaucht“* angeredet wurde, gehörte sie der Familie der Hohenzollern an, war aber als Tochter des Großen Kurfürsten Friedrich Wilhelm von Brandenburg (1620-1688) und Schwester von König Friedrich I. in Preußen (1657-1713) als *„königliche Hoheit“* ranghöher. Sie förderte die Anlage des schließlich etwa 280 m breiten

---

[23] Andreas Jakob, *„Der Ort stieg aus seiner Asche viel schöner empor“*. Der Brand der Altstadt Erlangen am 14. August 1706 und ihr Wiederaufbau als moderne Planstadt bis 1712, in: EB 51/2006, S. 9-47, hier S. 38 ff.

[24] Thomas Engelhardt, Essay: Die Fabrikstadt bis zum Ende des 18. Jahrhunderts, in: Erlanger Stadtlexikon (wie Anm. 1), S. 66-69.

[25] Jakob, Erlangen im 18. Jahrhundert (wie Anm. 17), S. 46, S. 50.

[26] Engelhardt, Fabrikstadt (wie Anm. 22).

und 550 m langen, prächtig mit Rabatten, Hecken, Skulpturen und mehreren Brunnen ausgestatteten Schlossgartens.[27] Durch die Lage des Schlosses an der Nahtstelle von planmäßig angelegter Stadt und geometrisch gestaltetem Garten, das Schlossparterre mit dem Hugenottenbrunnen in der Mitte und an den Seiten symmetrisch angeordneten konvexen Gebäuden (nördlich die Orangerie, südlich die Konkordienkirche) sowie den drei strahlförmig in den Wald führenden breiten Alleen hatte die Neustadt strukturelle Ähnlichkeiten mit dem Schloss in Versailles und dem Petersplatz in Rom.[28] Die Zeitgenossen nahmen das durchaus wahr. Noch Mitte des 18. Jahrhunderts wurden in Paris Guckkastenblätter mit dem idealisierten Motiv des Erlanger Schlosses gedruckt. Seit 1708 waren Alt- und Neustadt Erlangen 6. Landeshauptstadt des Markgraftums Brandenburg-Bayreuth und Sitz einer Amtshauptmannschaft, seit 1711 firmierten sie als *„Hochfürstliche Residenz- und zur sechsten Haupt- erhobene Stadt Christian- und Alt-Erlangen“*.[29]

Nachdem in der Neustadt Erlangen schon von 1701 bis 1741 eine Ritterakademie für die Erziehung der Söhne des einheimischen Adels bestand und Markgraf Christian Ernst in der Erkenntnis, dass *„dieses Werk niemals recht zu Perfektion kommen kann, wenn daraus nicht eine Formal-Universität mit Kayßerl. Privilegiis angerichtet wird“*,[30] bereits um 1705 erstmals die Errichtung einer Universität erwogen hatte, gründete Markgraf Friedrich III. von Brandenburg-Bayreuth (1711-1763), der Gemahl von Wilhelmine von Preußen (1709-1758), der Lieblingsschwester König Friedrichs II., des Großen, von Preußen (1712-1786), die am 4. November 1743 mit vier Fakultäten, 15 Professoren und 64 Studenten eröffnete Friedrichs-Akademie. Nach der Zusammenlegung der Fürstentümer Ansbach und Bayreuth 1769 wurde die

---

27 Andreas Jakob/Volkmar Greiselmayer, Art. Schlossgarten, in: Erlanger Stadtlexikon (wie Anm. 1), S. 613.

28 Andreas Jakob, Eine Idee von Versailles in Franken. Macht- und Kunstpolitik beim Aufstieg Erlangens zur zweiten Residenz- und sechsten Landeshauptstadt des Markgraftums Brandenburg-Bayreuth, in: Axel Gotthard/Andreas Jakob/Thomas Nicklas (Hg.), Studien zur politischen Kultur Alteuropas (Festschrift Helmut Neuhaus), Berlin 2009, S. 421-460.

29 Bettina Keller, Art. Residenzstadt, in: Erlanger Stadtlexikon (wie Anm. 1), S. 585.

30 Andreas Jakob, „Daß die Lehrer dieser Universität den Lehrern der Universität Altdorf ihre beständige Freundschaft schenken möchten“. Die Universität Erlangen und ihr Verhältnis zu Altdorf, in: Hanns Christof Brennecke/Dirk Niefanger/Werner W. Schnabel (Hg.), Akademie und Universität Altdorf. Studien zur Hochschulgeschichte Nürnbergs (Beihefte zum Archiv für Kulturgeschichte, Heft 69), Köln/Weimar/Wien 2011, S. 363-395, hier S. 366. – Jakob, Erlangen im 18. Jahrhundert (wie Anm. 17), S. 85. – Vgl. dazu auch Caspar Jacob Huth, Nachricht von der Einweihung und dem gegenwärtigen Zustand der Friedrichs Universität ERLANGEN, in einem Schreiben an einen auswärtigen Freund, Erlangen o.J. (1743), S. 8.

Hochschule, die seither Friedrich-Alexander-Universität heißt, von Markgraf Alexander (1736-1806) wirtschaftlich auf eine feste Grundlage gestellt.[31]

Doch wo viel Licht ist, war auch in Erlangen viel Schatten. Wenn der Privatdozent und Lektor für Englisch Johann Georg Christian Fick (1763-1821) 1812 meinte: *„Allein unsere Stadt hat eine äußerst gesunde Lage, und ihre Bauart verbindet mit äußerer Eleganz so viele Zweckmäßigkeit, daß sich, von dieser Seite, der Einwohner derselben eine stets dauerhafte Gesundheit und ein kräftiges Alter versichern könnte,"*[32] ist diese Aussage, die zum Standardrepertoire der damaligen Ortsbeschreibungen gehörte, zu relativieren. Denn Erlangen war eine arme Stadt, selbst wenn der später als Dichter der napoleonischen Freiheitskriege berühmte Ernst Moritz Arndt (1769-1860) 1798 nach einem Besuch der Stadt urteilte: *„Aber es geht den Erlangern, wie den meisten Fabrikstätten Deutschlands, daß sie nicht reich sind, wiewohl auch von Armuth eben keine Spuren sind."*[33] Ein großer Teil der Einwohner, die Strumpfwirker, lebten unter schwierigsten Verhältnissen mehr als kümmerlich und hatten keinerlei Möglichkeiten zur Gestaltung ihres Lebensraumes. Nachdem in den überlieferten Beschreibungen der Zeit in der Regel der Adel, das gehobene Bürgertum und die Akademiker im Vordergrund stehen, verdient hier das Los der unteren Schichten das Interesse, deren Lebensverhältnisse Johann Georg Christian Fick, der selbst den oben zitierten äußeren Eindruck der *„Strumpferstadt"* hinterfragte, 1812 mitfühlend beschrieb:

> „Wir sehen hieraus, daß Lage und Bauart der Stadt, Luft und Witterung ganz dazu geeignet sind, den Einwohner von Erlangen gesund und wohl zu erhalten; aber woher denn doch so vielerlei Krankheiten und Gebrechen, welche der natürliche Gang des menschlichen Lebens nicht mit sich bringt? Werfen wir einen Blick auf die Erwerbszweige und die Lebensart der Einwohner, und wir werden bald das Räthsel gelöst sehen. Ausser den gewöhnlichen Professionisten [Berufen] erwirbt eine große Zahl der Einwohner ihren Unterhalt vom Wirken baumwollener Strümpfe, und von den dazu erforderlichen Nebenarbeiten. Wer nun die Unnatürlichkeit dieses Metiers recht auffassen will, mag nur das Leben eines an seinen Stuhl gebannten Strumpfwirkers [... betrachten]. Jener vom kurzen Schlafe kaum erwacht,

---

31 Alfred Wendehorst, Geschichte der Universität Erlangen-Nürnberg 1743-1993, München 1993, S. 38 ff. – Alfred Wendehorst, Art. Ritterakademie, in: Erlanger Stadtlexikon (wie Anm. 1), S. 589.

32 Johann Christian Fick, Historisch-topographisch-statistische Beschreibung von Erlangen und dessen Gegend mit Anweisungen und Regeln für Studierende, Erlangen 1812 (Nachdruck Erlangen 1977), S. 52.

33 Ernst Moritz Arndt, Bruchstücke aus einer Reise von Baireuth bis Wien im Sommer 1798, Leipzig 1801, Faksimile Erlangen 1985 (= Bibliotheca Franconica, Bd. 11), S. 79.

eilt sogleich zu seinem Wirkstuhle, wo er 12, ja oft 16 Stunden lang in einer zwangvollen Stellung und in gleichförmig abgemessenen Bewegungen gleich einem Automate zubringt, und nur wenige Zeit sich gönnt, sein kärgliches Mahl, das meistens in Kartoffeln besteht, zu sich zu nehmen. Ihn darf in seiner engen, mit Wollenstaub angefüllten, Stube, in der die Luft noch überdies durch die Ausdünstung vieler Menschen und dem Dunste eines ranzigen Oellichts verdorben ist, weder der freundliche Himmel ins Freie locken, noch hat er Ursache, sich vor dem Ungestümm der Witterung zu fürchten; denn ihm verfließen nur die Tage wie die Jahre hinter der klirrenden Maschine, und zur Winterszeit bei dem blendenden Scheine der erleuchteten Glaskugel [sog. Schusterkugel, mit Wasser gefüllter kugelförmiger Glaskolben, mit dem das Licht einer Kerze oder Öllampe wie mit einer Sammellinse fokussiert wurde]. [...] Was Wunder, das bei jenen mancherlei nachtheilige Triebe erwachen, da bei den geregelten maschinenmäßigen Bewegungen die Phantasie freies Spiel erhält, daß nach sechstägiger Einsperrung ein zügelloses Streben rege wird, die verlornen Stunden der Lust am Feiertage einzubringen, und daß nach mehrtägiger Enthaltung bei der Begierde nach Genuß auch jede mäßige Ausschweifung den Organismus tief erschüttert; [...] Man darf wohl nicht erinnern, daß der größte Nachtheil für die Gesundheit und Constitution der bei den Fabriken arbeiteten Klasse noch darinnen besteht, daß sie schon im zartesten Alter, ehe noch der Körper seine gehörige Festigkeit erhielt, zu dieser Beschäftigung bestimmt wird.“ [34]

Ein Strumpfwirker konnte damals wöchentlich aus drei Pfund Baumwolle ein Dutzend Strümpfe, Mützen oder Handschuhe fertigen, und dies zum Teil nur mit den angegebenen langen Arbeitszeiten. 1775 sollen in Erlangen 580 Stühle 4.000 bis 5.000 Personen ernährt haben.[35] 1798 waren 357 Meister, dazu ca. 2.000 Personen, vor allem Frauen und Kinder, die Vor- und Nacharbeiten besorgten, in dem Metier beschäftigt,[36] die wenigsten selbständig, die meisten in Abhängigkeit von einem Verleger. Die 1812 vorhandenen 563 Stühle verarbeiteten im Jahr 877 Zentner Baumwolle.[37]

Eine berufstypische Krankheit war der *„Strumpferkatarrh“*:

„Alle Familienmitglieder, auch kleine Kinder, wurden gebraucht. Sie mußten karden, spulen, Strümpfe spülen oder naß auf Bretter ziehen. Das ‚Blutspeyen‘ beim ‚Strumpferkatarrh‘ war eine typische Berufskrankheit; die schlechte Ernährung (‚Wickenbrot‘ und billiger Alkohol) und das Sitzen bei

---

34 Fick, Beschreibung (wie Anm. 30), S. 56 ff.

35 Birke Grießhammer, Die Strumpffabrikation – eine Fehlinvestition, in: Hugenottenkatalog, S. 160-167, hier S. 161.

36 Thomas Engelhardt, Art. Strumpfwirker, in: Erlanger Stadtlexikon (wie Anm. 1), S. 679.

37 Fick, Beschreibung (wie Anm. 30), S. 72.

der Arbeit führten zu Verdauungsstörungen, schlechte Lichtverhältnisse und der umherfliegende Baumwollstaub zu Augenentzündungen, Kälte und Feuchtigkeit zu ‚dicken Beinen' und Geschwüren. ‚Selten trifft man einen Strumpfwirker, besonders unter denen, die in den Jahren des Jünglings, oder im Anfang des männlichen Alters stehen, an, der vor allen Brustbeschwerden völlig frey wäre. Die meisten sind beklommen, husten speyen schleimischten Auswurf in großer Menge aus, sind ausgedörrt, hager erdpfahl [sic!], schweben wie halbe Schatten unter den Lebendigen, und sind, wenn sie von Krankheiten befallen werden, allemal gefährlicher krank und um vieles kraftloser, und dem Tod mehr ausgesetzt als andere."[38]

Noch 1843 fand der Erlanger Kirchenhistoriker Veit Engelhardt (1791-1855) warme Worte für die Strumpfwirker:

> „Und was sagen Sie dazu, daß hier an Handschuhen, Strümpfen und unausdrückbaren Gegenständen gegen 50.000 Dutzend jährl. fabricirt werden? Etwa 700 eiserne Stühle liefern jenen zweiten Artikel, welche eben so viele männliche Individuen erfordern, aber außerdem noch viele weibliche Personen für die Vorarbeiten, so wie die mehr oder weniger zierliche Vollendung desselben. Aber schöner ist dieses Erzeugniß, das von mehreren Fabriken versendet wird, als das Knarren und Schrillen der Stühle; und wenn Sie sich der Feinheit und Güte des Produktes erfreuen, so vergessen Sie nicht die blasse Miene, das Leidensgesicht der eine lange, lange Woche hindurch an den Stuhl gebannten Arbeiter, und bedenken Sie, daß alles Schöne, jeder Genuß des Lebens mit Schmerz und Mühe errungen wird!" [39]

Aber auch sonst waren die Zeiten sehr hart, wie nicht zuletzt die relativ kurzen Lebensspannen vieler Zeitgenossen zeigen, die ihren 60. Geburtstag nicht erreichten. Der von 1770 bis 1772 währenden europaweiten Hungersnot fielen in Erlangen 1.543 Personen, etwa 18,5 Prozent der Bevölkerung, zum Opfer.[40]

1784 wohnten in den 784 Gebäuden der Neustadt und 235 Häusern der Altstadt zusammen etwa 8.000 Einwohner. Nachdem der Homann-Plan von 1721 bereits einzelne Laternen zeigt, wurden die Straßen seit 1782 systematisch beleuchtet, wie Füssel berichtet, *„jetzt zwar nur nothdürftig, [...]: es*

---

[38] Grießhammer, Strumpffabrikation (wie Anm. 33), S. 165.

[39] Anonym, Erlangen in der Westentasche. Ein treuer Führer durch Stadt und Universität, 2. Ausgabe: Theodor Blaesing, Erlangen 1845 (Nachdruck Palm & Enke, Erlangen 1978), S. 42.

[40] Andreas Jakob, Unter dem Schatten der Heerstraße. Erlanger Kriegs- und Militärgeschichte vom Spanischen Erbfolgekrieg bis zum Wiener Kongress, in: EB 52/2008, S. 71-126, hier S. 72.

geschieht aber fast alle Jahre hierin mehr.“[41] Johann Wolfgang von Goethe (1749-1832) fand nach einem Besuch Erlangens am 15. November 1797, bei dem er im berühmten Gasthaus „*Walfisch*“ genächtigt hatte, die Stadt „des Nachts gut beleuchtet“.[42] Als Erlangen 1790/91 zusammen mit den vereinigten Markgraftümern Ansbach und Bayreuth Teil des Königreichs Preußen wurde, war es nach der alten Hauptstadt Bayreuth die zweitgrößte Stadt des ehemaligen Fürstentums und mit einem Anteil von 24 Prozent an den Erzeugnissen aller Fabriken und Manufakturen des Landes und einem Exportanteil von sogar etwa 31 Prozent dessen Wirtschaftszentrum.[43]

Die Preußen nutzten die ungeordneten Zustände im Reich, erklärten durch ihre Regierung in Ansbach am 1. Juli 1796 einseitig die von ihnen beanspruchten Fraischgrenzen zu Landesgrenzen und gliederten das gesamte Nürnberger Knoblauchsland mit Eltersdorf, Großgründlach, Tennenlohe und den anderen Ortschaften sowie den Sebalder Reichswald mit Heroldsberg in das dann 1798 gebildete kgl. Preußische Kreisdirektorium Erlangen (mit Sitz in Baiersdorf) ein.[44] Durch den bayerisch-preußischen Grenzvertrag vom 30. Juni 1803 kamen die westlich der Regnitz gelegenen ehemals bambergischen, seit 1802 kurbayerischen Orte Alterlangen, Büchenbach, Dechsendorf, Häusling, Kosbach und Steudach hinzu. Erstmals seit Jahrhunderten war Erlangen damit nicht mehr eng von „*Ausland*“ umgeben, sondern Teil eines größeren Verwaltungsgebietes. Gleichwohl blieb die kleine Erlanger Gemarkung in ihren Grenzen von 1361 noch bis Ende des 19. Jahrhunderts unverändert.

---

[41] Johann Michael Füssel, Unser Tagbuch oder Erfahrungen und Bemerkungen eines Hofmeisters und seiner Zöglinge auf einer Reise durch einen grossen Theil des Fränkischen Kreises, Erlangen 1788, Nachdruck (S. 229-321) Erlangen 1976, S. 245. – Ludwig Göhring, Reisebericht des Pfarrers J. M. Füssel über das Erlangen von 1784, in: EH 12. Jg., Nr. 11 vom 16. März 1929, S. 41-44, Nr. 12 vom 23. März 1929, S. 45-47, Nr. 13 vom 30. März 1929, S. 49-51, Nr. 15 vom 13. April 1929, S. 58 f.

[42] Hans Joachim Schoeps, Das war Christian-Erlang. Berichte zur Geistesgeschichte der Universität Erlangen im ersten Jahrhundert ihres Bestehens, Erlangen 1950, S. 42. – Jakob, Erlangen im 18. Jahrhundert (wie Anm. 17), S. 50.

[43] Andreas Jakob, Planstadt Erlangen. Die Baugeschichte der Erlanger Neustadt, in: Christoph Friederich (Hg.), 300 Jahre Hugenottenstadt Erlangen. Vom Nutzen der Toleranz (Katalog des Stadtmuseums Erlangen), Nürnberg 1986, S. 193-219, hier S. 203.

[44] Andreas Jakob, „... das volle Glück des Friedens ...“ Die gefährlichen Zeiten beim Übergang von Preußen an Bayern, in: Michael Diefenbacher/Gerhard Rechter (Hg.), Vom Adler zum Löwen. Die Region Nürnberg wird bayerisch 1775-1835 (Ausstellungskatalog des Stadtarchivs Nürnberg, Nr. 17), Nürnberg 2006, S. 281-299, hier S. 283. – Jakob, Heerstraße (wie Anm. 38), S. 95. – Rudolf Endres, Preußen, Erlangen im Königreich, in: Erlanger Stadtlexikon (wie Anm. 1), S. 564 f.

Die ungewöhnliche politische Geschichte Erlangens spiegelt sich im seit 1703 nachweisbaren dreischildigen Stadtwappen – dem einzigen dieser Art in Deutschland –, das heraldisch rechts den roten Brandenburger Adler mit dem gevierten Hohenzollernschild auf der Brust und links den gekrönten schwarzen preußischen Adler mit den Initialen „*E.S.*“, das einstige Allianzwappen von Christian Ernst und Elisabeth Sophie, für die Neustadt Erlangen zeigt, darunter, für die einstige Altstadt Erlangen, den über einer Zinnenmauer wachsenden, gekrönten doppeltgeschwänzten Löwen von Luxemburg-Böhmen, der an die Zugehörigkeit zu Böhmen 1361 bis 1402 erinnert.[45]

Im Oktober 1806 wurde Erlangen von den Franzosen besetzt und 1807 im Frieden von Tilsit mit dem Fürstentum Bayreuth Teil des Kaiserreichs Frankreich. Das Fürstentum Ansbach war noch Ende 1805 bayerisch geworden, weswegen Ansbacher Beamte die wertvollen Kunstsammlungen und Bibliotheken vor den in Franken ungeliebten neuen Herren nach Erlangen in Sicherheit brachten, wo sie den Grundstock der weltberühmten graphischen Sammlung der Universitätsbibliothek der Friedrich-Alexander-Universität bildeten.[46] Erst 1810 kam das Fürstentum Bayreuth, damit auch Erlangen, gegen eine Entschädigung von 23 Millionen Franc oder 8,8 Millionen Gulden an Frankreich ebenfalls an das Königreich Bayern,[47] wo es dem Rezatkreis, seit 1837 Bezirk Mittelfranken, zugeteilt wurde.

Nach der Vereinigung beider Städte 1812 verhinderten die Altstädter, dass ihr Gemeindebesitz in die Zuständigkeit der in der ehemaligen Neustadt ansässigen Verwaltungsbehörden kam, was schließlich die Bayerische Regierung 1869 veranlasste, die ungewöhnlichen Verhältnisse durch eine eigene „*Lex Erlangen*“ zu würdigen.[48] Dank ihrer traditionell ausgeprägten Hartnäckigkeit blieben die Altstädter somit im Besitz bestimmter, rechtlich von der Gesamtkommune geschiedener alter Gemeindenutzungsrechte, vor allem im Meilwald, im Burgberggelände und beim Altstädter Schießhaus. Zu den Rechten gehörte auch die Vergabe von Standplätzen bei der Bergkirchweih. Der Genuss des 1823 im Städtevertrag zwischen den Deputierten der beiden ehemaligen Stadtgemeinden als „*privatives*

---

45 Andreas Jakob, Art. Wappen und Siegel, in: Erlanger Stadtlexikon (wie Anm. 1), S. 735 f.

46 Hans-Otto Keunecke, Die Universitätsbibliothek Erlangen und das Ende des Alten Reichs Funktionsgewinn aus der Konkursmasse, in: Diefenbacher/Rechter, Vom Adler zum Löwen (wie Anm. 42), S. 319-342, hier S. 326 ff.

47 Jakob, Heerstraße (wie Anm. 38), S. 114.

48 Walther Rießbeck, Das privative Gemeindevermögen der Altstadt Erlangen, EB 1994 (Sonderband 4), S. 85 ff.

Gemeindeeigentum“ bezeichneten und damit rechtlich bestätigten Sondervermögens war in erster Linie den Besitzern der Althäuser vorbehalten, die somit als am 12. November 1812 gegründete *„Altstädter Kommune“* eine sog. Rechtlergemeinschaft bildeten. Ziel war es, dem Korporationsvermögen eine Einnahmequelle etwa im Sinne eines Pachtzinses zu erschließen. Vom materiellen abgesehen war die Altstädter Kommune auch das letzte Kennzeichen der einstigen Selbständigkeit der Altstadt. Durch Vertrag vom 28. März 1928 ging ihr gesamter Grundbesitz an die Stadtgemeinde Erlangen über, die Nutzungsrechte wurden mit je 4.000 Reichsmark pro Berechtigter abgelöst.[49]

Im 19. Jahrhundert stieg die Einwohnerzahl Erlangens von 8.797 im Jahre 1807 um das Zweieinhalbfache auf 22.954 im Jahr 1900. In dieser Zeit erfolgte eine weitgehende Neustrukturierung der Wirtschaft. Große Bedeutung erhielt die Friedrich-Alexander-Universität. Bekannt ist der Ausspruch des späteren Königs Ludwig I. (1786-1868) als Kronprinz am 14. Februar 1817 bei einem Besuch in Erlangen: *„Es wäre gerade soviel, wenn man Erlangens Akademie aufheben wollte, als wenn man Erlangen abbrennte“*.[50] Nachdem die traditionellen hugenottischen Gewerbe wie die Strumpfwirkerei durch die politischen Ereignisse, aber auch eigene Versäumnisse ihre Bedeutung verloren, erlebten die bis zu 18 Brauereien, deren Bierausstoß zeitweise den von München und Kulmbach übertraf und deren kräftiges *„Erlanger“* Bier bis nach Norddeutschland und Übersee exportiert wurde, einen regelrechten Boom.[51] Voraussetzung dafür waren die in den Felsenkellern am Burgberg vorhandenen günstigen Möglichkeiten zur naturkühlen Lagerung von Bier und die neuen ausgezeichneten Verkehrsverbindungen. Denn am 6. Mai 1843 wurde nach siebenjähriger Bauzeit der westlich der Stadt vorbeiführende Ludwig-Donau-Main-Kanal in Betrieb genommen.[52] Am 25. August 1844 begann mit der Eröffnung der ersten Teilstrecke der Ludwigs-Süd-Nord-Bahn von Nürnberg nach Bamberg das Eisenbahnzeitalter.[53] Eine technische Meisterleistung war 1842-1844 der Bau des

---

[49] Andreas Jakob, Art. Altstädter Kommune (Privatgemeindevermögen), in: Erlanger Stadtlexikon (wie Anm. 1), S. 121.

[50] Andreas Jakob, „... Erlangen aber ist eine Universität“. Die bauliche Entwicklung der Friedrich-Alexander-Universität, in: Henning Kössler (Hg.), 250 Jahre Friedrich-Alexander-Universität Erlangen-Nürnberg. Festschrift (Erlanger Forschungen, Sonderreihe, Bd. 4), Erlangen 1993, S. 45-114, hier S. 63.

[51] Jochen Buchelt, Art. Brauereien, in: Erlanger Stadtlexikon (wie Anm. 1), S. 169. – Ders., Art. Erlanger, in: ebenda, S. 235.

[52] Reinhard Jakob, Art. Ludwig-Donau-Main-Kanal, in: Erlanger Stadtlexikon (wie Anm. 1), S. 471.

[53] Reinhard Jakob, Art. Eisenbahn, in: Erlanger Stadtlexikon (wie Anm. 1), S. 224.

306,65 m langen Eisenbahntunnels – des zweiten in Deutschland, des ersten in Bayern – durch den Burgberg.[54] Mit Verbindungen über Nürnberg, Augsburg nach Lindau sowie über Nürnberg und Hof nach Leipzig und Berlin und schließlich in die Industrieregionen in Sachsen und Böhmen, ferner Lokalbahnen 1886 nach Gräfenberg und 1894 nach Herzogenaurach entwickelte sich Erlangen zum regionalen Verkehrsknotenpunkt.[55] Wie Stein/Müller berichteten, brachte *„die Eröffnung des Kanals und der Eisenbahn [...] eine große Neuerung für die Küche mit sich, die Verwendung der Steinkohle zum Brennen. Darüber lesen wir 1846: ‚Seit vielen Jahren hat keine neue Einrichtung sich so schnell Eingang zu verschaffen gewußt und so vorteilhaft bewährt, als die Feuerung mit Steinkohlen‘, welche vor der Versendung in Fässer verpackt wurden. [... 1845] waren bereits 200 Feuerstellen in hiesiger Stadt zu Steinkohlen-feuerung eingerichtet, wodurch 600 Klafter Holz weniger verbraucht wurden als in früheren Jahren. Mit der Einrichtung dieser Feuerung hing die Beseitigung der großen weiten Schlöte und die Erbauung der russischen Kamine zusammen“*.[56] Einen Fortschritt bedeutete auch 1849 *„die Aufstellung von zwei Briefkästen, von denen der eine in der Altstadt, der andere in der oberen Friedrichsstraße zur Aufstellung am 15. Juni kam, und welche um 10, 1 und 7 Uhr nachmittags geleert wurden“*.[57] Seit Beginn der 1860er Jahre kam in Deutschland amerikanisches Petroleum in Gebrauch, *„die bisherige spärliche Beleuchtung der Wohn- und Arbeitsräume durch Lein- und Rüböllampen hörte auf. Die Bevölkerung wird freiwillig noch nie so rasch eine Neuerung eingeführt haben als die Petroleumlampe; auch die Nähmaschine begann sich zu dieser Zeit in den Familien einzubürgern und ist gegenwärtig fast in jedem Haus zu finden“*.[58] Die 1822 zur Straßenbeleuchtung eingeführten großen Hängelampen, die jährlich 25 bis 30 Zentner Lein- oder Rüböl verbrauchten, wurden durch die am 30. Oktober 1858 eröffnete Gasbeleuchtung ersetzt:

> „1869 verzehrten 4039 Flammen, die an das 10500 m lange Röhrensystem angeschlossen waren 225312 cbm Gas, die aus 10883 Zentnern Kohlen hergestellt wurden. Mit der Vergrößerung der Stadt mußte auch das Gaswerk erweitert werden. Ende 1896 betrug die Länge der Gasrohrhauptleitungen 19374 m, der Kohlenverbrauch war auf über 70000 Zentner gestiegen und die Gesamtabgabe an Gas betrug 1048400 cbm. Zur Beleuchtung der öffentlichen Plätze und der Straßen waren vorhanden 346 Laternen, die 173816

---

54 Martin Knauer, Art. Burgbergtunnel, in: Erlanger Stadtlexikon (wie Anm. 1), S. 191.
55 R. Jakob, Art. Eisenbahn (wie Anm. 51).
56 Friedrich Stein/Ludwig Müller, Die Geschichte von Erlangen in Wort und Bild, Erlangen 1898, S. 208.
57 Stein/Müller, Erlangen (wie Anm. 54), S. 212.
58 Stein/Müller, Erlangen (wie Anm. 54), S. 217.

cbm Gas verzehrten, so daß sich die Jahreskosten auf 16512 Mk., pro Kopf der Bevölkerung auf 0,75 Mk. berechnen“.[59]

Damit Studenten als *„Einjährig-Freiwillige“* parallel zum Studium ihren Wehrdienst ableisten konnten, erhielt Erlangen 1868 zunächst ein Jägerbataillon,[60] dann 1890 das 19. Infanterie- und 1900 das 10. Feldartillerie-Regiment. 1890 überstieg die Zahl der Studenten an der Friedrich-Alexander-Universität erstmals die Zahl 1.000. Die hier kurz im Überblick skizzierte Geschichte der Stadt spielte sich noch immer auf der seit 1361 im Wesentlichen unveränderten Gemarkung der Altstadt ab. Erst die Anlage des Exerzierplatzes seit 1894 im Sebalder Reichswald brachte die seit über 500 Jahren erste Erweiterung.[61]

Von den 24.877 Einwohnern Erlangens im Jahr 1910 waren 16.077 Protestanten, 581 Reformierte, 49 Unierte, 7.695 Katholiken, 224 Israeliten (0,9 Prozent) und 251 Sonstige. Es gab zwei große Garnisonen und mehrere Industriebetriebe. Aushängeschild war die dezidiert lutherische Universität mit vier Fakultäten, 67 Professoren, acht Privatdozenten und elf sonstigen Lehrkräften sowie im SS 1914 1.310 Studenten (darunter seit SS 1897 auch Frauen).[62] Das prächtige, 1886-1889 am Rande des ehemaligen, seit 1818 universitätseigenen Schlossgartens errichtete Kollegienhaus und die anschließenden, architektonisch teilweise an Adelspalais erinnernden Institute der Universität prägten das historische Stadtzentrum. Erlangen war traditionell eine *„Korporationshochburg“*. Hier existieren heute noch die beiden ältesten deutschen Corps, die 1798 gegründete Onoldia und die 1803 gestiftete Baruthia; die Burschenschaften Bubenruthia und Germania hatten um 1900 die größten Altherrenschaften aller deutschen Burschenschaften, die Bubenreuther 1926 mit 696 und die Germanen mit 479 lebenden Alten Herren.[63] Im öffentlichen Stadtbild unübersehbar waren die zu mehr als der Hälfte in Corps, Burschenschaften, christlichen Studentenverbindungen etc. organisierten Studenten mit ihren bunten Bändern und Mützen sowie ihrem speziellen Brauchtum. Zusammen mit ihren Professoren, die bei Feierlichkeiten Talare in den Farben ihrer Fakultäten trugen, gaben sie öffentlichen Veranstaltungen ein unverwechselbares Gepräge. Wie das geflügelte

---

59 Stein/Müller, Erlangen (wie Anm. 54), S. 292 f.

60 Martina Bauernfeind, Essay: Erlangen als Garnisonsstadt (1868-1994), in: Erlanger Stadtlexikon (wie Anm. 1), S. 78-81. – Dies.: Art. Einjährig-Freiwillige, in: ebenda, S. 221. – Dies., Art: Exerzierplatz, in: ebenda, S. 250.

61 Bauernfeind, Einjährig-Freiwillige (wie Anm. 58).

62 Adreßbuch von Erlangen 1911, S. 15 ff.; Adreßbuch von Erlangen 1913, S. 1.

63 Manfred Franze, Die Erlanger Studentenschaft 1918-1945 (Veröffentlichungen der Gesellschaft für fränkische Geschichte, Reihe IX, Bd. 30), Erlangen 1972, S. 59.

Sprichwort sagte, *„hatten andere Städte eine Universität, aber war Erlangen eine Universität.“*[64]

„den Ruf Erlangens, eine der hübschesten Städte Deutschlands zu seyn“

Während Touristenattraktionen heutiger Tage in den entsprechenden Publikationen des 18. und frühen 19. Jahrhunderts, mit Ausnahme der *„ewigen“* Klassiker, nicht oder nur selten vorkommen, galt Erlangen den damaligen Zeitgenossen in heute kaum mehr vorstellbarem Maß als *„schöne“* Stadt, als Sehenswürdigkeit von Rang, die zu Recht, wie 1741 im berühmten Homann-Atlas geschehen, in einer Reihe mit Madrid, Paris, Rom oder anderen europäischen Metropolen abgebildet wurde.[65] So stellte denn auch Alfred Wendehorst 1984 mit Bezug auf die im 18. Jahrhundert als *„urbanistisches Gesamtkunstwerk“* empfundene Stadtanlage fest:

> „man kann es nicht als lokalpatriotische Übertreibung abtun, wenn der Erlanger Fabrikant Leonhard Freyesleben im Jahre 1775 (‚Das ietztlebende Erlangen‘) hervorhebt, daß ‚Erlangen sich eben sowohl durch äußere als durch innere Vorzüge dergestalt (auszeichne), daß es mit Recht eine der schönsten Städte Europas genannt zu werden verdiene'.“[66]

1784 meinte der damalige Hofmeister der Herren von Künsberg und spätere Pfarrer Johann Michael Füssel (1753-1824) in seinem Reisebericht:

> „Erlang wird für eine der schönsten und nahrhaftesten Städte in Teutschland gehalten; ich habe sie deswegen mit doppelter Aufmerksamkeit betrachtet und nach allem sorgfältig geforschet, wodurch sie sich besonders auszeichnet. Da, wo man von Bayersdorf hereinfährt, auf einem Hügel, kann man ihre Lage mit einem Blick fast ganz übersehen. Sie liegt auf einer beynahe horizontalen Anhöhe in Gestalt eines Vierecks [die Neustadt], dem auf einer Seite noch ein kleiner Würfel [die Altstadt] angehängt ist. Sie nimmt sich mit ihren insgesamt rothen Dächern, mit ihren stumpfen und spitzigen, und theils mit von der Sonne wiederglänzenden weissen [Kupfer-] Blech, theils mit schwarzem Schiefer gedeckten Thürmen sehr gut aus.“[67]

---

[64] Jakob, bauliche Entwicklung (wie Anm. 48), S. 45-114.

[65] Andreas Jakob, Erlanger Stadtansichten. Vom Ruf Erlangens, „eine der hübschesten Städte Deutschlands zu seyn ...“, in: Ders./Christina Hofmann-Randall (Hg.), Erlanger Stadtansichten. Zeichnungen, Gemälde und Graphiken aus sieben Jahrhunderten (Veröffentlichungen des Stadtarchivs Erlangen, Nr. 1), Nürnberg 2003, S. 1249, hier S. 26 f.

[66] Alfred Wendehorst, Einleitung, in: Ders. (Hg.), Erlangen. Geschichte der Stadt in Darstellung und Bilddokumenten, München 1984, S. 8.

[67] Füssel, Tagbuch (wie Anm. 39), S. 234 f.

Füssel hatte in Erlangen von 1773 bis 1776 studiert, kannte die Stadt und ihre Umgebung also gut aus eigenem Erleben.[68]

1812 meinte Johann Georg Christian Fick: *„Wer Erlangen einmal gesehen hat, wird es, auch durch die schlechteste Zeichnung vorgestellt, gleich wieder erkennen, weil dessen Thürme besonders viel Karakteristisches haben [...]. Von Westen und Südosten her ist die Ansicht am schönsten.“*[69] Und 1843 urteilte der Verfasser des Führers „Erlangen in der Westentasche“: *„Von welcher Seite Du unsre Stadt betrachten magst, so gewährt sie Dir, wenn auch keinen großartigen, doch einen frischen, ansprechenden Gesammteindruck.“*[70]

Das heißt Erlangen war, selbst wenn sich auch damals schon viele Zeitgenossen diesem Urteil nicht unbedingt anschließen mochten und es nicht an kritischen oder distanzierten Stimmen fehlt, nicht nur für die Einheimischen von Interesse, sondern vielleicht mehr noch für Auswärtige. 1850 findet sich eine Ansicht Erlangens vom Burgberg aus in dem vom Bibliographischen Institut in Hildburghausen herausgegebenen 14. Band von *„Meyer's Universum, oder Abbildung und Beschreibung des Sehenswerthesten und Merkwürdigsten der Natur und Kunst auf der ganzen Erde“* im Abbildungsteil unter den *„schönsten Ansichten der Erde“* zwischen Darstellungen von *„Schloß Nymphenburg bei München“*, der *„Elysée'schen Felder und des Präsidentschaftspalastes in Paris“* sowie *„Civita Castellana in Italien“* und von *„Maria zum Schnee auf dem Rigi“*. Der Text in dem ausführlichen Artikel über Erlangen nahm genau auf dieses romantische Bild Bezug:

> „Vor Erlangen drängen sich Straße, Strom [!], Kanal und der Altstädter Berg so enge zusammen, daß die Bahn durch den Berg geführt werden mußte, und im weiten Bogen geht sie von da zur Stadt. Von diesem Punkte aus (demselben, welcher zur Aufnahme unseres Bildes gedient hat) gewährt Erlangen, inmitten eines weiten, wohlangebauten Thals und eines Kranzes von Dörfern liegend, einen überaus freundlichen Anblick. Das Innere der Stadt straft ihn nicht Lügen. Die breiten, reinlichen, regelmäßig angelegten Straßen und die stattlichen, meist steinernen Wohnungen in gefälligem, oft zierlichen Styl rechtfertigen vollkommen den Ruf Erlangens, eine der hübschesten Städte Deutschlands zu seyn. Aber stille ist's, fast zu stille. Die Bevölkerung (etwa 10.000) scheint noch kleiner, als sie wirklich ist, in dem weiten, großstädtischen [!] Gewande.“[71]

---

[68] Göhring, Reisebericht (wie Anm. 39), S. 41.
[69] Fick, Beschreibung (wie Anm. 30), S. 62.
[70] Erlangen in der Westentasche (wie Anm. 37), S. 2.
[71] Meyer's Universum, oder Abbildung und Beschreibung des Sehenswerthesten und Merkwürdigsten der Natur und Kunst auf der ganzen Erde. Vierzehnter Band. Hildburghausen

Das Bildmotiv aus Meyer's Universum, eher atmosphärisch als realistisch gestaltet, fand im Ausland im 19. Jahrhundert von den Erlanger Stadtansichten die weiteste Verbreitung und wurde unverändert etwa in New York bei Herrmann J. Meyer und geringfügig abgewandelt in Kopenhagen im „*Magazin for Natur og Menneskekundskab*" nachgedruckt.[72] Erlangen muss damals einem Schönheitsideal entsprochen haben, das den Zeitgenossen offensichtlich war, für uns heutige Menschen aber nur noch schwer nachvollziehbar ist, es sei denn, sie besitzen das „Erlang-Gen", das ihnen die Augen öffnet. Grund dafür ist zum einen, dass die in der deutschen Romantik im 19. Jahrhundert entdeckte malerische Wirkung krummer Gassen und individuell gestalteter Fachwerkhäuser die Ästhetik barocker Regelmäßigkeit verdrängte, und zum anderen, dass die in der zweiten Hälfte des 20. Jahrhunderts durch tausenderlei Eingriffe zerstörte Regularität des Kernbereichs der historischen Stadt den ursprünglichen Eindruck gar nicht mehr nachvollziehen lässt. Heute werden die Reste der ursprünglichen Idealstadtanlage in der Regel mit der undifferenzierten Beliebigkeit moderner Rasterarchitektur verwechselt.

Die Richtigkeit der Beschreibungen und zum Teil begeisterten Aussagen über Erlangen und seine Umgebung werden nicht falsch, nicht einmal unbedingt relativiert, wenn man erkennt, dass die Werke der frühen Autoren einem literarischen Stil, der „Empfindsamkeit" zuzuordnen sind. Im Weltbild der Empfindsamkeit waren Emotionen genauso wichtig wie die Vernunft, dazu gehörte auch die Auflehnung gegen die gesellschaftliche Ordnung, das Infragestellen der adeligen Vormachtstellung und Fremdbestimmung, ferner das individuelle Empfinden als Maßstab für das Handeln und die Persönlichkeit sowie die individuelle Frömmigkeit (Pietismus). Merkmale waren Gefühlsbetontheit, Frömmigkeit und Naturverbundenheit, charakteristische Gefühle Freundschaft, Nächstenliebe, Geschwisterliebe, Naturliebe oder Trauer. Als Ergebnis entstanden nicht selten Reiseberichte mit genauen Beschreibungen von Land und Leuten.

---

und Amsterdam. Druck und Verlag vom Bibliographischen Institut 1850, Artikel Erlangen S. 38-46, hier S. 44f. – Andreas Jakob, Von Erlangen in die Fränkische Schweiz. Frühromantische Landschaftszeichnungen von Friedrich Wilhelm Doppelmayr aus dem Jahre 1797 im Spiegel zeitgenössischer Reiseberichte (Veröffentlichungen des Stadtarchivs Erlangen. Nr. 11), Nürnberg 2013, S. 32.

[72] Jakob, Stadtansichten (wie Anm. 63), S. 33.

„solche freie Plätze, solche Lungen der Stadt"

Die seit dem 18. Jahrhundert in zahlreichen Darstellungen oder Briefen zum Ausdruck gebrachte *„Empfindsamkeit"*, das Bewusstsein für die Vorzüge der eigenen Stadt und der sie umgebenden Landschaft war nicht mit der Barockzeit, nicht mit der Romantik oder dem anschließenden Biedermeier zu Ende. Als 1909 der renommierte Münchner Architekt Otto Lasne[73] (1854-1935) seine Überlegungen über die städtebauliche Entwicklung Erlangens vorstellte und eine teilweise Überbauung des Bohlenplatzes und des Theaterplatzes vorschlug, stieß dies in der Bevölkerung auf heftigen Widerstand. 1909 richteten 58 Anwohner des Theaterplatzes und seiner näheren Umgebung eine Petition an die *„verehrlichen städtischen Kollegien"*. Darin hieß es

> „Gegen diese geplante Bebauung unserer freien Plätze in der Stadt Erlangen möchten wir vorerst vom Standpunkte der Allgemeinheit aus Folgendes zum Einwand bringen: Wir Einwohner von Erlangen waren von jeher stolz auf unsere freien Plätze. Keine Stadt der weiten Umgebung kam uns bisher darin gleich, wenn sie auch Tausende und Tausende von Geldsummen aufbot, um für ihre Bewohner solche freie Plätze, solche Lungen der Stadt, zu schaffen. Wir sind aber auch unserer ‚Sehr verehrlichen Stadtverwaltung' jederzeit dankbar gewesen für die Aufwendung großer finanzieller Opfer, um unsere freien Plätze in so schöne Herz und Auge erfreuenden Anlagen umzuschaffen. Was gibt es für Rekonvaleszenten und Alternde, für Kinder und Erwachsene Wohltätigeres als eine Bewegung auf unseren schönen freien Plätzen! Wie erlösend wirkt es, wenn man von unseren langen Straßenzügen aus in die freien Plätze mit ihrer erfrischenden, staubfreien Luft und ihrem wohltuenden Sonnenlicht einbiegen kann! Alle diese Vorzüge, die den Großstädter zu einem Ausfluge hierher locken, die den Freunden [gemeint wohl: Fremden] zu einer Ansiedlung hierorts anreizen und die, wenn wir auch einmal Großstadt werden würden [!], uns um so notwendiger wären, sollen uns durch eine geplante Bebauung der freien Plätze genommen werden! [...] Bisher stand Erlangen in dem Rufe einer gesunden, freundlichen Stadt, der ihr aber genommen wird, wenn man ihre freien, luftigen, sonnigen Plätze bebaut."[74]

Es ging den Petenten nicht nur um gute Luft, sondern auch um ästhetische Werte. So führten sie aus: „Bisher hatte man vom Theaterplatz aus eine herrliche Fernsicht auf den Burgberg. Mit Recht wurde daher ein Bauprojekt vor einiger Zeit abgelehnt, das, am Ende der Harfenstraße erbaut, uns

[73] Er hatte in München u.a. 1886 das Café Luitpold, 1886-1888 die Knorr-Häuser in der Brienner Straße und 1895-1905 das alte Armeemuseum gebaut.

[74] Protest 1909, in: das neue Erlangen 37/1975, S. 2686 f.

den Blick auf den Berg rauben sollte. Und im neuen Bebauungsplan ist ein großer Torbogen am Ende des Theaterplatzes vorgesehen, der uns einschließt und auch keinen Fernblick mehr zuläßt."

Land: „Wiese, Landschaft, Gärten, Stadt, Wald, Schloß und eine auf hunderterley Art abwechselnde Ferne gibt in einer angenehmen Ebene solch einen Prospect, daß Sie sich nicht satt sehen können"

Geographisch liegt Erlangen 279 m über dem Meer in dem von Frankenhöhe, Steigerwald und Frankenalb umgebenen Fränkischen Becken.

> „Im Westen fällt die Keuperplatte über die Schichtstufe des Steigerwalds bis zur Regnitzfurche ab, wobei der Burgsandsteingürtel bei Dechsendorf im hinteren Giesberg noch einmal bis auf 314 m ansteigt. Nach Osten wird die Regnitzfurche am Hetzles durch das markante Relief des Albvorlandes der Frankenalb begrenzt. Ein weiterer Wechsel im geologischen Bau vollzieht sich nördlich der Schwabach, die von Osten kommend in die Regnitz einmündet. Dort steigt hinter der Vorstufe des 338 m hohen Burgbergs der schon zum Jura gehörende 388 m hohe Rathsberg auf. Die sich aus den Terrassenfluren erhebenden Höhen werden von Ablagerungen aus der Zeit des Keupers auf-gebaut. Über dem Burgsandstein folgen rote Letten, Sande und Tone bis zu dem widerständigen Bausandstein der Rathsberghöhen. Schiefertone des unteren Jura, des Lias, bedecken die offenen, von der Landwirtschaft nutzbaren Höhen der Ausläufer des Albvorlandes."[75]

Die von Osten fast im rechten Winkel in die Regnitz mündende Schwabach[76] scheint auch eine Wettergrenze zu bilden, die selten von den im Norden aufziehenden Ungewittern überquert wird.

Die erwähnte politische Grenzlage des alten Erlangen an der Schnittstelle von drei Gauen bzw. Bistümern findet eine bemerkenswerte Entsprechung in den unterschiedlichen geologischen Verhältnissen. Im Westen der heutigen Stadt, im 1923 eingemeindeten Büchenbach, befinden sich beste

[75] Franz Tichy, Essay: Siedlungsgeographische Grundlagen, in: Erlanger Stadtlexikon (wie Anm. 1), S. 54-57, hier S. 54.

[76] „Das unterste Bett der Schwabach wurde beim Kanalbau – etwa ums Jahr 1840 – von der Kanalbrücke aus verlegt, d.h. zur Vermeidung eines spitzen Winkels geradeaus geführt. Der alte Arm lief mehr nach rechts auf die Papiermühle zu. Bei Hochwasser füllte er sich und bestand noch bis nach Kriegsende [1918]; als die Stadt die Werker ankaufte ließ sie den toten Arm einfüllen" (Ludwig Göhring, Die zwei Wege nach Baiersdorf, in: Erlanger Heimatblätter Nr. 25, 5. Juli 1933).

Ackerböden der ersten Kategorie, während die historische Alt-stadt auf reinem Sand zu stehen scheint. 1792 meinte Georg Friedrich Rebmann (1768-1824) – er wurde 1803 bekannt als Vorsitzender Richter im Prozess gegen Johannes Bückler (wohl 1779-1803), den Schinderhannes –: *„Erlang liegt in einer grossen weit ausgebreiteten Ebne, in einer Gegend wo der Sturmwind Gottes bey der Schöpfung allen Sand von 20 Meilwegs versammelt zu haben scheint. Nichts destoweniger ist jedes Fleckchen Lands bebaut, und der kargen Mutter Erde wird durch unermüdeten Fleiß, so manche Spende entlockt.“*[77] Der Geograph Franz Tichy (1921-2004) beschrieb die Verhältnisse 2002 differenzierter:

> „Im heutigen Stadtgebiet liegen die aufgrund ihres höheren Tongehalts besseren Böden westlich der Regnitz. Wie es die urkundlichen Ersterwähnungen von Orten nahelegen, wurde dieser Bereich früher besiedelt und bis ins 20. Jahrhundert stärker landwirtschaftlich genutzt. So war im Mittelalter etwa Büchenbach der für die Versorgung des Bamberger Domkapitels wichtigste Wirtschaftshof. Obwohl sich der Burgsandsteingürtel des Keupers östlich der Regnitz im Sebalder Reichswald fortsetzt, besitzen die hier sandhaltigeren Böden für den Ackerbau eine geringere Bonität. Äußeres Indiz für diesen Wechsel in der Geologie sind die Karpfenweiher, die von ganz wenigen Ausnahmen abgesehen östlich der Regnitz nicht mehr vorkommen.“[78]

„vor allem die gegen Norden geschützte und hochwassersichere Lage und das Klima“

Anlass für die ersten Siedler, um das Jahr 1000 von den landwirtschaftlich fruchtbareren Böden im Westen über die Regnitz in den scheinbar weniger ertragreichen Sand im Osten zu wechseln, war vermutlich die Gunst der dortigen Gesamtsituation. Für sie

> „dürften vor allem die gegen Norden geschützte und hochwassersichere Lage und das Klima eine Rolle gespielt haben. Im Mündungswinkel zwischen Regnitz und Schwabach fand sich ein ebener Siedlungsplatz auf einer breiten Terrassenfläche, die beide Flüsse während der letzten Kaltzeit 6 – 10 m über den heutigen Talböden aufgeschüttet haben. Die von der Haupttterrasse meist scharf abgesetzten Flussauen stellen die heutigen, oft mehrfach im Jahr und meistens zu Winterausgang überfluteten Talböden dar. Weil sie auch heute von Bebauung frei bleiben müssen, sind es naturgegebene Grünzonen. […] Der Rathsberghöhenzug hat eine deutliche Schutzwirkung

---

[77] Georg Friedrich Rebmann, Briefe über Erlangen, Frankfurt und Leipzig 1792, Faksimile der Ausgabe 1792, Erlangen 1984, S. 13.
[78] Tichy, Grundlagen (wie Anm. 74).

für den Burgberg und die an seinem Hang und Fuß liegenden Stadtteile. Die Täler sind bei Wetterlagen, bei denen die Ausstrahlung überwiegt, Entstehungs- und Sammelbereich von Kaltluft. An dem durch warme Hanglagen über den kalten Niederungen begünstigten Albvorland hat das Erlanger Umland noch keinen Anteil, jedoch sind die mit Obst- und Nussbäumen sowie Weinbergen bestandenen Höhen und Hänge des Burgbergs Zeugen einer Strahlungs- und Klimagunst."[79]

Bereits 1812 hatte Johann Georg Christian Fick seine Beobachtung festgehalten:

> „Die schöne Bergkette gegen Mitternacht und Morgen schützt sie [die Stadt] vor den rauhen Nord- und Ostwinden. Letzterer pflegt nur des Frühjahrs andauernd mehrere Wochen zu wehen. Die gegen Mittag und Abend sich hinziehende Ebene läßt den sanfteren Süd- und Abendwinden freies Spiel, vorzüglich letzterem, welcher der frequenteste ist. Uebrigens herrscht rings herum viele Ueppigkeit der Vegetation, besonders gegen die mitternächtliche Gegend; aber auch gegen Süden breitet sich der große, eine Strecke von mehreren Stunden umfassende, Reichswald aus, welcher zur Reinigung und Verbesserung der Luft, mittelst des sich entbindenden Sauerstoffgases, nicht wenig beiträgt, nachdem die noch vor 20 Jahren sich häufig in demselben befundenen Sümpfe meistentheils ausgetrocknet sind."[80]

Und 1843 beschrieb der Verfasser des Führers *„Erlangen in der Westentasche"* die Situation:

> „Auf einer kleinen Erhöhung hat sie sich zwischen der größeren, im breiten Thale hinziehenden Rednitz und dem bescheideneren Schwabachflüßchen hineingedrängt, auf dem Sande sich eingenistet und ausgebreitet, und eben so ihre jetzige grünende Umgebung dem Sande abgerungen und aus ihm erblühen lassen. Im Norden beschränkt ein mäßig hoher, gegen das Thal auslaufender Bergrücken die Aussicht, trägt aber wesentlich zur gesunden Lage der Stadt durch Abhaltung rauherer Stürme und Winde bei, und bildet eben mit jenem Ende den garten-, baum- und kellerreichen sogenannten ‚Berg', der in seinem Schooße Erlangens berühmtestes Erzeugniß, sein in allen deutschen Gauen löblich bekanntes Bier, hegt und verschließt."[81]

Steinbrüche und Felsenkeller

Der mit deutlichem Abstand wichtigste Teil der Erlanger Gemarkung war der Burgberg, dessen innere Werte aber wohl erst später entdeckt und

---

[79] Tichy, Grundlagen (wie Anm. 74), S. 55.
[80] Fick, Beschreibung (wie Anm. 30), S. 53.
[81] Erlangen in der Westentasche (wie Anm. 37), S. 2.

intensiv genutzt wurden. Nachdem zunächst die Baumgärten auf seiner klimatisch begünstigten West- und Südseite, vielleicht sogar schon der Weinanbau, für die dörfliche Gemeinschaft den Hauptnutzen brachten, gewannen spätestens seit dem Baubeginn der nach der Verleihung des Stadtrechts 1398 errichteten Stadtmauer die am Burgberg und im Meilwald angelegten Steinbrüche zunehmend an Bedeutung. Während der Homannsche Stadtplan 1721 auf der Süd-, West- und Nordseite jeweils am Fuße des Hangs nur insgesamt fünf Steinbrüche zeigt (vielleicht hängt diese Zahl mit den fünf 1619 erwähnten Steinmetzen zusammen[82]), reichten diese seit dem Ausbau der 1686 angelegten Neustadt Erlangen nicht mehr für den steigenden Bedarf. Dies führte zum nahezu flächendeckenden Abbau des am Berg überwiegend vorkommenden schönen Burgsandsteins, der nicht nur im Hausbau Verwendung fand. Auch der Koloss des mit einer bemerkenswerten Feinheit der Details aus einem einzigen ca. 1,60 m breiten, 4 m langen und 6 m hohen, etwa 10 t schweren[83] Stein gearbeiteten Reiterdenkmals des Markgrafen Christian Ernst im Schlossgarten stammt von hier.

> „Anno 1711 hat die Frau Markgräfin auf dem Burgberg über den Buirettischen Felsenkeller, einen Stein brechen lassen, welcher 18 Schuh [6 m] hoch und 12 Schuh [4 m] breit gewesen, bis solcher von dem Berg herunter und auf die Ebene gebracht worden, haben die Kosten schon über 300 Thaler betragen; er hat viele 100 Centner im Gewicht gehabt. Anno 1712 den 22., 23. und 24. Januar hat man ihn mit etlich und 80 Stück Vieh, nachdem man ihn auf eine Schleife gelegt, in den Schloßgarten geschleppet. Im Hereinfahren hat er beide Thore der Altstadt beschädigt, daß jedes einen Riß von oben bis unten bekommen. Aus dem Stein sollte die Statue des Vaters der Frau Markgräfin, des Churfürsten Friedrich Wilhelm zu Pferd gehauen werden, so wie solche zu Berlin auf der Brucken von Bronze steht.“[84]

Diese, was die Person des Reiters angeht, irrige Information hatte Rudel wohl aus dem Homannschen Schlossgartenplan aus dem Jahr 1721 übernommen, denn tatsächlich handelt es sich bei ihm um Markgraf Christian Ernst, den Gründer der Neustadt und Gemahl von Elisabeth Sophie.[85] Der

[82] Andreas Jakob, Essay: Die Altstadt Erlangen (1361-1812), in: Erlanger Stadtlexikon (wie Anm. 1), S. 30-33, hier S. 31 f.

[83] Andreas Jakob, Vom steinernen Markgrafen und dem älteren Bruder der Münchner Bavaria. Unbekanntes Erlangen, in: Stadtjugendring Erlangen (Hg.), Wissenswertes über Erlangen, Erlangen 2022, S. 96-123, hier S. 101.

[84] Friedrich Christian Rudel, Chronik der Stadt Erlangen, Manuskript 1790-1795 (StadtAE, 24.B.3), fol. 96 f. – Ernst Deuerlein, Vom ‚steinernen Markgrafen‘, in: Erlanger Heimatblätter 1919 Nr. 15, S. 59.

[85] Jakob, Markgraf (wie Anm. 82), S. 101-105.

Stein hatte, wie erst jüngere Erkenntnisse ergaben, im Berg nicht gestanden, sondern gelegen, das heißt, die Sandsteinformation musste dort nicht so mächtig gewesen sein, wie man früher vermutete. Wenn das Denkmal nicht vollendet wurde, hing das nicht, wie die Ortslegende besagt, mit der Unfähigkeit des Bildhauers zusammen, der darob entfloh, sondern mit dem Tod des Markgrafen am 10. Mai 1712 in Erlangen und dem darauffolgenden Zerwürfnis der Fürstin mit ihrem Stiefsohn, dem nunmehrigen Markgrafen Georg Wilhelm; am 12. September 1712 musste sie auf alle Ansprüche aus Eheverträgen und Schenkungen verzichten, am 6. Januar 1714 verlobte sie sich erneut und verließ am 2. Juni 1714 unter Mitnahme der Tapeten aus dem Erlanger Schloss das Markgraftum.[86]

Nicht zuletzt für die 1707 begonnene Pflasterung der Alt- und Neustadt wurden neue Brüche am Rathsberg erschlossen, wo ein besonders hartes Feuerlettenkonglomerat anstand. Da sowohl Qualität als auch die Kapazitäten der Brüche am Burgberg für die von 1835 an für den Ludwig-Donau-Main-Kanal und die Eisenbahn benötigten Steine nicht ausreichten, mussten weitere Steinlagen im Reichswald (Ohrwaschel) und am Giesberg nordöstlich von Dechsendorf angelegt werden. Einschließlich Auf- und Abladen benötigte ein zweispänniger Wagen von dort nach Erlangen 1838 einen ganzen Tag. Die durch die großen Neubauten – das Krankenhaus am östlichen Rand des Schlossgartens ab 1803, die Kreisirrenanstalt (Vorläuferin des heutigen Bezirkskrankenhauses) ab 1834 und die zahlreichen seit Mitte des 19. Jahrhunderts auf dem Boden des Schlossgartens oder in dessen Nähe errichteten Institutsgebäude der Friedrich-Alexander-Universität bis hin zur Universitätsbibliothek 1912 – bewirkte Blütezeit der Erlanger Steinbrüche endete schon Ende des Jahrhunderts mit dem Siegeszug von Backstein, Stahl und Beton als neue, universell einsetzbare Baumaterialien. Die letzten der insgesamt noch über 30 Steinbrüche auf dem Burgberg mussten in den 1920/30er Jahren geschlossen werden.[87]

Der Berg lieferte nicht nur Steine. Aus seinen Lettenschichten, aber auch im Reichswald und im Umland, gewann man zum Teil in großen Mengen Ton. Bereits 1528 wurde eine städtische Ziegelhütte erwähnt; sie stand in Essenbach und war bis Ende des 19. Jahrhunderts in Betrieb. Im Januar 1688 ließ Markgraf Christian Ernst auf eigene Kosten eine Ziegelhütte mit Kalkofen im Meilwald errichten, die spätestens ab 1743 verpachtet wurde.[88]

---

[86] Jakob, Markgraf (wie Anm. 82), S. 118 f. – Rudolf Endres, Art. Elisabeth Sophie, in: Erlanger Stadtlexikon (wie Anm. 1), S. 226. – Johann Christian Fick, Beschreibung (wie Anm. 30), S. 66, hielt den Reiter für Markgraf Georg Wilhelm.

[87] Claudia Maciol, Art. Steinbrüche, in: Erlanger Stadtlexikon (wie Anm. 1), S. 670 f.

[88] Andreas Jakob, Art. Ziegelhütte, in: Erlanger Stadtlexikon (wie Anm. 1), S. 761 f.

Nicht weniger wichtig als die Steinbrüche waren die am südlichen Fuß des Berges in den Fels getriebenen Keller, ohne die Erlangen im 19. Jahrhundert nicht die bedeutende *„Bierstadt“* hätte werden können. Nach bisherigem Kenntnisstand wurden sie ab etwa 1686 angelegt, und damit erstaunlich spät.[89] Denn teilweise weit älter sind diejenigen im Aischgrund, wo über 500 Keller bekannt sind.

> „Die ersten Felsenkeller wurden bereits im Mittelalter errichtet. Im Neustädter [a.d. Aisch] finden sich die Jahreszahlen 1544 und 1722, im nahe gelegenen Gutenstetten das Jahr 1511, in Birnbaum die Jahreszahl 1586, am Kellerberg in Höchstadt mit seinen insgesamt 26 Eingängen weist eine Inschrift am zweiten Eingangstorbogen des Kellereingangs unter dem ‚Mühlstüberl‘ auf die Entstehung im Jahr 1698 hin“.[90] Zunächst waren diese Anlagen aber selten. „Die meisten Keller im Aischgrund und in den Seitentälern der Aisch sind dagegen Mitte des 19. Jahrhunderts entstanden – in der Zeit zwischen 1850 und 1900 gab es einen regelrechten Bauboom. Ausgelöst wurde dieser durch ein Aufblühen der Braukultur. Denn um das Hausbraurecht ausüben zu können, musste ein Keller bzw. ein Kelleranteil nachgewiesen werden.“[91]

Aufgrund seiner Geologie gab es auch über den Erlanger Berg verstreut zahlreiche, teils ergiebige Quellen, die in manchen Gärten mit Sandsteinbecken eingefasst wurden. 1759 erwog man sogar, Wasser von hier in die Stadt zu leiten.[92] 1865 überlegte man, „[d]urch ein System von Stollen [...] die einzelnen Wasseradern dieses Berges in einem großen Wasserbehälter [... zu sammeln] und aus demselben [...] das Wasser in die Stadt“ zu leiten.[93]

Waldwirtschaft

1759 beschrieb Johann Ernst Basilius Wiedeburg vom Burgberg aus den Blick über die Landschaft:

> „Auf die rechte Hand hin sehen wir diesem Flusse [der Regnitz] nach, wie er sich allgemach weiter ausbreitet, und endlich verlieret. Ueber ihn hinüber erscheinen wieder mit Klee geschmückte Wiesen und fruchtbare Felder und Aecker. Die Ferne in die wir hineinsehen, bildet uns auch von einander entfernte Dörfer, Höfe und Mühlen, als wenn sie nahe aneinander und in einer

---

89 Andreas Jakob, Das Rätsel um den ältesten Felsenkeller am Burgberg. Ein Beitrag zur Geschichte der Brauereien in der Altstadt Erlangen um 1700, in: EB 57/2022, S. 119-195, hier S. 171-175.

90 Claudia Freilinger, Fotos zeigen die Faszination der Felsenkeller, in: Erlanger Nachrichten 2. März 2023, S. 30.

91 „Felsenkeller im Aischgrund“, in: Kreislauf Magazin, 22. Jg. Ausgabe 259, März 2023, S. 10.

92 Göhring, zwei Wege (wie Anm. 75). – Heinz Martius, Der Erlanger Burgberg im Wandel der Zeit, Erlangen 1988, S. 11.

93 Stein/Müller, Erlangen (wie Anm. 54), S. 295.

> Reihe hinlägen. Theils erscheinen sie mitten in einem Gehölze, theils lehnen sie sich an den Wald, theils ragen nur die Thurn-Spitzen hinter einem solchen hervor."[94]

Abzüglich der auch im Westen des Regnitztales stark gewachsenen Bebauung ist die Situation 270 Jahre später, nicht wesentlich verändert. Überblickt man heute die Gegend von einem hochgelegenen Standort aus, etwa dem Dach des Rathauses, scheint Erlangen mit seiner lockeren, von vielen Anlagen durchsetzten Bebauung eine Stadt im Grünen zu sein. Nach Süden und Südosten erstreckt sich der einst zur Freien Reichsstadt Nürnberg gehörende Sebalder Reichswald, nach Norden und Nordosten der ehemals im Besitz des Hochstifts Bamberg befindliche Meilwald. Westlich des in Süd-Nord-Richtung verlaufenden breiten Regnitztales setzt sich die nur mäßig hügelige, mit großflächigen dunklen Nadelwäldern bewachsene Landschaft fort. Für das durch internationale Urlaubsreisen verwöhnte Auge heutiger Betrachter scheint es wenig zu bieten, was einer besonderen Aufmerksamkeit wert wäre. Jedoch ist diese etwas eintönige Natur zum Teil das Ergebnis einer jahrhundertelangen Nutzung und Übernutzung.

> „Ursprünglich prägten ausgedehnte Mischwälder die Landschaft. Hier standen je nach Beschaffenheit des Bodens Hainbuchen, Eichen, Birken und Föhrenbestände, die bis nahe an das alte Erlang heranreichten." [95]

Seit dem Erwerb durch Karl IV. musste Erlangen mit einem schweren Handikap kämpfen. Der Kaiser hatte wie erwähnt in seiner Eigenschaft als böhmischer König den Ort mit seiner kleinen Gemarkung gekauft, in der nur südlich der Schwabach die Wäldchen Honig- und Stubenlohe lagen.[96] In den umliegenden Forsten besaßen die Erlanger lediglich Nutzungsrechte, was für die langsam wachsende Bevölkerung nicht ausreichte. Nachdem sie den sich von Norden bis an die Schwabach erstreckenden Meilwald zu exzessiv nutzten, kam es schon 1376 und 1406 zu Auseinandersetzungen mit dem Hochstift und schließlich 1565 zur Teilung des Waldes. Die südliche Hälfte fiel an Erlangen, die nördliche (der später sogenannte Bischofsmeilwald) blieb bambergisch; hier hatten unter anderem die Orte Bubenreuth und Rathsberg Holzrechte, für die 1566 eine Waldordnung erlassen wurde.

---

94 Johann Ernst Basilius Wiedeburg, Nachricht von dem Gegenwärtigen Zustande der Akademie Erlangen, Erlangen o.J. (1759), S. 14 f.

95 Andreas Jakob, „Die wichtigste Aufgabe der Gemeinde, und insbesondere auch schon der gegenwärtigen Generation": Sauberes Wasser für Mensch und Natur. Die Geschichte der Stadtentwässerung in Erlangen, in: Andreas Jakob/Wolfgang Fuchs (Hg.), Sauberes Wasser! Erlangen. Der Entwässerungsbetrieb der Stadt und seine Geschichte (Veröffentlichungen des Stadtarchivs Erlangen, Nr. 10), Nürnberg 2013, S. 10-119, hier S. 14.

96 Rießbeck, Gemeindevermögen (wie Anm. 46), S. 7.

Die regelmäßig (u.a. 1658, 1774 und 1799) erneuerte Abmarkung entspricht im Wesentlichen noch heute der nördlichen Erlanger Stadtgrenze.[97] Auch in dem mit Ausnahme eben der Erlanger Gemarkung von Süden bis zur Schwabach reichenden Sebalder Reichswald, der der Freien Reichsstadt Nürnberg gehörte, *„genossen die Bürger Erlangens jeweils nur Nutzungsrechte und konnten eine gewisse Menge Holz schlagen sowie ihr Vieh weiden lassen. [...] Genutzt wurde der Wald außerdem durch die herrschaftliche Jagd. Im 18. Jahrhundert besaßen die Markgrafen im Wald östlich der Stadt einen Vogelherd und eine ‚Maille-Bahn‘ für eine Art Kricketspiel.“*[98]

Ein Problem, das die fremden Obrigkeiten immer wieder vergeblich zu bekämpfen versuchten, war die unberechtigte Holzentnahme aus ihren Wäldern. Zahlreiche Akten befassen sich mit den Beschwerden der weltlichen Regierung des Fürstbischofs von Bamberg und der Freien Reichsstadt Nürnberg über die Waldfrevel der Erlanger Bürger. In dem Bericht über die Teilung des Meilwaldes heißt es 1565 über diesen Bereich, dass er *„dem Ertbodenn, Auch dem gewuchs noch seer unglich, an einem ort zimlich bestockt, an dem Andernn, gar wenig holtz befunden, denn mehrernn theil Abgehauen, Also verodtigt vnnd verwüst [...].“*[99]

1774 wurde hier das Hutrecht der Stadt aufgehoben, um *„der ganzen ruinierten Meilwaldung“* Gelegenheit zur Erholung zu geben. 1788 untersuchte eine kaiserliche Kommission den Vorwurf, die Einwohner von Christian-Erlang(en), die über keinen eigenen Wald verfügten), hätten sich seit mehr als 50 Jahren *„in dem nächst an die Stadt stoßenden Theil der nürnbergischen Sebaldi-Waldung nicht nur eine Art Beholzung angemaßt, sondern auch wahrhafte Devastationen daselbst verübt“*;[100] als Folge musste die Neustadt die enorme Strafe von 4.476 Gulden 38 ½ Kreuzern an die Nürnberger bezahlen.[101] Noch im Jahre 1800 wurde eine *„Bürgersfrau“* vom *„Stadtgericht der Kgl. Preußischen Hauptstadt Erlangen“* sogar wegen Grasdiebstahls mit

---

97 Haller, Meilwald (wie Anm. 11). – Sigmund von Raumer, Heimat. Ein Beitrag zur Geschichte der Erlanger Landschaft in den letzten beiden Jahrhunderten, Erlangen 1904, S. 8 f.

98 Jakob, Erlanger Landschaft, in: Plätze & Gärten (wie Anm. 4), S. 54-57, hier S. 54. – 1367 erteilte Burggraf Friedrich für „Burger und Leute zu Erlang“ die Erlaubnis, ihr Vieh in den Sebalder Reichswald zu treiben (Jakob, Altstadt (wie Anm. 15), S. 30).

99 Ferdinand Lammers, Geschichte der Stadt Erlangen von ihrem Ursprunge unter den fränkischen Königen bis zur Abtretung an die Krone Bayern, Erlangen 1834, S. 243 Beilage Nro. 50. – Raumer, Heimat (wie Anm. 96), S. 9. – Jakob, Landschaft (wie Anm. 97), S. 54.

100 Lammers, Geschichte (wie Anm. 98), S. 141.

101 Lammers, Geschichte (wie Anm. 98), S. 141 f.

12 Rutenstreichen bestraft und zu Schadensersatz sowie zur Übernahme der Untersuchungskosten verurteilt.[102]

Die jahrhundertelange Übernutzung führte zu einer Verarmung des Bodens und zu einem Rückgang des Artenreichtums. Zu dieser Entwicklung trug auch die Vorliebe der Forstwirtschaft für schnell wachsende Nadelhölzer seit der Erfindung der Nadelwald-Saat um 1368 durch Peter Stromer (um 1315-1388) bei, wodurch aber die natürliche Baumvielfalt zugunsten einer Monokultur zurückgedrängt wurde. 1792 schrieb Georg Friedrich Rebmann (1768-1824) in seinen manchmal etwas boshaften *„Briefen über Erlangen“*:

> „Was die hiesige äussere Gegend betrift, so habe ich Ihnen oben schon davon etwas weniges gesagt. Es kommt hier gar sehr auf individuellen Geschmack an. Manchen behagt sie ganz ausserordentlich, manchen gar nicht. Schlimm ist es, daß man im Sommer immer erst eine Stunde lang im heissesten Sand wandern muß, ohne einen wirthbaren Baum zu finden, der den Wandler für die Sonnenhize schützen könnte. Auch verliert die Gegend in meinen Augen durch den Mangel an Laubwäldern, denn hier finden Sie nichts als halberstorbene Tannen und Fichten.“[103]

Eichenwald, Stuben- und Honiglohe

Mit dem eigenen Wald gingen die Erlanger sorgsamer um. Weil Holz früher der wichtigste und vielseitigste Rohstoff war – unverzichtbar zum Bauen, Heizen und als universaler Werkstoff –, gehörte er zum wertvollsten Besitz der Kommunen und Gemeinden und wurde entsprechend über viele Generationen hinweg gepflegt und für die Nachkommen erhalten. Dieses Verantwortungsbewusstsein spricht aus einem Schreiben, in dem Altstädter Bürger 1694 gegen die Abholzung alter Baumbestände durch die Hugenotten protestierten. Hier heißt es, dass *„am so genannten Eichenrangen, so von langen Seculis hero von den alten verstorbenen Vorfahren seel. gepflantzet, deren Außage nach, wenn einer Bürger worden, 3 junge Eichen hat pflantzen, auch solche warten und begießen müßen, bis sie etwas erstarcket und davon kommen, davon die armen Bürger die Eichelnutzung* [für die Schweinemast]*, wenn zu manchen Zeiten solche gerathen, haben können.*“[104] Dieses Waldstück dürfte zu dem 1565 in den Besitz der Altstadt gelangten Teil des Meilwaldes gehört haben, in dem heute der Eichenwald liegt.[105] Einer anderen Quelle zufolge wurde *„nach dem Ausschreiben vom 24. April*

[102] Raumer, Heimat (wie Anm. 96), S. 10.
[103] Jakob, Landschaft (wie Anm. 97), S. 54. – Rebmann, Briefe (wie Anm. 76), S. 19.
[104] Raumer, Heimat (wie Anm. 96), S. 18. – Jakob, Landschaft (wie Anm. 97), S. 54.
[105] Andreas Jakob, Art. Eichenwald, in: Erlanger Stadtlexikon (wie Anm. 1), S. 220.

1754 […] die Waldkultur und das Bäumpflanzen von dem Herrn Bürgermeister Fleischmann mit Zuziehung des Viertelmeisters Groß zuerst angefangen."[106] Noch 1835 wurde ein Teil der 80 Gulden, die ein Bürger für seine Aufnahme in der Stadt zahlen musste, für die Baumanpflanzung verwendet.

1778 zerstörte ein Hagelschlag fast die gesamte Stubenlohe. Sechs Jahre später berichtete Johann Michael Füssel:

> „Auf der Mittagseite [Südseite Erlangens] trift man auch noch schöne Gärten an, neben welchen sich tiefe Sandfelder ausbreiten, die sich um die östliche Stadtmauer herumziehen, und auf dieser Seite mehr in die Länge ausdehnen, als auf jener. Sonst hatte man auf diesen beyden Seiten einen schattenreichen Wald, der, nur einige hundert Schritte vor der Stadt, den Spatzierenden viel Vergnügen gewährte. Er wurde durch Hagel auf einer Seite gänzlich vernichtet, und auf der andern sehr licht. Die Erlanger behalten die Zeit dieses Unfalls in frischem Andenken, weil er ihnen die genossenen Freuden ihrer festlichen Zeit, der Altstädter Kirchweih, verbitterte, indem er die Fenster greulich zertrümmerte und die gewohnte Lustwandlung verderbte. Er trug sich den zweyten Pfingsttag 1778 zu. Man suchte diesen Verlust eines lieblichen Spaziergangs durch angepflanzte Alleen zu ersetzen, die aber noch lange Zeit zu ihrem Wachsthum brauchen werden, bis sie den gewünschten Schatten geben können."[107]

Johann Georg Christian Fick ergänzte zum Ausmaß des Schadens: *„Auch ein großer Theil der Ziegel und Fenster der Stadt wurden zerschmettert,*"[108] wovon aber weniger Aufhebens gemacht wurde. Die kahlen Bäume mussten gefällt werden, der dürre Boden trocknete rasch aus und machte die Versuche zur Wiederanpflanzung von Föhren, Fichten, Tannen, Birken, Erlen, Eichen und Buchen zunichte. 1791 heißt es, *„ein großer Teil des Waldes ist noch unbewachsen, weil kein Holz darauf anfliegen will, ob man solchen mehrmalen mit allerhand Sorten Wald Samen besäen ließ. Der Boden ist meist Torfartig und muß erst baulich gemacht werden, ehe etwas Holz darauf wachsen kann.*"[109] Diese Bemühungen hatten jedoch keinen Erfolg. Im 19. Jahrhundert wurden schließlich die sogenannten *„Neubrüche*" für Gärten und Felder aufgeteilt. Auch in anderen Bereichen ihres Gebietes bemühten sich die Altstädter Bürger mit erheblichem Aufwand – und mit größerem Erfolg – um den Erhalt des Baumbestandes. Einer Liste von 1790 zufolge hatten sie innerhalb von wenigen Jahren insgesamt 45.350 Bäume

106 Raumer, Heimat (wie Anm. 96), S. 11 f.
107 Füssel, Tagbuch (wie Anm. 39), S. 237 f.
108 Fick, Beschreibung (wie Anm. 30), S. 45.
109 Raumer, Heimat (wie Anm. 96), S. 14 f.

neugepflanzt, und zwar 17.430 Erlen, 3.039 Eichen, 325 Kastanien und Linden, 370 Pappeln und 24.186 Weiden. Die meisten dieser Bäume, Erlen und Weiden, dürften in den Flussauen gesetzt worden sein. Neue geschlossene Waldgebiete ergaben sich dadurch nicht.[110] 1812 berichtete Johann Georg Christian Fick über den Weg von Erlangen nach Alterlangen, der über das Arlaßwöhr ging:

> „Eine hölzerne Brücke über die Rednitz [heute Regnitz] führt auf einem neuen sehr schön angelegten Steinweg über das ganze Thal, mit auf beiden Seiten befindlichen Kopfweidenbäumen, weil der Ueberschwemmungen und des Eisganges wegen eine andere Baumart nicht fort kommen würde.“[111]

Weitere Auskünfte über die Pflege, die man den Bäumen angedeihen ließ, geben die Stadtrechnungen. 1790 erhielt ein Taglöhner *„für einen Tag Wasser zu fahren, um die jungen Eichen damit zu begießen“*, 2 Gulden; in diesem Jahr verwendete die Stadt insgesamt 230 Gulden 39 4/5 Kreuzer für diesen Zweck. Ein anderer Taglöhner erhielt Lohn *„für junge Eichen zu sezen, und um den Burgberg auszubeßern“*, oder *„für Begiesung der link und rechter Hand an den (sic!) Burgberg stehenden jungen Eichen vom Schießhaus bis an den Spardorfer Weg.“*[112]

Ein ähnliches Unwetter wie 1778 suchte die Stadt 14 Jahre später heim: *„Im Jahre 1802 suchte ein Hagelschlag die Erlanger Gegend heim, der so heftig war, daß fast alle Dachziegel von den Hagelkörnern zertrümmert und Vieh auf dem Felde getötet wurde“*.[113]

Am 9. Juli 1809 zog von Südwesten ein Gewittersturm auf, *„welcher mit verwüstender Gewalt sowohl in Erlangen, als in einem großen Teile des Fürstentums Bayreuth den Segen der Ernte vernichtete, Fenster und Dächer zerschlug und Obstbäume und Waldungen zerstörte“*.[114]

Weitere Wetterphänomene *„brachten die Jahre 1816 und 1817 Jammer und Not. Schon der Anfang des Jahres 1816 erregte durch fortwährende Nässe und unbeständige Witterung große Besorgnisse. Die Kälte des Frühlings vernichtete die Blüte der Obstbäume und des Getreides. Bei fortwährender Kälte und Nässe ging der Sommer vorüber, so daß der Hafer gar nicht reif werden konnte. Die andern Getreidearten wuchsen, soweit sie Körner trugen, auf dem Felde aus und konnten nur mit Mühe in die Scheunen gebracht werden. Anfangs November trat schon starker Schneefall ein, der viele noch auf dem*

---

110 Raumer, Heimat (wie Anm. 96), S. 14 f. – Jakob, Landschaft (wie Anm. 97), S. 54 f.
111 Fick, Beschreibung (wie Anm. 30), S. 132,
112 Raumer, Heimat (wie Anm. 96), S. 20.
113 Stein/Müller, Erlangen (wie Anm. 54), S. 164.
114 Stein/Müller, Erlangen (wie Anm. 54), S. 165.

Felde befindliche Früchte bedeckte, von denen ein Teil noch im Dezember auf dem Schlitten nach Hause gebracht und nach und nach im Ofen getrocknet wurde; der übrige Teil konnte erst in den schönen Tagen, die der Januar 1817 aufzuweisen hatte, heimgeschafft werden. Die Folge der Mißernte war eine ungeheuere Teuerung. Um den Hunger zu stillen, sammelten die Leute die verschiedensten Kräuter“.[115] Nach Stein/Müller war das Jahr 1846 *„ebenso trocken wie das Jahr 1746 und brachte eine große Teuerung.* [...] *Der Armenpflegschaftsrat kaufte Kartoffeln an und ließ von denselben auf dem Wochenmarkte öffentlich an minderbemittelte und arme Einwohner um 18 Kreuzer den Metzen*[116] *verkaufen, wodurch er den Erfolg erzielte, daß alle übrigen Verkäufer ihre Vorräte zu demselben Preise abgaben. Im November forderte der Magistrat alle in ärmlichen Verhältnissen lebenden Einwohner der Stadt auf, im Rathause ihren täglichen Brotbedarf anzumelden.* [...] *Die Ernte des Jahres 1847, welche mit 15. Juli begonnen hatte, gab bezüglich des Getreides ein zureichendes Ergebnis und fiel bei den Kartoffeln hier und in der Umgebung so reichlich aus, daß der Bedarf nicht nur völlig gedeckt, sondern noch ein bedeutender Überfluß vorhanden war“.*[117]

Auch später suchten immer wieder Unwetter die Gegend heim.

> „Ein Orkan, der in der Nacht vom 26. auf 27. Oktober 1870 herrschte, richtete in der Stadt starke Verwüstung und bedeutenden Schaden an, indem er viele Fenster zertrümmerte, Dächer teilweise abdeckte und im Schloßgarten die vor der Orangerie befindlichen großen Pappeln abknickte oder gar entwurzelte, ebenso im Eichenwäldchen eine große Anzahl der stärksten Bäume aus dem Boden riß. Die Dächer der Spinnerei, des Bahnhofes, der Alt- und Neustädter Kirche erlitten besonders starke Beschädigungen und das Roglersche Gartenhaus (auf dem Berg Hs. Nr. 9) eine fast gänzliche Zerstörung. In den Fabriken Trötsch (Bayreutherstraße 11) und Schlichtegroll (Bruckerstraße 39) riß der Sturm die Fabrikschlöte um und beschädigte auch das Trötsch`sche Wohnhaus in so bedeutender Weise, daß man es als ein Wunder betrachtete, wenn dabei kein Menschenleben in Gefahr geraten ist. Die in den Waldungen der Altstädter Gemeinde durch den Orkan entwurzelten und abgebrochenen Baumstämme gaben 540 Klafter Holz“.[118]

> „Am Mittwoch, den 19. Juli 1871 Abends ½ 9 Uhr fielen unter Gewittern, die von allen Richtungen der Windrose her sich zusammengezogen hatten und sehr hochgehend geblieben waren, Eisstücke bis zu dem Umfange eines Thalers und der Dicke eines Mannesdaumes zur Erde. Dieser Niederschlag

---

115 Stein/Müller, Erlangen (wie Anm. 54), S. 166 f.

116 Hohlmaß, im Königreich Bayern hatte 1 Metzen 34 2/3 Maßkannen oder 37,0596 Liter.

117 Stein/Müller (wie Anm. 54), S. 207.

118 Stein/Müller, Erlangen (wie Anm. 54), S. 237 f.

> war mit starkem Hagel vermischt und wenn auch ziemlich zahlreich, doch nicht so dicht, daß er den Boden bedeckt hätte. Er wirkte deshalb auch nicht wie ein eigentlicher Hagelschlag und richtete in der hiesigen Gegend nur an den Tabak- und Hopfenplanzungen einigen Schaden an, an den übrigen Feldfrüchten aber keinen. Der Hagelschlag ist in der hiesigen Gegend sehr selten. [...] Am 6. März 1872 wurde hier ein Erdbeben bemerkt. Am 19. Mai (ersten Pfingstfeiertag) Mittags entlud sich ein 10 Minuten dauerndes Gewitter mit Hagelschlag, wobei Schlossen in der Größe von Taubeneiern fielen. Am 4. Juni Abends 6 Uhr entlud sich ein Gewitter mit so heftigem Regen, daß das Wasser in der Bruckerstraße zwei Fuß hoch stand. Der südlich von Erlangen niedergegangene Wolkenbruch wirkte störend auf den Eisenbahnverkehr".[119]

Innerhalb ihrer Gemarkung besaß die Altstadt, wie erwähnt, außer dem Eichenwald und der Stubenlohe nur noch die bereits 1484 mit diesem Namen bezeugte Honiglohe, die etwa beim heutigen Hugenottenplatz begann und östlich bis zur Nürnberger Landstraße, südlich zum Röthelheim und westlich zum Steilhang des Regnitzgrundes reichte. Der aus dem Wort *„Honig"* (vielleicht auch nach *„hongen"*, was *„abgestandene"*, d.h. dürre Bäume bedeuten soll) und dem althochdeutsch und mittelhochdeutsch *„lôch"* (Rain, Gehölz) zusammengesetzte Name *„Honigwald"* erinnert an das hier betriebene Zeidelwesen. Bereits in der Urkunde von 1002 sind *„zidalweidas"*, *„Zeidelweiden"*, genannt. Da die mit der Waldbienenpflege verbundene Aushöhlung lebender Bäume dem Wald sehr schadete, wurde sie im Gebiet des Sebalder Reichswaldes um 1500, vielleicht auch in Erlangen, durch die Heimbienenhaltung in Behältern aus Holz oder Stroh abgelöst.[120]

Nach dem Brand der Altstadt 1706 fielen weitere Teile der bereits 1686 durch die Anlage der Neustadt Erlangen dezimierten Wäldchen Stuben- und Honiglohe dem Bedarf an Bauholz zum Opfer. Um 1726 musste, wie Sigmund von Raumer aus der städtischen Registratur mitteilte, leider aber ohne seine Quelle genau zu nennen, das Gehölz – wohl nur ein Teil desselben – auf Befehl von Markgraf Georg Wilhelm (1678-1726) *„auf Ansuchen der hier angekommenen Refugiers und unter dem Vorgeben, daß die Stadt nicht Luft genug hätte, und der Aufenthalt ungesund würde,* [...] *weggehauen werden* [...]."[121] Tatsächlich genoss Erlangen bei den Hugenotten, die sich als Südfranzosen ebenso wie die Waldenser mit dem fränkischen Klima

---

[119] Stein/Müller, Erlangen (wie Anm. 54), S. 239 f.
[120] Walter Gebhard, Art. Bienenzucht, in: Erlanger Stadtlexikon (wie Anm. 1), S. 158. – Andreas Jakob, Art. Honiglohe, in: ebenda, S. 376.
[121] Raumer, Heimat (wie Anm. 96), S. 13. – Jakob, Landschaft (wie Anm. 97), S. 56.

schwer taten, in der Gründungsphase der Neustadt wegen angeblich unzuträglicher Luft einen schlechten Ruf.[122] Eine Parallele findet sich fast 250 Jahre später. Noch in den 1960er Jahren wurden die alten Alleebäume entlang der Nürnberger Straße abgeholzt, weil ein Gutachter behauptet hatte, *„daß die Laubkronen den Abzug der Kfz-Abgase verhindern. Das Fällen der Bäume wurde empfohlen, um eine bessere Durchlüftung der Straße zu sorgen. Außerdem konnten dadurch wertvolle Parkplätze gewonnen werden.“*[123]

Alleen

1784 klagte Johann Michael Füssel:

> „Der zwey Stunden lange Weg von hier [Baiersdorf, 10,5 km nördlich gelegen] nach Erlang ist in heißen Sommertagen der unerträglichen Staubwolken wegen, höchst unbequem. Wir baten daher um die Erlaubnis, den Herrschaftsweg [Fürstenweg] über die Aue nehmen zu dürfen; aber auch da waren wir von der nemlichen Unbequemlichkeit nicht ganz frey.“[124]

Die Folgen dieser Bodenverhältnisse für die Bürger der Stadt beschrieb Johann Georg Christian Fick 1812 recht drastisch:

> „Im Sommer drücken freilich dagegen die schwülsten Tage den Einwohner hier mehr, als an andern Orten, nieder, und der feinste Staub erhält sich beim Mangel an Regen so sehr in der Luft, daß man sich nur durch fest verschlossenen Mund und Nase vor dem Staube, den man sonst alle Augenblicke zwischen den Zähnen zerknirscht, schützen kann. Doch wird die brennende Atmosphäre durch häufige Gewitter abgekühlt.“[125]

Bereits frühzeitig lassen sich Bemühungen feststellen, dem Problem der Sandböden vor der Stadt durch Anpflanzung von Alleen Abhilfe zu schaffen und dadurch gleichzeitig die Stadteingänge attraktiv zu gestalten. 1725 wurden *„125 Maroniers oder Wilde Castanien Bäume“* aus dem hochfürstlichen Lustgarten in Bamberg entlang der Nürnberger Straße angepflanzt. Seit 1782 verwendete man Pappeln als Alleebäume, daneben aber auch Linden und andere Arten. Verbreitet müssen auch Zwetschgenbäume gewesen

---

[122] Andreas Jakob, Hugenotten in Franken. Mehr als eine Initialzündung?, in: Andrea M. Kluxen/Julia Krieger/Andrea May (Hg.), Fremde in Franken. Migration und Kulturtransfer (Geschichte und Kultur in Mittelfranken 4), Würzburg 2016, S. 157-212, hier S. 191
[123] Jakob, Landschaft (wie Anm. 97), S. 56.
[124] Füssel, Tagbuch (wie Anm. 39), S. 233.
[125] Fick, Beschreibung (wie Anm. 30), S. 54 f. – Jakob, Landschaft (wie Anm. 97), S. 56.

sein, die neben Schatten auch Früchte spendeten, für welche die zahlreichen Erlanger Branntweinbrennereien – 1751 waren es 38[126] – gute Verwendung hatten. 1790 gab Christian-Erlangen für die Unterhaltung der Alleen 80 fl. 15 kr. aus, im nächsten Jahr 99 fl. 59 kr.; für den Ankauf und die Anpflanzung von 100 schönen Pappeln von Herrn von Künßberg aus Ermreuth zahlte die Altstadt 28 fl.[127] Auf den Ansichten des 18. und 19. Jahrhunderts sieht man daher auch den Wald nur in einiger Entfernung zur Stadt. Über die Situation vor dem Nürnberger Tor berichtete wieder Füssel:

„In der südlichen Gegend derselben [Stadt] ausser [außerhalb] und an dem Nürnberger Thor stehen noch auf beyden Seiten der Landstraße zum Theil sehr schöne Häuser, die leicht zu einer schönen Vorstadt anwachsen könnten. An der linken Seite der Straße sahen wir den botanischen Garten und das Neustädter Schießhaus. [...] Die Chaussee, welche von Erlang bis an die Stadtmauer von Nürnberg reicht, und allein vom Bayreuthischen Oberamt Bayersdorf gebauet worden ist, daher auch Bayreuth nicht weit von dieser Reichsstadt einen Schlagbaum hat [diese Angabe bezieht sich vermutlich auf Tennenlohe], und den Wegzoll erhebt, ist bis an den Sebalder Wald höchstens eine Viertelstunde lang mit Alleen besetzt. Sonst stand das Hochgericht [der Richtplatz] am Eingang dieser Allee und hart an der Straße, allein auch dieses ist in eine abgelegenere Gegend versetzt worden: so sehr ist Erlang darauf bedacht, Reisenden und Spaziergängern den Weg zu verschönern, und unangenehme Eindrücke zu verhüten. Wo der Sebalder Wald aufhört, wird die flache Gegend, in welcher Nürnberg etwas höher liegt, ungemein lachend.[128] [...] Rechts am südlichen, oder Nürnberger Stadtthor zieht sich um einen Theil der Stadtmauer eine zweyte Allee herum zu einer dritten, welche beym Brucker Thor anfängt, und nur einige hundert Schritt weit geht. An diesem Tor warteten Hauderer [Lohnkutscher, Mietsfuhrmänner] mit bespannten Kutschen. Wir wunderten uns nicht wenig, als wir hörten, daß diese hier beständig bereit wären, Spaziergänger um den geringen Preiß von 24 Kr[euzern], es mag nun einer, oder es mögen ihrer 4 seyn, in den nahen Marktflecken Bruck zu fahren, und für eben diesen Preiß wieder ab zu holen. [...] Die Erlanger wallen sehr zahlreich nach Bruck. Der Weg geht durch tiefen Sand, welcher in der schönen Jahreszeit brennt und ermüdet.

[126] Johann Caspar Müller, Grundriß der hochfürstlich Brandenburgischen Hauptstadt Erlangen nach dem grösesten Theil ihrer dermahligen Einwohner, Erlangen 1751, S. 28 f.
[127] Raumer, Heimat (wie Anm. 96), S. 26 f.
[128] Im Sinne von „freundlich", ähnlich wie „die Sonne lacht", „der Himmel lacht"; vgl. Deutsches Wörterbuch von Jacob Grimm und Wilhelm Grimm, 1852 ff. (Nachdruck Deutscher Taschenbuchverlag 1984), Bd. 12, Sp. 23.

Derjenige, den man zu Fuß über eine Heide nehmen kann, ist höchst langweilig. Der Wind, sey`s auch kein heftiger Sturm, jagt sehr leicht vom Flugsand lästige Staubwolken auf.“[129]

Im 19. Jahrhundert zog sich *„Vom Nürnberger Tor [...] eine Allee ‚von stattlichen Maulbeerbäumen‘ nach dem Kirchhof hin, eine gleiche stand zu beiden Seiten der Bruckerstraße bis hin an das Steinerne Brücklein über den Rödelheim.“*[130]

Für die Begrünungen setzte sich später wohl in erster Linie der am 6. August 1842 gegründete Verschönerungsverein ein:

„Einige für alles Schöne und Zweckmäßige begeisterte und stets rüstige Männer faßten den Plan zu einer möglichst ausgedehnten und fortgesetzten Verschönerung der Umgebungen, und bald rühmlich unterstützt, zeugen bereits viele neue Pflanzungen und Anlagen von ihrem schönen Wirken – und Erlangens Sand ist erkenntlich für seine Pflege.“[131]

Unter anderem verschönerte der Verein *„den Burgberg oberhalb der Felsenkeller; dagegen legte die Stadt das Brünnlein am Eichenwald ein“.*[132] Bereits 1845 hieß es im Büchlein *„Erlangen in der Westentasche“*:

„Wie Erlangens Bewohner unablässig bemüht sind, auch dem Aeußern ihrer Stadt einen immer freundlicheren Anstrich zu geben, wie seine Gastwirthe fortwährend für geschmackvollere und comfortablere Einrichtung besorgt sind [...] und so auch in dieser Hinsicht unsere Stadt gewiß nicht hinter den Forderungen der Zeit zurückbleibt, so ist auch der früher schon erwähnte ‚Verschönerungsverein‘ rastlos thätig, die Umgebungen der Stadt in ein grünes anmuthiges Gewand zu kleiden. Seine Bemühungen sind von gutem Erfolge begleitet und frisch blühen seine schönen, im Ganzen auch vor muthwilliger Beschädigung verschonten Pflanzungen, namentlich an der Ost- und Nordseite der Stadt auf. Hier findet der Fremde einen angenehmen Unterschied seit wenigen Jahren und ist überrascht, statt auf sandigem Wege der Gluth der Sonne ausgesetzt, nun zwischen fröhlich aufwachsenden Bäumen und Gesträuchen auf festem Wege auf den Wels und zu den Vergnügungen des Berges wandern zu können.“[133]

---

129 Füssel, Tagbuch (wie Anm. 39), S. 313-317.
130 Raumer, Heimat (wie Anm. 96), S. 27.
131 Erlangen in der Westentasche (wie Anm. 37), S. 49. – Jakob, Landschaft (wie Anm. 97), S. 56.
132 Stein/Müller, Erlangen (wie Anm. 54), S. 195.
133 Erlangen in der Westentasche (wie Anm. 37), S. 84 f.

In der zweiten Hälfte des 19. Jahrhunderts umzogen schließlich Alleen fast die ganze Stadt. Als der Architekt Otto Lasne 1909 für die Stadterweiterungsgebiete forderte, *„mit Alleen sollte dagegen recht gespart werden“*,[134] fanden sich an neuen Straßen, etwa der Luitpold- oder Bismarckstraße, Baumreihen. Sogar am Hugenottenplatz pflanzte man eine Doppelreihe Akazien, die aber wieder eingingen. Die im 19. Jahrhundert so ausgedehnten Alleen fielen zum größten Tag den Stadterweiterungen des 20. Jahrhunderts zum Opfer.[135] Reste finden sich noch in der Raumerstraße und am Ulmenweg.

Noch zu Beginn des 20. Jahrhunderts bereiteten die sandigen Straßen größere Probleme. 1911 wurde deswegen *„zum Zwecke der Staubbekämpfung* [...] *in der Nürnberger Straße der chaussierte Teil nach vorheriger gründlicher Reinigung mit einer Ephygrit Emulsion begossen. Eine Lösung von ¾ Wasser und ¼ Ephygrit* [Staubbindemittel] *wurde mit Giessern aufgebracht. Die Wirkung war eine gute und hielt etwa 14 Tage an. Eine tägliche einmalige Besprengung mit Wasser war sehr dienlich.“*[136] Erst die in Erlangen 1912 im Bereich der Schiller-, Raumer-, Universitäts-, Essenbacher- und Haagstraße beginnende großflächige Asphaltierung der Straßen sorgte für eine grundlegende Veränderung der Verhältnisse.[137]

Feldbau

Was die abgeholzte Honiglohe angeht, verzichteten *„Die Bürger der Altstadt* [...] *auf eine Wiederaufforstung und teilten stattdessen 1711 die Flächen unmittelbar südöstlich der heutigen Brauerei Kitzmann, beidseits der Nürnberger Straße an der Grenze zum Sebalder Reichswald sowie im nordöstlichen Vorfeld der Neustadt unter sich auf (sog. alte Neubrüche). Vom Rest der Stubenlohe, die 1778 durch einen Hagelsturm verheert wurde, aber immer noch fast bis an die östliche Stadtmauer reichte, wurde 1817/19 ein breiter Streifen südlich der Buckenhofer (heute Luitpold)Straße – begleitet von langwierigen Rechtsstreitigkeiten – ebenfalls abgeholzt und parzellenweise an die*

[134] Otto Lasne, Baulinien-Uebersichtsplan für die k.b. Universitätsstadt Erlangen, in: Das neue Erlangen 37/1975, S. 2689-2694, hier S. 2693.
[135] Jakob, Landschaft (wie Anm. 97), S. 56.
[136] Verwaltungsbericht der Universitätsstadt Erlangen für das Jahr 1911, Erlangen 1912, S. 158.
[137] Verwaltungsbericht der Universitätsstadt Erlangen für das Jahr 1912, Erlangen 1913, S. 3, S. 130 ff. Am 7. September 1909 hatte die Stadt für 450 Mark einen „Straßenteerapparat“ angeschafft (Verwaltungsbericht der Universitätsstadt Erlangen für das Jahr 1909, Erlangen 1911, S. 6).

Besitzer der Althäuser vergeben (sog. neue Neubrüche). Der schlechte Sandboden brachte aber nur geringe Erträge. Der Flurname Neubrüche bezeichnet zu Ackerland gemachtes Waldgebiet.“[138]

Nach dem Übergang an Bayern 1810 brachen, wie erwähnt, auf Grund der von 1806 bis 1813 verhängten Kontinentalsperre und einer europaweiten Hungersnot im Winter 1816/17[139] die in der Barockzeit erfolgreichen Gewerbe nicht zuletzt auch wegen versäumter Modernisierung regelrecht zusammen. Am schlimmsten traf es die Strumpfwirker. Bereits 1812 hatte Johann Georg Christian Fick geschrieben: *„unter der ärmern, leider! zahlreichsten, Klasse müssen Brod und Kartoffeln ihre Plätze* [von Gemüse und Fleisch, die sich die wohlhabenderen Bürger leisten konnten] *einnehmen. Das Brot ist wegen seiner besondern Güte auch im Auslande bekannt, und die Kartoffeln sind mehligt und wohlschmeckend, dennoch aber für den immer sitzenden Strumpfwirker zu schwer verdaulich.*“[140] In den folgenden Jahren wurde die Situation eher noch schlechter, als besser.

> „Da die Armut unter den Strumpfwirkerfamilien nach der Teuerung 1816/17 dramatische Züge angenommen hatte, genehmigten die bay. Behörden im April 1818 die kostenlose Überlassung von 297 Tagwerk (rund 100 ha) Waldboden aus dem Staatsforst [also außerhalb der Erlanger Gemarkung] zur landwirtschaftlichen Bearbeitung, allerdings vorwiegend auf dem öden Brucker Anger. Dieser zog sich entlang des Röthelheims bis östlich der Nürnberger Straße und wurde 1819/20 parzelliert. Immerhin ermöglichten die Strumpfwirkerfelder den oft notleidenden Strumpfwirkern eine gewisse Selbstversorgung, hauptsächlich mit Kartoffeln. Ab 1822 verlängerte man mehrmals die Überlassung der Strumpfwirkerfelder, nun aber gegen einen jährlichen Pachtzins, 1842/43 nochmals um acht Jahre. Nach der Eingemeindung 1924 [von Bruck] wurden die Strumpfwirkerfelder bis in die 1950er Jahre restlos bebaut.“[141]

Von insgesamt 320 Strumpfwirkermeistern hatten damals 297 (92,8 Prozent) je ein Tagwerk (= 3.407 Quadratmeter) Waldgründe erhalten.[142]

---

138 Sabine Meßmann, Art. Neubrüche, in: Erlanger Stadtlexikon (wie Anm. 1), S. 515.

139 Bertold Frhr. von Haller, Art. Naturereignisse und Katastrophen, in: Erlanger Stadtlexikon (wie Anm. 1), S. 512 f.

140 Fick, Beschreibung (wie Anm. 30), S. 58.

141 Bertold Frhr. von Haller/Claudia Maciol, Art. Strumpfwirkerfelder, in: Erlanger Stadtlexikon (wie Anm. 1), S. 679.

142 Andreas Jakob, Vom Bürgergarten zur Gartenstadt, in: Plätze & Gärten (wie Anm. 4), S. 66-69, hier S. 68.

An Fleiß ließen es aber die Erlanger nicht fehlen. Bereits 1795 urteilte Georg Wolfgang Augustin Fikenscher (1773-1813), ähnlich wie drei Jahre vorher Georg Friedrich Rebmann:

> „Ohnerachtet dieses Sandes nun und der großen Hitze, welche mit ersterem nothwendig verbunden ist, sorgt denn aber doch diese Gegend reichlich für den Unterhalt ihrer Bewohner, und ist sehr fruchtbar. Kein Stück Land, sey es auch noch so klein, liegt öde und unbenutzt. Alles wird fleißig bebaut, und trägt im reichen Maaße Korn, Gerste, Waizen, Dinkel, Erbsen, Linsen, Wicken, Haidel, Hirsen, Erdäpfel [Kartoffeln], Hopfen, Taback und Obst."[143]

1798 beschrieb Ernst Moritz Arndt den Feldbau:

> „Der Boden um die Stadt ist meist heller Sand, aber nicht von der schlechtesten Art. Dieser hier nemlich verträgt den besten Anbau, und ist jetzt mit Früchten und Getreide aller Art reichlich bedeckt. Man findet noch immer die fränkischen schmalen Rücken gepflügt, welche ich mit kleinen Veränderungen durch das Nürnbergische und Oberpfälzische bis nach Regensburg hin bemerkt habe. Außer den gewöhnlichen Getraidearten bauet man in der Gegend hier und um Nürnberg viel Taback, der im Sande trefflich fortschießt; auch sieht man hie und da in kleinen Quadraten Hopfenpflanzungen und ganze Feldrücken mit der sogenannten Weberdistel [...] im Wiesenbau beobachtet man die alte Aufmerksamkeit, und, wo sie nur irgend anzubringen sind, stöhnen die Schöpfräder. Obstbau wird sehr aufmerksam getrieben, und an allen Anhöhen, in Wäldern und auf Wiesen findet man Kirschen, Pflaumen, Wallnüsse und andere Früchte."[144]

1812 berichtete Johann Georg Christian Fick über die Bodenbeschaffenheit:

> „Die ganze Gegend um Erlangen in der Ebene, mit Ausnahme weniger kleiner Striche, besteht aus reinem Sand in ziemlicher Tiefe. Nur durch Anstrengung kann dieser Boden kultiviert werden; und würklich sind mehrere Gegenden durch den Fleiß der Menschen schon sehr fruchtbar geworden. Alle Jahre verbessert sich die Vegetation um die Stadt, und in dieser steigenden Progression werden, wenn man mehrere schädliche Vorurtheile ausrottet, z.B. die schmalen Beete, in zwanzig Jahren die Pflanzen so üppig herbei wachsen, als um Nürnbergs Mauern [Knoblauchsland]. Eine Unbequemlichkeit hat dieser Sandboden im trockenen Sommer wegen des Staubes; allein dagegen können wir auch nach langen Regen, gleich beim ersten

---

143 Georg Wolfgang Augustin Fikenscher, Geschichte der Königlich Preussischen Friederich-Alexanders-Universität zu Erlangen von ihrem Ursprung bis auf gegenwärtige Zeiten, Coburg 1795 (Nachdruck limitierte Auflage Erlangen 2005), S. 21. – Jakob, Bürgergarten (wie Anm. 141), S. 66.

144 Arndt, Bruchstücke (wie Anm. 31), S. 83.

Sonnenschein, die benachbarten Gegenden trockenen Fusses durchstreichen;“[145] daher würden „die Einwohner nur selten mehr als einige Tage abgehalten werden, sich im Freien zu bewegen, und sich der schönen, herrlichen Natur, womit der Himmel diesen stillen Wohnsitz der Musen so reichlich ausgesteuert hat, zu erfreuen.“[146]

Einen ähnlichen Vorteil des Sandes bei Regen hatte schon Wiedeburg 1759 gesehen, der die Situation insgesamt etwas differenzierter beschrieb:

„Es ist übrigens zwar nicht zu leugnen, daß rings um die Stadt selbst herum, der Sand, bey heissen und trockenen Wetter, einige Beschwerlichkeit wegen dem Staube verursachet, und daß gleichsam dadurch der Eingang zu den so schönen Gegenden schwer und und sauer gemacht wird; hingegen müssen wir auch die Vortheile, die uns eben dieser Sand verschaffet nicht aus der acht lassen. Da wir nehmlich durch diesen Sand auch bey regnerischen Wetter den Zugang zu diesen Promenaden behalten indem die Strase niemals so schlüpferig und schmuzig wird als bey leimigten und schwarzen Grunde. Zudem aber dauert dieser Sand auch nirgends über vierzig biß funfzig Schritte; von da wir hernachmahlen entweder auf die schönsten Wiesen, oder durch Acker und Felder, oder aber in angenehme Waldungen kommen; wo der Boden fest, wiewohl es nahe um Erlangen herum fast nirgends schwarz und sumpfigt ist.“[147]

„dass abermal an einem vorher ungebauten und sandigten Ort […] ein solcher Garten neuerlich entstanden seye, der auch einem König nicht missfallen sollte“

Die Übernutzung und zunehmende Zurückdrängung der Wälder sowie die Verarmung der Böden rund um Erlangen herum ist nur ein Teil der Geschichte. Da die historische Stadt östlich der Regnitz auf Sand gegründet war, mussten die Zeitgenossen für eine anspruchsvollere Bepflanzung einen entsprechenden Aufwand betreiben. Das bewies sich besonders bereits 1703 bei der Anlage des Schlossgartens. Am 7. Oktober 1708 notierte der schwedische Student Nils Billingskiöld (*1688) bei einem Aufenthalt in Erlangen:

„Die Stadt ist schön und erst kürzlich von den aus Frankreich vertriebenen Hugenotten erbaut worden, die in Erlangen einen großen Handel treiben. Das Schloß ist nicht groß, aber sauber mit einem schönen großen Garten samt einer Grotte, derengleichen wir noch nicht gesehen haben [gemeint

145 Fick, Beschreibung (wie Anm. 30), S. 51 f.
146 Fick, Beschreibung (wie Anm. 30), S. 54.
147 Wiedeburg, Nachricht (wie Anm. 93), S. 35 f.

> wohl der Hugenottenbrunnen]. Die Stadt ist groß, hat ordentliche Straßen und wird täglich größer."[148]

Bereits 1714 schwärmte Johann Christoph Volkamer (1644-1720), *„dass abermal an einem vorher ungebauten und sandigten Ort nichts desto weniger wieder durch grossen Fleiss und Kosten ein solcher Garten neuerlich entstanden seye, der auch einem König nicht missfallen sollte."*[149] Er wurde also auf einem Platz angelegt, für den nicht nur gutes Erdreich aus dem sog. Erlach bei Bruck herbeigeschafft werden musste, sondern der ständig auf eine künstliche Bewässerung angewiesen war. Dafür sorgte nicht zuletzt der 1705 erbaute barocke Wasserturm.[150]

Von dem Ergebnis profitierten auch die bürgerlichen Erlangerinnen und Erlanger, denen offenbar schon zur Zeit von Markgräfin Wilhelmine (1709-1758) der Zugang gestattet war. Einer der frühesten Berichte stammt von Johann Ernst Basilius Wiedeburg aus dem Jahre 1759. Seine Bedeutung liegt darin, dass der Professor das System der barocken Blickachsen kannte und den noch weitgehend unveränderten französischen Garten beschrieb, der unter Elisabeth Sophie (1674-1748), bis 1714 in Erlangen, und Sophia von Sachsen-Weißenfels (1684-1752), 1699 bis 1726 Gemahlin von Markgraf Georg Wilhelm (1678-1726), danach bis 1734 Witwensitz in Erlangen, ausgebaut worden war.

> „Es ist ein besonders reizender und angenehmer Anblick, wenn man auf der Mitte des Marckts stehet, von dar man gerade hinaus, hinunter zum Nürnberger Thor siehet, ruckwärts die lange Strasse nach der Altstadt, und in der Mitte quer über den Marckt hinüber, [wenn dessen Tore offen standen] mitten durch das Schloß, durch die prächtigste Fontaine in den Garten, welche innerhalb eine Oeffnung hat, gegen das an dem Ende des Gartens von lebendigen Alleen und Bäumen angelegte Theater schauet. Dieser Garten hat etwas überaus prächtiges an sich, und es ist nicht allein derselbige eine Zierde von Erlangen, sondern auch eine besondere Gnade, daß es den Einwohnern dieser Stadt, und vorzüglich den Studierenden vergönnet ist, in demselbigen nach eigenem Gefallen sich zu vergnügen. Der Garten ist vor sich ungemein gros, und rings um denselbigen ist eine dreyfache mit Castanien-Bäumen und darzwischen gesetzten Pyramiden angelegte Allee befindlich. Die mittlere Allee ist so weit, daß in derselbigen füglich zwey Carossen einander ausweichen können, die zwey Alleen zu beyden Seite dieser

[148] Zit. nach Schoeps, Christian-Erlang (wie Anm. 40), S. 7.
[149] Zit. nach Ursula Frenzel, Beiträge zur Geschichte der barocken Schloß- und Gartenanlagen des Bayreuther Hofes, München 1959, S. 8.
[150] Bernd Nürmberger, Der markgräfliche Wasserturm und die Wasserversorgung des Schlossgartens in Erlangen, in: Erlanger Bausteine zur fränkischen Heimatforschung 50/2004, S. 37-96, hier S. 55, S. 63 ff. – S. S. 134.

grosen mittlern sind beständig schattigt, und die Annehmlichkeit lockt alle Abende eine Menge der Spazierenden dahin, daß es überal lebhaft ist. Hin und wieder sind grün gemahlte Bäncke in dieser Allee, wo man sich sitzend die angenehmsten Bilder von der Welt machen kann. Es ist nicht anders, als wenn man in einen perspectivischen Kasten sähe, wo der Herumträger, um destomehr Gewinnst zu machen die artigsten und auserlesensten Vorstellungen zeigt."

Offenbar meinte Wiedeburg hier eine Art Guckkästen, in denen den Betrachtern auf Jahrmärkten Darstellungen von Gebäuden, Landschaften oder Ereignissen gezeigt wurden, darunter auch das Erlanger Schloss. Wiedeburg fuhr fort:

„Oben in der Mitte des Gartens stehet das Meisterstück eines in Stein gehauenen Springbrunnens. Die Statuen, welche die Wasserkünste springen lassen, stehen in Lebensgröße an einem Felsen hinan welcher ohngefehr unten im Durchmesser funfzehen biß achtzehen Ellen ist, sich aber wohl 20 / 30 Ellen in die Höhe strecket, oben steht der Marggraf Christian Ernst, mit dem Regenten-Stabe, welcher Wasser springen läst. In gerader Linie mit dem Schloßthore welches in den Garten hinaus gehet, und der offenen Mitte dieses Wasser-Wercks folgen weiter in den Garten hinunter noch einige Springbrunnen, die das Wasser ziemlich hoch treiben; und nechst diesem steht auf einem erhabenen Postement eben dieser Durchlauchtigste Marggraf Christian Ernst [!] zu Pferde, in mehr als lebendiger Gröse. Dem grosen Springbrunnen zur lincken stehet das so niedlich angelegte Orangerie Hauß, in dessen Mitte sich ein mit vielen Grotten versehener groser Saal befindet. Aus diesem grosen Saale geht ein Eingang in einen besonderen Orangerie Garten, welcher mit einem gar angenehmen ganz schattigten Umgange versehen ist. Zur rechten desselben [des Hugenottenbrunnens] befindet sich die ehemalige Schloß-Capelle, welche, da nunmehro der Gottesdienst bey Hofe in dem Schlosse selbst verrichtet wird, wenn Ihro Hochfürstl. Durchl. hieselbst gegenwärtig sind, eben so, wie das Orangerie zu einem Seiten Gebäude des Schlosses soll angeleget werden [zur Herstellung der Symmetrie], welches dem Garten eine ungemeine Aussicht geben wird. Die an dieser Schloß-Kirche sich anfangende Allee rechter Hand des Gartens, ist eben so lebhafft, wie jene lincker Hand: nur daß hier die letzte unter der dreyfachen Allee, der Maille Bahn gewidtmet ist, welche sich viereckigt in sehr langen und geraden Alleen, um die weitläuftige und ganz bebaute Baum-Schule schlingt. Auch diese ist Frühlings, in dem Sommer Abenden, und im Herbst nie ledig, sondern die hiesigen Einwohner, sowohl Studenten als andere, machen sich die gnädigste Erlaubniß sich darinne zu vergnügen häufig zu Nutze. Dieses Spiel ist ein Spiel, welches zumal einem Studirenden, welchem die Bewegung fehlet, sehr vorträglich ist. [...] Ganz unten in gerader Linie mit gedachten Schloßthore und dem Brunnen erhebt sich nun das von lebendigen Hecken und Piramiden angelegte Theatre. Vor demselbigen ist um die Zuschauer zu setzen, ein drey Reyhen übereinander gebauter halber Mond von Rasen-Bäncken. Es ist in der That nichts angenehmeres als dieser Anblick, und nichts fürstlicheres als diese Erfindung. Es liegt oben auf einer Anhöhe, und ist perspectivisch angelegt. Wenn ich mir vorstelle wenn solches, mit Lampen bey Nachtzeit erleuchtet wäre, wenn die Musick, gegen das natürliche Echo in die Stadt schallete [!], wenn die Schauspieler da öffentlich auftreten, welches Fürstliche vergnügen, die höchsten Herschaften sich oftmals gemacht haben, so kann ich mir nichts prächtigeres und nicht einnehmenderes gedencken. Auser dem sind noch an beyden Seiten des überal regelmäsig und gleichförmig angelegten Gartens, zwey lange schmale und sehr angenehme besondre Spaziergänge, in welchen man, einsam, den wichtigsten Betrachtungen obliegen, und spazieren gehen kann [die Philosophengänge].“[151]

Nach dem Tod von Markgraf Friedrich (1711-1763) lebte dessen zweite Gemahlin, Sophie Caroline Marie von Braunschweig-Wolfenbüttel (1737-1817), als Witwe 54 Jahre bis zu ihrem Tod in Erlangen, wo sie einen kleinen Hofstaat unterhielt.[152] In ihrer Zeit begann die Umwandlung des Gartens in eine englische Anlage, die Johann Michael Füssel 1788 in der zweiten Auflage seines 1784 erschienenen Reiseberichts in Nachträgen beschrieb:

„Der gewöhnlichste und schönste Spaziergang ist der hiesige Schloßgarten. Er fängt sich unmittelbar am Schloß an, ist gegen 300 Schritte breit und zum wenigsten noch einmal so lang. Hat mir jemals ein französischer Garten gefallen, so ist es dieser. Die Symmetrie ergötzt das Aug ungemein, und offene blumenreiche Plätze wechseln mit schattenreichen Alleen und Hecken ab. Dem [hinteren] Portal des Schlosses gegen über in einem großen, ganz freyen und reinen Sandplatz steht ein großes Bassin, das einige Schuh über dem Erdreich in einem Kreis aufgemauert ist, und in der Mitte desselben eine künstliche Fontaine mit der Statue des Markgrafen Christian Ernst, der von einer Gruppe Figuren in alter französischer Tracht rund umgeben ist. [...] [Hugenottenbrunnen] Der Kommandostab, oder Hauptstrahl dieser Fontaine fällt 30 Schuh hoch [ca. 10 m]. Er giebt mit den übrigen 20 Röhren, die um ihn her springen, einen nicht unangenehmen Anblick. Diesem Bassin gegenüber rechts, an der Gränze des Sandplatzes, steht die vormalige Schloßkirche [ehemalige Konkordienkirche, heute Geologisches- und Mineralogisches Institut], ein schönes rundes Gebäude, noch ganz, nur daß ihm die inneren Verzierungen benommen sind, und eben so links die ehemalige

[151] Wiedeburg, Nachricht (wie Anm. 93), S. 20-23.

[152] Mit dem Tod der Fürstin, die ihre letzte Ruhe in der Neustädter Kirche fand, am 22. Dezember 1817, endete nach über 600 Jahren die Herrschaft der Hohenzollern in Franken; wie noch in preußischer Zeit vereinbart, erhielt die Universität den Schlossgarten und sämtliche Liegenschaften der Markgräfin.

Orangerie, die blos aus einem Erdgeschoß besteht, und einige artige Zimmerchen enthält. Hier trift man auch einen Wassersaal an, in welchem viele Vexierwasser versteckt sind. [...] Bekanntlich hat Erlang kein Quellwasser. [...] Die Fontaine wird daher durch einen Brunnen in der Thalermühle an der Rednitz in Bewegung gesetzt. Drey Stiefel [Pumpe] drucken das Wasser bey 100 Schuh [ca. 33 m] hoch in einen Thurm hinauf, wo es in zwey Behältern, davon jeder 80 Eimer [etwa 50 hl] hält, aufbehalten wird. Auf jenen Sandplatz folgt ein großer Blumengarten, der zum wenigsten 100 Schritt breit und eben so lang, wo nicht länger seyn wird. Ich hörte, daß er in ein englisches Heckenwerk verwandelt werden soll. [...] [Zusatz Füssels vom Jahr 1788: Dieser Platz ist nun wirklich in ein englisches Heckenwerk, und zwar so umgeschaffen, daß das ganze Publikum über eine so herrliche, abwechselnde schatten- und blumenreiche Verwandlung höchst vergnügt ist.] In diesem Blumengarten begegnet man allerley kleinen Statuen [Zusatz: Sie sind jetzt, bei der neuen Einrichtung, weg geschafft] Markgraf Christian Ernst [!] sitzt auch hier zu Pferd, und unter ihm bitten in Fesseln geschlagene Türken um Gnade. Der Blumengarten stößt gegen Südost an ein hohes Heckenwerk, das zwar nicht groß ist, nicht viel Abwechslungen, aber doch einige Nischen und Kuppeln hat und Schatten giebt.“

Festzuhalten ist hier, dass man bei der sehr zurückhaltenden Umwandlung in einen englischen Park lediglich die kleineren Figuren der barocken Anlage entfernte, aber keine weiteren Gebäude wie künstliche Ruinen oder einen Tempel der Freundschaft errichtete, sondern sich mit der Pflanzung von Bäumen und Blumen begnügte; auch wurden keine Teiche angelegt, Baumgruppen geschaffen oder gar der noch nicht bebaute Bereich im Osten außerhalb des bisherigen Gartens mit einbezogen; größtes Zugeständnis war die Anlage von gewundenen Wegen. Eine grundlegende Änderung des Barockgartens erfolgte nicht. Füssel fuhr also fort:

„Ganz am Ende des Gartens und dem Portal des Schlosses gegen über freuten wir uns ein natürliches Theater zu finden. Es liegt auf einer künstlichen Anhöhe; die Coulissen bestehen aus Fichtenwänden. Das Amphitheater ist ein in die Höhe steigender weicher Wasen [Bereich des heutigen Universitätskrankenhauses]. An den beyden langen Seiten des Gartens laufen Lindenalleen [bei Wiedeburg Kastanien] hin, die unbeschnitten geblieben, und so ehrwürdig und dickschattig sind, daß man bey der heissesten Mittagssonne im Dunst der Blüthen und unter dem Gesumse der Bienen im kühlen Schatten lustwandeln kann. Der Philosophengang macht auf beyden Seiten die äusserste Gränze des Gartens aus. Er ist schnurgerade und so eng, daß keine zwey Personen gemächlich neben einander gehen können. Er besteht aus zwey dichten, sehr gleich beschnittenen Fichtenwänden, die 12 bis 14 Schuh hoch seyn mögen, und sich durch die ganze Länge des Gartens ausdehnen. Wäre er oben nicht ganz offen, so würde er dunkler seyn und seinen

Namen mit mehr Recht führen. Der in tiefes Nachdenken versenkte, oder im Lesen begriffene Philosoph ist hier oft in Gefahr, in seinen Gedanken durch die Fichtenwurzeln, welche über die Oberfläche des dürren Sandbodens laufen, gestört zu werden. Links beym Schloß liegt die fürstliche Stallung, das Opernhauß und der Redutensaal."[153]

Nur wenige Jahre später, 1798, urteilte Ernst Moritz Arndt wesentlich distanzierter.

„Wer also in Erlangen das frohe ländliche Leben und seine Freuden sucht, der kann es leicht haben. Selbst mitten in der Stadt, in dem geräumigen Schloßgarten, weht einem schon ein ländlicher Geist an, obgleich sein Geschmack noch zu französisch und alles mit Verschneidungen und Schnörkeleyen überladen ist. Indessen sollte ihn doch seine Nähe, seine schattigen Alleen und kühlen Lauben fleißiger von den Erlangern besuchen machen, als es geschieht. Seine Lage ist durchaus flach und sein Grund Sand. Nur gegen die äußere Landmauer hin hat er eine ganz hübsche Erhöhung, mit einem offenen Häuschen, von wo man eine ziemliche Aussicht auf das Feld und auf die Berge hat, und den Garten selbst mit seinen Spazierenden besser übersehen kann."

An den Werken der Barockzeit fand Arndt keinen Gefallen:

„In dem mittlern größern Gange sind mehrere Springbrunnen und die Statue eines Markgrafen zu Pferde, nach dem Muster des ehernen in Berlin; doch ist sie nur schlecht und aus grobem Stein gearbeitet. Der Springbrunnen ist ein rechter Repräsentant der neueren Kunst, die nur zu oft, wenn sie recht ehrbar und handgreiflich seyn will, lächerlich und Karrikatur wird. Oben auf der Spitze der Gruppe thront der Markgraf in seiner Allongenperrücke mit mehreren mythologischen und allegorischen Personen umher, welche den unten stehenden in die offenen Mäuler und Hände Wasser gießen. Diese Untern nun stellen französische Refugies vor, (deren viele in Erlangen aufgenommen wurden und die Neustadt mit anbauten,) die in ihren altfränkischen Kleidungen und Haarputz gar fein auf einen Springbrunnen stehn."

Als Hintergrund für diese Kritik lässt Arndt seine klassische Bildung erkennen, die seit der Wiederentdeckung der Antike durch Johann Joachim Winckelmann (1717-1768), des geistigen Begründers des Klassizismus im deutschsprachigen Raum, als der allein gültige Maßstab in der Kunst galt:

„Man führe nur einen, der seinen Sinn für Schönheit an den ewigen Mustern der Griechen und Römer genährt hat, zu den Perücken, Zöpfen, Haarbeuteln und Kleidern mit langen Schössen und hängenden Aermeln, und er

[153] Füssel, Tagbuch (wie Anm. 39), S. 266-271.

> wird gewiß eben so sehr vor Aerger, als Ergötzung lachen. Die Deutung des Ganzen und besonders der aufgerissenen Mäuler, die gefüllt werden, ist sehr leicht, wenn man es wie bey den dummen Räthseln macht. Am Schlosse links und rechts am Eingange sind zwey Pavillons. Den linken [die Orangerie] bewohnt die alte Markgräfin zuweilen und hält dort Mittags- und Abendmahlzeiten.“[154]

Der bei der Umgestaltung des französischen in einen englischen Garten vollzogene Wandel des Geschmacks im Bürgertum klingt noch bei Magister Reimlein in seinen Erinnerungen 1843 an seine Studentenzeit an:

> „So grüßen wir dich denn aus vollem Herzen, Du alter lieber Bekannter mit Deinen schattigen Alleen und anmuthigen Gebüschen, den Kindern eines bessern Geschmackes, welcher schon im Jahr 1786 die alten steifgeschnittenen Bosketwände und die mühsam perükenförmig zugestutzten Bäume verdrängte, deren letzte Ueberreste, die sogenannten Philosophengänge, in welchen Alles, nur nicht transcendentale Weltweisheit, getrieben wurde, – zu unserer Zeit noch sichtbar waren, bald darauf jedoch gänzlich verschwanden. Zeig uns heute dagegen Deine herrlichen botanischen Pflanzengefilde, die Du seit zwei Jahrzehnten der Sorgfalt und der aufopfernden Thätigkeit deines Pflegevaters [Wilhelm Daniel] Koch[155], des ehrwürdigen Priesters der Natur, verdankt, und die dir einen Ruf erwarben, wie du ihn früher wohl nie zu erringen ahntest.“[156]

Maulbeerbäume zur Seidenraupenzucht

Neben der Beschaffung von guter Erde für den Schlossgarten gab es weitere Versuche zur Kultivierung des Bodens. 1752 erwarb Markgraf Friedrich (1711-1763) ein Grundstück vor dem Nürnberger Tor (späteres Betriebsgelände der Post an der Güterhallenstraße, heute Erlangen Arcaden), das er zur Haltung von Hunden für die Parforcejagd brauchte; dieses fürstliche *„Vergnügen“*, bei dem berittene Jäger mit Hilfe von Hunden zumeist einen Hirsch hetzten, stellte höchste Anforderungen an den Mut und die Reitkunst der Jäger. Für diese außerordentlich kostspielige Form der Jagd, die einen immensen Aufwand an leistungsfähigen Pferden, Hundemeuten und Personal erforderte, hatte der Markgraf 1743 – im Jahr der Universitätsgründung – trotz des Protests der Freien Reichsstadt Nürnberg einen von der

[154] Arndt, Bruchstücke (wie Anm. 31), S. 77 ff.

[155] Wilhelm Daniel Joseph Koch (1771-1849), seit 1824 Professor für Medizin und Botanik in Erlangen, Direktor des Botanischen Gartens, 1844 Ehrenbürger der Stadt, 1888 nach ihm die Kochstraße benannt (Marion Ruisinger, Art. Koch, Wilhelm, Daniel Joseph, in: Erlanger Stadtlexikon (wie Anm. 1), S. 426).

[156] M. Reimlein (Johann Georg Hertel), Unser Erlangen, Reminiscenzen eines Vierzigers, Erlangen 1843, S. 145 f.

Stubenlohe ausgehenden, etwa 10 km langen Reit- und Stellweg in den Sebalder Reichswald in Richtung Unterschöllenbach schlagen lassen.[157] Da Friedrich das Areal aber bald seinem Hofmeister Fries überließ, nutzte dieser es zur Anpflanzung von Maulbeerbäumen für die Seidenraupenzucht. Nach Austausch des Sandbodens gegen fruchtbare Erde aus dem Erlach ließ Fries dort etwa 130 Maulbeerbäume aus dem Garten des Fürsten Pückler in Burgfarrnbach einsetzen. Der Verkauf des Areals durch den Nachfolger Friedrichs, Markgraf Friedrich Christian (1708-1769, reg. 1763-1769), 1763 führte zur Aufgabe des Projekts, der Garten wurde an Joachim Christoph Heer, den Eigentümer des angrenzenden Loewenichschen Palais (Nürnberger Str. 9), verkauft, der es mit seinem Grundstück vereinigte. 1812 berichtete Johann Georg Christian Fick über das Palais, das seit 1786 dem Großkaufmann Jean Pierre Courlet gehörte, *„rechts vor dem Thore* [...] *findet man den einen Garten mit vielen Orangenbäumen und angenehmen Bogengängen. Im Sommer versammeln sich häufig des Nachmittags Personen von beiderlei Geschlecht daselbst, um ein Glas Milch oder eine Tasse Thee zu sich zu nehmen, und die Zeit mit Sprechen und Spazierengehen zuzubringen.“*[158]

Die um 1800 in Erlangen betriebene kleine Seidenbandfabrik arbeitete vielleicht mit hiesigen Seidenraupen. 1826 schenkte König Ludwig I. der Stadt 450 weiße Maulbeerbäume, die größtenteils auf dem Bohlenplatz angepflanzt wurden. Einige Bäume kamen auch in den zum ökonomischen Garten umgestalteten südlichen Teil des Schlossgartens. Die Versuche, die Seidenraupenzucht hier heimisch zu machen, scheiterten jedoch ebenso wie eine Reihe ähnlicher Projekte in Franken, dessen Klima für die Bäume unzuträglich war.[159]

Auch viele Einwohner der ja auf der Gemarkung der Altstädter Gemeinde erbauten Neustadt legten auf ihren Grundstücken innerhalb der Stadt Gärten an oder erwarben vor der Stadt zu diesem Zweck etwas Boden. 1784 berichtete Füssel: *„Gegen Abend* [Westen] *hat Erlang gleichfalls schöne Gärten auf einer Anhöhe an und längst der Stadtmauer. Sie stoßen an eine weite und sehr üppige Aue, welche von der größtentheils unbeschatteten Regnitz durchströmt wird, und eine flache, aber mit Bambergischen Kirchspielen,*

[157] Andreas Jakob, Art. Parforcejagd, in: Erlanger Stadtlexikon (wie Anm. 1), S. 542). – Abb. in: Andreas Jakob, Landkarten, Kartenbilder und Augenscheine, in: Ders./Hofmann-Randall, Stadtansichten (wie Anm. 63), S. 114-129, hier S. 124 f.
[158] Fick, Beschreibung (wie Anm. 30), S. 105.
[159] Werner Heunoske, Art. Seidenraupenzucht, in: Erlanger Stadtlexikon (wie Anm. 1), S. 634. – Raumer, Heimat (wie Anm. 96), S. 29 f. – Stein/Müller, Erlangen (wie Anm. 54), Erlangen, S. 175.

Fluren und kleinen Wäldern sehr schön abwechselnde Gegend zur Gränze hat.“[160] 1806 wuchsen in dem westlich unterhalb der Anhöhe zur Stadt gelegenen großen Garten des Palais Altenstein (heute Bahnhof bzw. Großparkplatz) Äpfel, Birnen, Pflaumen, Kirschen, Weichseln, Zwetschgen, *„Rene-Clauden“*, Aprikosen, Pfirsiche, Stachelbeeren, Johannisbeeren, Himbeeren; entlang der Stadtmauer waren Weinstöcke gepflanzt, außerdem Rosen, Aurikel, Lavendel, Thymian, Erdbeeren, Spargel, Narzissen, Tulpen, Krokus, Hyazinthen und Ranunkel.[161]

„an Sonn- und Festtagen wandert jeder, der es irgend durchsetzen kann, zu Tanz, Bier, Kirchmeß, zum frischen Wurstschmauß oder Hammelbraten zu Dorf“

Trotz der wenig einladenden Berichte über den Zustand der Wälder durch Übernutzung, Naturkatastrophen und die Sandböden in der Umgebung, und die bei der Wiederaufforstung gemachten Fehler, bot die Umgebung den Zeitgenossen eine Vielzahl von Annehmlichkeiten, die Caspar Jacob Huth 1743 und Johann Ernst Basilius Wiedeburg 1759 in ihren Berichten über die Stadt und ihre Umgebung noch nicht im Blick hatten.[162] Spätestens seit dem ausgehenden 18. Jahrhundert, im Zeitalter der Empfindsamkeit, gab es in Erlangen und dem Umland jedoch eine Reihe von Ausflugsorten, die von Einheimischen, Studenten und Touristen gerne besucht wurden. In der Stadt waren neben dem Schlossgarten und einigen Privatgärten am Burgberg vor allem das Altstädter Schießhaus mitsamt dem Kellergelände sowie der in der Nähe gelegene Welsgarten, der sogar Gäste aus Nürnberg anzog, beliebt.[163] Die meisten Ziele lagen allerdings außerhalb.

Über das Freizeitverhalten der Erlanger berichtete Johann Michael Füssel 1784:

> „Vorzüglich an heitern Feyertagen werden die Gärten und nahen Dörfer von vornehmen und niedrigen Spaziergängern belebt. Vom gemeinen Mann gilt dies besonders. Er bleibt wohl die ganze Woche zu Hauß, läßt sich es sauer werden, und sparet; aber an Feyertagen geht er allein, oder mit Weib und Kind, aufs Land und thut sich gütlich. Viele übertreiben diese Gewohnheit und verschwenden an einem Abend oft so viel, daß sie dafür ganze Wochen darben, sitzen, wirken und schwitzen müssen. Ja der liederliche Theil der Bürger lief fast sonst jeden Abend auf das nahe bambergische Dorf Alterlingen [Alterlangen], verzehrte, vertrank und verpraßte, gemeiniglich im

160 Füssel, Tagbuch (wie Anm. 39), S. 236 f.
161 Jakob, Bürgergarten (wie Anm. 141), S. 68.
162 Huth, Nachricht (wie Anm. 28). – Wiedeburg, Nachricht (wie Anm. 93).
163 Fick, Beschreibung (wie Anm. 30), S. 98-103.

schlechtesten Umgang, nicht nur seiner Hände Gewinn, sondern auch sein ganzes Vermögen. Seitdem sich aber an Sonntagen kein Erlanger daselbst mehr erblicken lassen darf, unter der ernsten Drohung, im Uebertretungsfall das erstemal mit 5, das zweyte mit 10 fl. [Gulden], das drittemal aber mit dem Zuchthauß bestraft zu werden, hört diese Art von Ausschweifung auf."[164]

Hier zeigt sich erneut das moralisierende Unverständnis der besser gestellten Bildungsbürger für die Not der unteren sozialen Schichten, die in derartigen, zweifellos seltenen Vergnügungen ein Ventil suchten. Diese Schelte der *„unteren Klassen"* gehört zu den Stereotypen vieler ähnlicher Berichte. Dahinter steht das von Füssel hier nur angedeutete Schicksal der armen Leute, insbesondere der oben beschriebenen Strumpfwirker.

Arndt notierte 1798 bei seinem Aufenthalt:

„Die Art des geselligen Lebens scheint hier übrigens, wie in Thüringen zu seyn, und an Sonn- und Festtagen wandert jeder, der es irgend durchsetzen kann, zu Tanz, Bier, Kirchmeß, zum frischen Wurstschmauß oder Hammelbraten zu Dorf, und thut sich für die sauren Wochentage gütlich."[165]

Nachdem er in Erlangen bei einem Landsmann Quartier gefunden hatte, schilderte Arndt auch seine Ausflüge, die damals augenscheinlich über das persönliche Interesse hinaus auch zum touristischen Pflichtprogramm gehörten:

„Ich besah in den ersten vier Tagen in lustigen [Vergnügen bereitenden] Spaziergängen die Gegenden um die Stadt, wohin die schöne und muntre Welt gewöhnlich wallfahrtet. Bruck, Bubenreuth [wo er zuvor schon war] noch einmal, Uttenreuth mit seinem Brunnen, Margloffstein und den schönen Kranz von Hügeln, wie er von da bis Erlangen fortläuft. Uttenreuth mit seinem Brunnen und der schöne [von dort] nordwestliche [verlaufende] Bergrücken über Erlangen sind liebliche Auszeichnungen in der weiten sandigen Ebne, der indessen Nikolai[166] mit Unrecht ein: en patria tellus! [gemeint wohl: „Sei gegrüßt! Du heimatliche Erde"] zuruft; denn nirgends in

---

[164] Füssel, Tagbuch (wie Anm. 39), S. 298 f.

[165] Arndt, Bruchstücke (wie Anm. 31), S. 79 f. – Jakob, Doppelmayr (wie Anm. 69), S. 26.

[166] Friedrich Nicolai (1733-1811), deutscher Schriftsteller, Verlagsbuchhändler, Kritiker, Verfasser satirischer Romane und Reisebeschreibungen, Regionalhistoriker, Hauptvertreter der Berliner Aufklärung, Freund Lessings, Zelters und Mendelssohns, Gegner Kants und Fichtes (https://de.wikipedia.org/wiki/Friedrich_Nicolai, Aufruf vom 22.2.2023). – Nicolai hat es seiner „Beschreibung einer Reise durch Deutschland und die Schweiz im Jahre 1781", Bd. 1 (Berlin/Stettin 1783), S. 160, über die Fahrt von Pommersfelden nach Erlangen geschrieben: „So wie man das fette Bambergische Land und den schmalen Strich des Reichs-Ritterschaftlichen Landes verläßt, und in das Fürstenthum Brandenburg tritt, findet man sandigen Weg,

der Mark sieht man solche Fruchtbarkeit. Uttenreuth liegt östlich [von Erlangen] unter Margloffstein in einer anmuthigen Ebene. Der Brunnen ist mit Tannenwald und näher mit gepflanzten Pappeln eingefaßt, und hat vor sich einen murmelnden Bach und schöne Wiesen, und weiterhin Kornfeld und Gebirg in der Ferne. Es ist eine gar freundliche Gegend, und mich wundert nicht, daß die schönen Erlangerinnen sich oft dahin ergehen, ein Schälchen Kaffee schlürfen und dann mit ihren Herzensverwandten sich ins anmuthige Gebüsch vertiefen. Von hier liegt Margloffstein nördlich. [...].“[167]

„Damals spazierte aus Erlangen alles fleißig auf diese Berge, um das Plänkeln und Scharmützeln der Vorposten zu sehen“

Jedoch war auch in Erlangen und seiner Umgebung nicht immer alles friedlich und sicher. Im 18. Jahrhundert führten verschiedene europäische Kriege feindliche Truppen wiederholt in die Nähe Erlangens, das auf wunderbare Weise stets vor Übergriffen verschont blieb. Im Siebenjährigen Krieg, in dem Preußen zusammen mit Großbritannien 1756 bis 1763 gegen eine Allianz aus der Habsburgermonarchie, dem Heiligen Römischen Reich sowie Frankreich, Russland und Spanien kämpfte, nahmen seine siegreichen Verbände in Franken Rücksicht darauf, dass die Bayreuther Markgrafen zwar Reichsstand und damit Feind waren, aber eben auch Angehörige der Familie der Hohenzollern, und damit Freund.[168] Im ersten Koalitionskrieg, den Österreich, Preußen, Großbritannien, Spanien und Piemont in den Jahren 1792 bis 1797 gegen das revolutionäre Frankreich führten, war das Fürstentum Bayreuth, und damit auch Erlangen und das 1796 von Preußen besetzte Nürnberger Knoblauchsland, seit dem am 5. April 1795 zwischen Preußen und Frankreich geschlossenen Frieden von Basel neutral.[169] Das hatte unter anderem die Folge, dass nach der französischen Revolution 1789 über 400 katholische Franzosen, darunter viele Adelige mit ihrer Dienerschaft, hier Asyl suchten und erhielten. Von August 1794 bis September 1795 weilte auch Anna Elisabeth (Lili) Schönemann (1758-1817), eine Jugendliebe Johann Wolfgang von Goethes, in Erlangen, die mit ihrer Familie aus Straßburg vor den Wirren der Revolution geflohen war; von Juni 1800 bis Mai 1801 war der 2,11 m große und ca. 200 kg schwere Herzog Friedrich II., der spätere König Friedrich I. von Württemberg (1754-1816), in Erlangen

und Wälder von dichtem Aufschusse junger Föhren oder Fichten (...) Ich glaubte in der Gegend um Berlin zu seyn. ‚Salve Patria Tellus!‘ dachte ich: ‚Land, das nicht scheinbar [d.h. unscheinbar], doch gut ist! Land, das dem Faulen kein Getreide trägt, aber durch Fleiß gedüngt, die Arbeit zwar mäßig, aber hinlänglich und im Verhältnisse des Fleißes belohnt!“

167 Arndt, Bruchstücke (wie Anm. 31), S. 70 f. – Jakob, Doppelmayr (wie Anm. 69), S. 26.

168 Jakob, Heerstraße (wie Anm. 38), S. 83 ff.

169 Jakob, Heerstraße (wie Anm. 38), 92.

zu Gast, der in seinem Gefolge auch zwei Kängurus mitführte.[170] Im Sommer 1796 kamen die starken, einander feindlichen kaiserlich-österreichischen und revolutionären französischen Truppen immer wieder bis in die unmittelbare Nähe der Stadt. Während die zum Teil in der Nähe lagernden oder in langen Kolonnen stundenlang passierenden Verbände Erlangen aufgrund von dessen Neutralität unbehelligt ließen, litt die Bevölkerung der umliegenden Orte enorm unter Durchzügen, Gefechten, Einquartierungen und Brandschatzungen.[171] Eine Erinnerung daran scheint im Bericht Ernst Moritz Arndts auf, der im Juni 1798 auch Schloss Atzelsberg besuchte. Dort sahen er und seine Begleiter von der westlichen Mauer auf die weite Regnitzebene hinab, mit Baiersdorf und der Ruine des Schlosses Scharfeneck im Vordergrund und Forchheim weiter nördlich davon. Bei dieser Gelegenheit erfuhr er auch von den turbulenten Ereignissen zwei Jahre vorher:

> „Nördlich und östlich schloß sich das Thal mit der Lehne von Bergen, zwischen denen der Weg nach Streitberg führt. Meine Gesellen zeigten mir, wie die Kaiserlichen unter [ihrem Befehlshaber, dem k.k. Generalfeldzeugmeister Wilhelm Ludwig Gustav Graf von] Wartensleben an dem nordöstlichen Berghang, und die Neufranken an dem südwestlichen bey Forchheim standen, bis endlich die Letzten die Ersten zum Rückzug nöthigten. Damals spazierte aus Erlangen alles fleißig auf diese Berge, um das Plänkeln und Scharmützeln der Vorposten zu sehen. Späterhin standen die Franzosen einige Tage diesseits des Berges, wo wir saßen, unter den Mauern von Erlangen. Ihre Armee soll ein ganz disorganisirtes und zerlumptes Ansehen gehabt haben. Zum Theil ohne Kleider und Schuh, in allerleyfarbige Lumpen und Lappen gehüllt: ohne die geringsten Gezelte, aber mit guten Waffen versehen, gingen sie mit einer Frohherzigkeit und Gewandheit in die Schlacht, wie man in einen muntern Tanz hineinspringt. Beute zu machen haben sie verstanden, und die Dukaten und Laubthaler auf die schlaueste Art herauszuklauben gewußt; selbst aus den Finsternissen der Erde und aus Baumstämmen und Mauern, denen die Angst sie anvertrauet hatte. So viel Silber haben einige geschleppt, daß sie, um leichter zu tragen, für 6 Laubthaler den Louisd'or eingewechselt haben. [...].“[172]

Während also in der unmittelbaren Umgebung gekämpft, geplündert und die Bevölkerung drangsaliert und zur Preisgabe ihrer versteckten Erspar-

---

[170] Jakob, Heerstraße (wie Anm. 38), S. 96 f. – Jakob, Glück des Friedens (wie Anm. 42), S. 289 f.

[171] Jakob, Heerstraße (wie Anm. 38), S. 92 ff. – Vgl. auch Arndt, Bruchstücke (wie Anm. 31), S. 67.

[172] Arndt, Bruchstücke (wie Anm. 31), S. 72 f. – Jakob, Doppelmayr (wie Anm. 69), S. 20.

nisse gezwungen wurde, sahen sich die durch den Frieden von Basel geschützten Erlanger Schaulustigen die Auseinandersetzung von Schloss Rathsberg, von Schloss Atzelsberg oder anderen hochgelegenen Plätzen des sicheren Rathsbergs aus an. Durch das Auftreten der Franzosen fand bei der Bevölkerung, die sie ursprünglich als Träger der Freiheitsideale der Revolution begrüßt hatte, ein deutlicher Meinungsumschwung statt.[173]

Die Zeiten wurden jedoch auch für Erlangen schlechter. Unter den zahlreichen ungebetenen Gästen, die die Straße zwischen 1796 und 1812 nach bzw. durch Erlangen führte, waren viele französische Militärs; von den 26 Divisionsgenerälen, die Kaiser Napoleon (1769-1821) später zu Marschällen von Frankreich ernannte, kamen Jean-Baptiste Jourdan (1762-1833), Charles Pierre Francois Augereau (1757-1816), Jean Baptiste Bernadotte (1763-1844, später als Karl XIV. Johann König von Schweden), Adolphe Édoard Casimir Mortier (1768-1835) und Louis-Nicolas Davout (1770-1823), sowie vermutlich auch Nicolas Jean-de-Dieu Soult (1769-1851) und Charles Nicolas Oudinot (1767-1847) durch Erlangen. Hierher kam auch Desirée Clary (1777-1860), die vor ihrer Ehe 1798 mit General Bernadotte mit Napoleon verlobt war, und im Mai 1812 auf der Durchreise der große Korse höchstpersönlich.[174] Nachdem Preußen im vierten Koalitionskrieg 1806 seine Neutralität aufgegeben und sich auf die Seite von Sachsen und Russland gestellt hatte, marschierten am 29. September und den darauf folgenden Tagen starke französische Truppen durch Erlangen, das zunächst 15.000 Pfund Brot, 240 Ochsen und 125 Pferde, und wenige Tage später noch einmal 300 Ochsen, 300 Pferde und 2.500 Zentner Mehl liefern musste.[175] 1812 fasste Johann Georg Christian Fick die Ereignisse zusammen:

> „Und von diesem Tage an bis zum Frieden von Tilsit, am 9. Juni 1807, in welchem unser Land der Disposition Sr. Maj. des Kaisers von Frankreich überlassen wurde, erfuhren wir der Dinge gar manche. Allein auch nach diesem Frieden blieben wir von Frankreich militärisch besetzt, und sahen einen großen Theil der französischen Armee von Norden nach Süden, im Frühjahr 1809, durch unsere Stadt marschiren, darinnen sich erfrischen, kantonniren [Quartier nehmen] und übernachten.“[176]

---

[173] Jakob, Heerstraße (wie Anm. 38), S. 72. – Gerhard Rechter/Andreas Jakob, Der Übergang der Fürstentümer Brandenburg-Ansbach und Brandenburg-Bayreuth an das Königreich Bayern, in: Diefenbacher/Rechter (Hg.), Vom Adler zum Löwen (wie Anm. 42), S. 261-279, hier S. 273.

[174] Jakob, Heerstraße (wie Anm. 38), S. 73 f. – Jakob, Glück des Friedens (wie Anm. 42), S. 292 ff.

[175] Jakob, Glück des Friedens (wie Anm. 42), S. 285.

[176] Fick, Beschreibung (wie Anm. 30), S. 49.

Im fünften Koalitionskrieg, den Großbritannien und Österreich 1813 gegen Frankreich führten, zogen immer wieder französische, italienische, neapolitanische, spanische, russische, österreichische und preußische Truppen durch die Stadt, in der insgesamt 39.797 Mann, dazu noch 2.888 Kranke, Gefangene usw. einquartiert wurden. Nach dem am 30. März 1814 geschlossenen Frieden von Paris passierte die Hälfte des kaiserlich-russischen 3. Armee-Korps auf dem Weg nach Hause Erlangen mit ca. 17.500 Mann und 7.250 Pferden.[177] Insgesamt betrug der Anteil der Stadt Erlangen, der für die dem Fürstentum Bayreuth auferlegten Kontributionen zu zahlen war, 22.197 Gulden 33 Kreuzer.[178]

„Hinter dem Dorfe auf der nördlichen Anhöhe ist eine der schönsten Aussichten in Erlangens Nähe“

Bemerkenswert erscheint bei Füssel, Arndt, Fick und anderen die überwiegend nach Osten bzw. Nordosten orientierte geographische Ausrichtung ihrer Wanderungen. Das aber war kein Zufall. Die bedürfnislosen, mit den kleinen Freuden und Genüssen des Lebens zufriedenen Zeitgenossen liebten ausgiebige Spaziergänge aus der Stadt heraus, weite Ausblicke über die Landschaft und romantische Stimmungen, und erfreuten sich sogar an der am Abend untergehenden Sonne. Schlösser und Kirchen, also die herausgehobene Architektur, waren in der Regel nicht an sich, sondern nur als Teil der umgebenden Natur von Interesse. Das zeigt sich bei einer der ersten Beschreibungen des Rathsbergs, die Johann Michael Füssel bei dessen Aufenthalt 1784 zu verdanken ist:

> „Heute machen wir einen langen Spaziergang in die nördliche Erlanger Gegend. Da es immer bergauf und bergein gieng, so wurden wir zwar sehr müde; allein herrliche Aussichten, welche wir auf zwey Bergen hatten, ergötzten uns auch zum Entzücken, und auf dem Rückweg lernten wir etwas neues und noch andere Beweise der Betriebsamkeit, welche in Erlangen herrscht, kennen. Der Rathsberg [gemeint zunächst der Burgberg] ist sehr jäh. Ist man aber die erste steile Anhöhe neben und über schönen Gärten hinauf, so wird der Weg zwischen hohen Laubhecken immer sanfter. Endlich kommt man unter dem Schatten vieler Obst- und großer Nußbäume an den sehr jähen Abgrund eines grossen und tiefen Sandsteinbruches, der so lang unerschöpflich zu seyn scheint, bis dieser Berg ganz abgegraben seyn wird. Noch etwas höher über ihn hinauf, dann hat man eine ergötzende malerische Aussicht in die ganze weite Gegend, in welcher Erlang liegt. Gegen Mittag überblickt man diese regelmässige Stadt so ganz, daß man deutlich

177 Jakob, Glück des Friedens (wie Anm. 42), S. 285.
178 Jakob, Glück des Friedens (wie Anm. 42), S. 294.

unterscheiden kann, wie sich ihre schnurgeraden Gassen durchkreuzen. Rechts überschaut man die grosse Aue mit der Rednitz, über derselben einige Bambergische Dörfer und Wälder, mehr gegen Mittag die Kirchspiele Hochstadt [Höchstadt a.d. Aisch], Frauenaurach und Bruck, weit hinter Bruck das finstere anspachische Schloß Kadolzburg, und gerade hinter Erlang die Nürnberger Festung, auf der linken Strecke des Rathsberges aber Marloffstein mit einem glänzenden Schloß und Thurm, und südostlich in der Ebene die Dörfer und Marktflecken Uttenreuth, Bockenhof [Buckenhof], Eschenau und Neunkirchen. Auf dieser Seite schließt sich der Prospekt allein mit hohen Bergen und Wäldern. Ist man die andere Seite des Rathsberges hinab, so muß man sich aufs neue anstrengen, um einen zweyten noch höhern Berg, den Atzelsberg, hinaufzusteigen, der langweilig ist, aber doch mit seinem Nadelholz und einzelnen Fichten bisweilen Schatten giebt. Auf der ebenen Spitze desselben kommt man neben Feldern durch eine lange Allee von guten Birn- und Aepfelbäumen in das von Buirettische Dorf gleichen Namens [Atzelsberg], das sehr obstreich ist. Seine schlechten Hütten verdienen eben so wenig bemerkt zu werden, als das herrschaftliche Schloß mit seinen kleinen Fenstern, verwitterten, runden Scheiben, und seiner übrigen baufälligen Beschaffenheit.“[179]

Der im Ort wohnhafte protestantische Eremit, den Füssel und seine Begleiter besuchen wollten, war nicht zugegen, doch *„die romantischen Abwechslungen der westlichen belaubten Anhöhe, an deren Rand Azelsberg liegt, und eine unvergleichliche Aussicht, die man beym Schloß in den Wisent- und Rednitzgrund von Baiersdorf bis Streitberg und Bamberg hat, hielten uns wieder schadlos.“*[180]

1792 schwärmte Rebmann in bewusster Übertreibung:

„Eine halbe Stunde von hier [Bubenreuth] liegt aber ein ziemlich beträchtlicher Hügel, Radsberg, von welchen aus man eine paradiesische Aussicht genießt. Ein sehr romantisches Thal an der Mitternachtseite des Berges, gewährt Partien, wie man sie gerne manchem kostbaren Park wünschen möchte.“[181]

Ernst Moritz Arndt beurteilte 1798 Schloss Atzelsberg ebenfalls zurückhaltend, den Ausblick hingegen positiv:

„Dies freundliche Gütchen, oben auf dem schönsten Theil des Berges, ward uns schon lieb durch die wunderschöne Promenade dahin, die wechselnd die schönsten Aussichten zeigte; noch mehr entzückte es uns durch seine eigne Lage; denn sein Aeußeres entspricht nicht der schönen Natur umher.

---

179 Füssel, Tagbuch (wie Anm. 39), S. 261-263.
180 Füssel, Tagbuch (wie Anm. 39), S. 264.
181 Rebmann, Briefe (wie Anm. 76), S. 20.

> Wir setzten uns, mit Kern[182] und Kirschen versehen, auf die westliche Mauer, und sahen weit in die reizende westliche Ebene hinab, die im Schimmer des Abends vor uns lag. Baiersdorf im Vorgrunde mit den Trümmern von Scharfeneck, weiter hinten Forchheim mit den Bergen im Hintergrunde, hie und da schimmerte die Rednitz blau durch die braunen und grünen Gefilde.“[183]

Füssel, Rebmann und Arndt wurden in ihrer Begeisterung noch übertroffen durch den ehrlichen Johann Georg Christian Fick, der 1812 schwärmte:

> „Gleich hinter dem obenerwähnten Burgberge oder Altstädter Berge, erhebt sich ein anderer größerer Berg, der Rathsberg genennt, auf dem das Dörflein, Rathsberg, mit einem von Buirettischen Schlosse liegt. Auf dem südlichen Bergrücken sieht man herab über Erlangen den Rednitzgrund hinauf nach Fürth, links Nürnberg mit seinen Thürmen und seiner Feste; gegen Süden begränzen endlich die Gebürge bei Weissenburg [Luftlinie 63,32 km[184]] und der Hesselberg [Luftlinie ca. 67,92 km] den Horizont. Allein noch überraschender ist die Aussicht hinter dem Schlosse gegen Norden den Rednitzgrund hinunter gegen Bamberg, und das Wiesentthal hinauf bis nach Streitberg. Hier an einem heitern Sommerabend diese Landschaft überblickend, von ungefähr 30.000 Menschen bewohnt, bricht man in die unwillkührlichen Worte aus: ‚O wie schön ist Gottes Erde!‘“[185]

Eine große Rolle spielten für die Zeitgenossen auch Gärten und die Möglichkeit, überall bequem in einer Gastwirtschaft einkehren zu können. All das war im Überfluss im Nordosten der Stadt zu finden. Am deutlichsten kommt diese Tendenz in der *„Historisch-topographisch-statistische*[n] *Beschreibung von Erlangen und dessen Gegend mit Anweisungen und Regeln für Studierende“* zum Ausdruck, die Johann Georg Christian Fick in Erlangen im Jahre 1812 vorlegte. Hier erhielten das Schwabachtal, vor allem aber der Rathsberg sowie die nordöstlich davon gelegene Gegend den Vorzug.

Im Westen und Süden von Erlangen dagegen bot die Landschaft anscheinend wenig. Dort nennt Fick zunächst in *„dem großen Dorf Bruck“* die *„beiden Billiarde, im Schwan und Herz, und mehrere andere Wirthshäuser“* sowie die Johanniskirchweih. Jenseits der Rednitz waren am Rande einer Anhöhe das Schlösschen Schallershof mit seinem Garten und das dortige Wirtshaus

---

182 Vermutlich Buttermilch; s. Grimms Wörterbuch (wie Anm. 127), Bd. 11, Sp. 596.

183 Arndt, Bruchstücke (wie Anm. 31), S. 72.

184 Von der Reinheit der damaligen Atmosphäre zeugen auch Berichte, wonach man in Erlangen 1744 im Österreichischen Erbfolgekrieg (1741-1748) bei der Beschießung der in Luftlinie etwa 30 Kilometer entfernten baierischen Festung Rothenberg durch die Österreicher den Kanonendonner hörte (Jakob, Heerstraße (wie Anm. 38), S. 81).

185 Fick, Beschreibung (wie Anm. 30), S. 106.

ein Ziel. Schließlich lag *„eine Viertelstunde südwestlich“* davon Frauenaurach, *„ehemals ein Nonnenkloster, bis jetzt der Sitz des Rentamtes Erlangen“*, das wieder einen optischen Genuss bot: *„Hinter dem Dorfe auf der nördlichen Anhöhe ist eine der schönsten Aussichten in Erlangens Nähe.“* Als weitere Ziele, die innerhalb von drei Stunden *„auf einem Sandwege durch mehrere Orte“* zu erreichen waren, galten *„Stattlingen“* (Stadeln) und die *„Christjudenstadt Fürth.“*[186] Ganz allgemein bot sich Fick zufolge von Westen und Südosten die beste Ansicht auf Erlangen, *„denn man hat die Länge der Stadt vor sich, und hinter ihr die Berge, wodurch man getäuscht wird, zu glauben, jener ganze Strich von ihr bis an diese sey mit Häusern der Stadt besetzt. In dem Garten des mittlern Wirthshauses zu Alterlang, auf den Anhöhen bei Büchenbach, in der Mitte des Weges nach Bruck etwas rechts, und hinter dem* [nördlich der Stadt gelegenen] *altstädter Schießhause auf dem Burgberge, sind die schönsten Standpunkte.“*[187]

Natürlich waren schöne Aussichten und Wirtshäuser, von denen es in Erlangen genug gab, nicht der hauptsächliche Grund für die Ausflüge, sondern für die Musensöhne auch der Wunsch, der akademischen Gerichtsbarkeit zu entfliehen. 1843 berichtete Friedrich Mayer:

> „Als Vergnügungsorte galten den damaligen Studenten schon die umliegenden Dörfer und Ortschaften, worunter Buckenhof, Sieglitzhof, Uttenreuth, Marloffstein, Atzelsberg, Adlitz, Rathsberg, Bubenreuth, Möhrendorf, Baiersdorf, Bruck, Schallershof, Frauenaurach und die ferneren Städte Nürnberg, Fürth, Forchheim, Bamberg, wohin die Studenten in der Regel mit zwei oder vier Postpferden fuhren, ihr Geld zu ‚verjubeln‘ und so auf einige Zeit der ‚kleinstädtischen Steifheit‘, die ausser dem Hofleben in Erlangen herrschte, zu entgehen.“[188]

Die Zeitgenossen waren zumeist zu Fuß unterwegs, wenn sie sich kein Pferd oder ein anderes Beförderungsmittel leisten konnten. 1843 hieß es in dem Stadtführer:

> „Fahr-Gelegenheiten gewähren die zahlreichen Zweispänner, Einspänner und Droschken [...]. Ueberdieß gehen tägliche einige Omnibus von hier nach Nürnberg, so wie Nürnberger heraus, und einer nach Fürth. Auch der

[186] Fick, Beschreibung (wie Anm. 30), S. 128 f. – Jakob, Doppelmayr (wie Anm. 69), S. 28.
[187] Fick, Beschreibung (wie Anm. 30), S. 62. – Jakob, Doppelmayr (wie Anm. 69), S. 28.
[188] Anonym (Friedrich Mayer), Züge und Zustände aus dem Erlanger Studentenleben, Nürnberg/Erlangen 1843, S. 44.

zum Theil bereits eröffnete Ludwigskanal kann nach Nürnberg oder Bamberg benutzt werden. Bald wird die an der Stadt vorbeiführende Eisenbahn noch schnellere und bequeme Beförderung erlauben."[189]

Über diese konnte er 1845 in der zweiten Auflage ergänzen:

„Seit dem October vorigen Jahres ist die genannte Bahn dem öffentlichen Betriebe und der Benützung des Publikums übergeben worden. Wo Erlangens Besucher vor 2 Jahren noch unvollendete Erddämme und rohe Steinmassen erblickten, steht jetzt der zwar niedrige (einstöckige), doch zierliche Bahnhof vollendet da und kann an Festtagen und bei besonderen Gelegenheiten kaum die Schaaren der Fahrenwollenden fassen. Fast scheint man diesen Zudrang nicht genug berücksichtigt zu haben."

Die Strecke nach Forchheim – Luftlinie 13,85 (Fahrstrecke: 19,34) Kilometer – legte die *„Rauchchaise"* damals in 20 bis 25 Minuten zurück; der Anschluss Erlangens an die Eisenbahn hatte die Einrichtung von Omnibus-Linien nach Neustadt an der Aisch, Gräfenberg und Uehlfeld zur Folge.[190]

„Zum Ort unserer Versammlung ist Schallershof gewählt"

Im 19. Jahrhundert war das einige Kilometer südwestlich gelegene Schallershof ein beliebtes Ziel für Ausflüge von Erlanger Bürgern. 1812 berichtete Fick:

„Ein dabei stehendes Wirthshaus erfrischet den Spaziergänger, und jährlich füllt, wenigstens zweimal, die ordentliche Kirchweih und die Fischkirchweih das ganze Haus mit Gästen."[191]

1817 rief der nachmals durch den am 23. März 1819 in Mannheim verübten Mord an dem russischen Staatsrat und Dichter August von Kotzebue (1761-1819) berühmte Theologiestudent Karl Ludwig Sand (1795-1820) die Erlanger Studenten zu einem Treffen bei Schallershof auf, um hier den Gedenktag der Schlacht von Waterloo am 18. Juni 1815 zu feiern. In dem pathetisch-schwärmerischen Aufruf des später radikalisierten Verfechters patriotisch-deutschnationaler Ideale und demokratischer Ideen, dem damals sechzehn Studenten Folge leisteten, heisst es:

„Zum Ort unserer Versammlung ist Schallershof gewählt, wo wir bis 6 Uhr sämtlich erscheinen wollen, mit unseren Turnkleidern versehen ... Der bei

[189] Erlangen in der Westentasche (wie Anm. 37), S. 13 f.
[190] Erlangen in der Westentasche (wie Anm. 37), S. 81 ff.
[191] Andreas Jakob, Schallershof oder Monplaisir, in: Erlanger Bausteine zur fränkischen Heimatforschung 35 (1987) 59-89, hier S. 79 f. – Ders., Art. Schallershof, in: Erlanger Stadtlexikon (wie Anm. 1), S. 606.

> Schallershof liegende Wald wird uns freundlich in seinen Schatten aufnehmen, wo wir um hellflammendes Feuer uns legen und einen dem Feste angemessenen Gesang anstimmen werden. ...“

Vielleicht auf diese Ereignisse bezieht sich der sonst rätselhafte Ausspruch des durch die 1829 veröffentlichte *„Buckeliade. Epischer Schwank für Erlanger Zeitgenossen aus den Jahren 1820 bis 1823“* und *„Unser Erlangen. Reminiscenzen eines Vierzigers“* 1843 bekannten *„Magister Reimlein“* (Johann Georg Hertel (1801-1872))[192]:

> „Schallershof, ehedem das Ziel der Exkursionen feuriger Jünglinge, jetzt eine wohlthätig kühlende Wasserheilanstalt.“[193]

Auch studentische Mensuren wurden bei Schallershof ausgetragen. Am 26. März 1827 kam der Ansbacher Franz Wilhelm Nittinger hier bei einem Stoßduell ums Leben.[194]

Kaltwasserheilanstalt Schallershof

Neben seiner günstigen Lage, seinen blühenden Exporthandwerken und dem Status als Residenzstadt profitierte Erlangen vor allem von der Existenz der Universität. Zum einen waren es die Hochschullehrer und die Studenten, die über ihre Erlebnisse berichteten und die Stadt und ihre Umgebung beschrieben, und sie bis in ihre Heimatorte oder eben für die heutige Zeit bekannt machten. Zum anderen erkannten die Wissenschaftler die sich hier bietenden Chancen, die sie mit Energie und Tatkraft nutzten. So errichtete der Erlanger Advokat Dr. Philipp Schnürer, seit 1837 Eigentümer von Schallershof, zusammen mit dem Erlanger Universitätsprofessor Dr. Gottfried Fleischmann (1777-1850) hier 1839 eine dann *„von der Regierung sehr empfohlene Kaltwasserheilanstalt.“* Bereits seit dem 18. Jahrhundert kannte man in der Umgebung von Erlangen eine ganze Reihe von Heilquellen oder Heilbrunnen, oder was man dafür hielt, so etwa eine Quelle auf der Erlanger Thaler-Mühle, in Bruck den *„Kurbrunnen“* in Hofe der Förster-Mühle, in Kosbach den Gesundbrunnen, dessen *„Wasser häufig gebraucht und gegen Bamberg zu versandt wurde“*, eine Quelle im Irrhain des Pegnesischen Blumenordens bei Kraftshof, *„deren Wasser von den Landleuten als*

---

[192] Steven Zahlaus, Art. Hertel, Johann Georg, in: Erlanger Stadtlexikon (wie Anm. 1), S. 361 f.

[193] Reimlein, Reminiscenzen (wie Anm. 155), S. 9.

[194] Jakob, Schallershof (wie Anm. 190), S. 80. – Mayer, Züge (wie Anm. 187), S. 108.

stärkendes Augenmittel angewendet wurde", das Buckenhofer Sauerbrünnlein und eben auch in Schallershof eine Quelle.[195] Möglicherweise auf Grund einer Aufforderung des bayerischen Innenministeriums von 1838, der Senat der Friedrich-Alexander-Universität möge *„die Einführung von Vorlesungen über die Wasserheilkunde"* prüfen, erlebte dieses Fach Ende der 30er Jahre des 19. Jahrhunderts einen neuen Aufschwung.

So erfreute sich die Anstalt in Schallershof anfänglich eines guten Zuspruchs. Den im Intelligenz-Blatt der Stadt Erlangen von 1839 veröffentlichten Besucherlisten zufolge kamen in den Monaten März bis Juli die Badegäste vor allem aus Erlangen und Umgebung, aber auch aus Kronach, Hohenburg bei Tölz, Augsburg, München und Rheineck in der Schweiz. Vermutlich Anfang der 1840er Jahre wurde das zweigeschossige *„Kurhaus"* (Schallershofer Straße 150) mit großem Aufwand massiv steinern errichtet. Es *„hatte 18 Zimmer und die nötigen Badekabinette. Der heutige Gasthof (Schallershofer Straße 148) hatte 12 Zimmer und einen großen Speisesaal. Die übrigen im Weiler stehenden Häuser waren ebenfalls mit Kurgästen belegt."* Diese Jahre waren die große Zeit der Badeanstalt. Von der Beliebtheit der *„Hydropathie"* kündeten 1843 die in Erlangen herausgegebene *„allgemeine Gesundheitszeitung nebst der Turn- und Wasserkur-Zeitung"* sowie der *„Wasserfreund, oder allgemeine Zeitschrift zur Förderung der Wasserheilkunde und Gesundheitspflege."* 1850 findet sich Schallershof auch im *„Handbuch der Gesundbrunnen, Mineral- und Mineralschlammbäder sowie Molkenkuranstalten d. Königreichs Bayern"* aufgeführt. In jenem Jahr war unter der Leitung des Erlanger praktischen Arztes Dr. Kastner eine Molkenkur und Badeanstalt angegliedert worden.

> „Die Molke wurde unter ärztlicher Aufsicht aus Ziegenmilch bereitet. Zur Kurbehandlung gehörten außerdem kalte und warme Bäder."[196]

Neben der Heilanstalt dürfte vor allem die Schallershofer Gastwirtschaft die Besucher angezogen haben. 1839 kündigte der Wirt J. C. Scharff im Intelligenzblatt (von Pferden gezogene) Omnibusse an, die an Sonntagen Besucher um halb 2 Uhr und halb 3 Uhr vom Brucker Tor in Erlangen abholten und diese um 7 und 8 Uhr abends wieder zurückbrachten. Im selben Blatt erinnerte er die vergessliche Kundschaft daran, die stehengelassenen Regenschirme abzuholen. Am 29. Dezember dieses Jahres fand auch ein Ball in Schallershof statt. Seinen Höhepunkt scheint der Betrieb um 1846

[195] Hans Gießberger, Zur Geschichte des Buckenhofer Sauerbrünnleins, in: Erlanger Heimatblätter 37/1919. – Stein/Müller, Erlangen (wie Anm. 54), S. 181 ff.
[196] Jakob, Schallershof (wie Anm. 190), S. 79.

erreicht zu haben. In diesem Jahr inserierte der *„Gast- und Badwirth“* Pflaum wiederholt im Intelligenzblatt. So etwa am 23. Juli wie folgt:

„(Wirtschafts-Empfehlung zu Schallershof.) Der Unterzeichnete, welcher seit dem 15. d. M. die Wirtschaft zu Schallershof als Pächter übernommen hat, beehrt sich, solches zur öffentlichen Kenntniß zu bringen und wird stets bemüht sein, durch Speisen und Getränke jeder Art, so wie durch die beste Bedienung den Wünschen seiner Gäste zuvorzukommen. Zur Erhöhung des ländlichen Vergnügens, habe ich auch Sorge getragen, daß am nächsten und jeden folgenden Freitag die in der neuesten Zeit durch ihre Leistungen so rühmlich bekannt gewordene Musik des Kgl. Landwehr-Bataillons Erlangen bei mir spielt und ladet daher an diesem und jedem andern Tag die Hochverehrtesten Bewohner der Umgegend und Nachbarstädte zu recht zahlreichen Besuchen ergebenst ein.“

Der unternehmende Wirt bemühte sich, sein Publikum mit immer neuen Attraktionen nach Schallershof zu ziehen. Beispielsweise gab es am Donnerstag, den 30. Juli eine *„beef-steaks-Parthie mit neuen Kartoffeln oder Sardellenbutter.“*[197]

Einen guten Eindruck von den gebotenen *„ländlichen“* Lustbarkeiten vermittelt die Anzeige für das *„Kirchweihfest zu Schallershof bei Erlangen“* vom 24. September 1846:

„Unterzeichneter macht die ergebenste Anzeige, daß Sonntag den 27. d. Mts. das Kirchweihfest beginnt … und durch mehrere ländliche Vergnügungen erhöht wird, und zwar auf folgende Weise: Die Tanzunterhaltung ist von der Musik des Regiments Erbgroßherzog von Hessen unter persönlicher Leitung des Musikmeisters Herrn Dorsch; ferner findet Decorirung des Hauses und Platzes, Beleuchtung, Baumklettern und Carusselfahren statt, sowie auch Sorge getragen ist, daß vor dem Brucker Thor Stellwagen und Chaisen zum Hinausfahren à Person 6 kr. bereit stehen. Da alles aufgeboten werden wird, die geehrten Gäste mit guten Speisen und Getränken zu bedienen, so sieht Unterzeichneter einem recht zahlreichen Besuche entgegen und ladet daher die hochverehrten Bewohner der Umgebung und Nachbarstädte ergebenst ein. J. Pflaum, Gastwirth.“[198]

Die Blütezeit der Kaltwasserheilanstalt war nur von kurzer Dauer. Mit seinen hohen Investitionen hatte sich Schnürer wohl übernommen, vor allem auch, weil der Besuch des Bades bis Ende der 50er Jahre zunehmend zurückgegangen zu sein scheint. Ein Grund dafür könnte der hohe Nitratgehalt des Wassers gewesen sein, der sich zumindest heute im tiefreichenden

---

[197] Jakob, Schallershof (wie Anm. 190), S. 80.
[198] Jakob, Schallershof (wie Anm. 190), S. 80.

Brunnen des Hofes nachweisen lässt. Vielleicht spielte auch der Tod Professor Fleischmanns im Jahr 1850 eine Rolle. Ein Versuch, 1957 die Tradition dieser Schallershofer Feste wieder aufleben zu lassen, fiel dem schlechten Wetter zum Opfer.[199]

„weil er geglaubt hat, daß diß eine der schönsten Gegenden sey, die er jemals angetroffen“

Die Romantiker waren nicht die ersten, denen die landschaftliche Schönheit Erlangens und seiner Umgebung auffielen. Bereits am 5. Februar 1711 hatte Markgräfin Elisabeth Sophie das südwestlich der Stadt in der Nähe von Bruck gelegene Frauenauracher, also markgräfliche, Landgut Schal lershof erworben, um hier einen Garten anzulegen und ein Lustschloss zu errichten. Von einem der Feste, die damals in Schallershof gefeiert wurden – die Markgräfin hatte es sicherlich nicht zufällig *„Mon plaisir“* genannt – berichtete Justizrat Friedrich Christian Rudel (1744-1814) um 1792 in seiner Stadtchronik:

> „Anno 1711, den 31. Julii sollte zu Monplaisir, sonst Schallershof, eine Bauern-Hochzeit vorgestellt werden, die Herrschaft speißte unter einer großen Hütte von Tannen-Wedeln gemacht, aller hand ordinaire Speisen; es hatten sich sehr viele Crämer dahin begeben; nach Tisch wollte die Herrschaft herumgehen, und bey den Crämern einkaufen; ein entstandener großer Plaz Regen, verdarb aber alle vorhabende Lustbarkeit.“ [200]

Solche oder ähnliche Feste, bei denen vom markgräflichen Hof eine Bauernhochzeit oder sogenannte *„Wirtschaft“* dargestellt wurde, erfreuten sich damals beim Hochadel großer Beliebtheit. Die fürstlichen Gastgeber pflegten sich als Schankwirte, Bauern, Jäger oder Hirten zu verkleiden und ihre ähnlich kostümierten Gäste zu bewirten. Hierin drückt sich eine Sehnsucht nach einem einfachen und glücklichen Landleben aus, die jedoch noch nichts mit dem heutigen Naturverständnis zu tun hat und auch nicht mit einem *„von Rousseau geweckten Natursinn“* erklärt werden kann, schon alleine, weil dieser große Naturphilosoph seine Gedanken über einen glücklichen naturhaften Urzustand der Menschheit erst um die Mitte des 18. Jahrhunderts veröffentlichte.

---

[199] Jakob, Schallershof (wie Anm. 190), S. 79 f. – Ders., Art. Schallershof, in: Erlanger Stadtlexikon (wie Anm. 1), S. 606.
[200] Jakob, Schallershof (wie Anm. 190), S. 63.

> „Wirkliche Befriedigung fand diese Sehnsucht nicht in dem nicht minder sorgenreichen Leben des adeligen oder gar bäuerlichen Landmanns, sondern in der Schein- und Traumwelt des arkadischen Hirtentums.“[201]

Das nur in einem Kupferstich von Paul Decker (1677-1713) überlieferte Projekt eines prächtigen Lustschlosses kam nicht zustande, jedoch zählte das Gut später noch zu den Ausflugszielen der Erlanger.[202] 1743 berichtete der Theologieprofessor Caspar Jacob Huth in seiner *„Nachricht von der Einweihung und dem gegenwärtigen Zustand der Friedrichs Universität ERLANGEN, in einem Schreiben an einen auswärtigen Freund“*:

> „Ich kann Ihnen in Wahrheit berichten, daß der Spanische Abgesandte, Graf von Montijo, sich eben deswegen ganzer acht Tage bey uns aufgehalten, weil er geglaubt hat, daß diß eine der schönsten Gegenden sey, die er jemals angetroffen. Wir wohnen unter dem freundlichsten Himmel. Die Luft ist sehr rein, und von aufsteigenden Dünsten wissen wir fast gar nichts. Was Sie von der Natur erwarten können, finden Sie hier beynahe zusammen. Fluß, Wiese, Landschaft, Gärten, Stadt, Wald, Schloß und eine auf hunderterley Art abwechslende Ferne gibt in einer angenehmen Ebene solch einen Prospect, daß Sie sich nicht satt sehen können.“[203]

Tatsächlich lässt sich die Anwesenheit des höflichen Diplomaten[204] in Erlangen nachweisen. Für das Jahr 1741 vermeldet die Münzer'sche Chronik:

> „Den 3. Juni ist der spanische Abgesandte hier durch, der Graf Munttischu.“[205]

Ob und wie lange er tatsächlich hier verweilte, die Notiz klingt eher nach einer Durchreise, ist aber nicht bekannt. 1812 gehörte das Schlösschen mitsamt Garten dem k. baierischen Oberst von Masson, der früher in russischen Diensten General-Adjutant des Fürsten Potemkin war.[206]

---

[201] Jakob, Schallershof (wie Anm. 190), S. 63 f.

[202] Vgl. S. 111, S. 113 ff.

[203] Jakob, Schallershof (wie Anm. 190), S. 63 – Huth, Nachricht (wie Anm. 28), S. 5. – Raumer, Heimat (wie Anm. 96), S. 32.

[204] 1741 war Don Christophoro Portocarrero, Graf von Montijo, außerordentlicher spanischer Gesandter in Deutschland. Samuel Buchholtz/Johann Friedrich Heynatz berichten in ihrer Neuesten Brandenburgischen Geschichte, Bd. 2, Berlin 1775, auf S. 53: „Nicht weniger fand sich der päbstliche Nuntius, Doria, sehr zeitig ein, und der Spanische Graf Montijo war am 23. März auch schon zu Frankfurt. Diese beiden fanden jedoch nichts zu thun, und konnten also zu ihrem Vergnügen fleißige Reisen in Deutschland anstellen“ (Jakob, Doppelmayr (wie Anm. 69), S. 30).

[205] StadtAE, 24.B.5, fol. 1, veröffentlicht in Erlanger Heimatblätter 1937, Nr. 12.

[206] Fick, Beschreibung (wie Anm. 30), S. 128.

„Dazu immer die herrliche Umgebung, auf 2 Seiten hohe, bis dicht an die Stadt heranreichende Berge, […] auf 3 Seiten dichter Wald, dazwischen die blühenden, anmuthigen Thäler der Schwabach und Regnitz“

Wenngleich der moderne global ausgerichtete Tourist oder der nicht minder weltmännisch eingestellte eingeborene Kritiker der Erlanger Beschaulichkeit dergleichen Darstellungen sofort als lokalpatriotische Übertreibung erkennen möchte, ist dennoch nicht von der Hand zu weisen, dass man auch hier im 18. bis weit in das 19. Jahrhundert anders dachte und sah, als es heute möglich erscheint. Ein schönes Zeugnis dafür ist der Bericht, mit dem Johann Michael Füssel 1784 seinen Besuch in Erlangen beendete:

> „Den heutigen Abend vertrieben wir uns in Gesellschaft einiger Herren Professoren – in einem Garten auf der Abendseite der Stadtmauer. Das größte Vergnügen machte mir die Beobachtung der untergehenden Sonne. So allmählich, so prächtig und mild sah ich sie noch nie untergehen, als hier. […] Der Garten liegt hoch, und vor ihm eine weite Ebene mit einer langen Bergstrecke zur rechten Seite. Vor und unter uns gab die sinkende Sonne der üppigen Aue einen neuen glänzenden Schmelz. Bald warf sie uns ihr Bild milder und doch noch blendend aus der Rednitz zurück. Nun stieg sie hinter einem hochstämmigen Wäldchen nieder, dessen Stämme im Feuer zu stehen schienen; ihm zur Seite wurde das Bambergische Dorf Biedenbach [Büchenbach] mit seinem Thurm lichter, gegenüber rötheten sich die Stadt und die Höhen, und von diesen und den Stämmen gieng das Roth, so wie die Sonne immer tiefer, größer, goldner, traulicher und zitternd sich senkte und endlich gar verschwand, zu den Spitzen der Bäume und dem Himmel über. Nun erst kleidete sich die Aue in dunkleres Grün, und wir zogen uns wieder in unsern Gasthof zurück.“[207]

Der Naturphilosoph und Naturmystiker Gotthold Heinrich (von) Schubert (1780-1860, in Erlangen 1818-25), der schon Reisen in den Orient unternommen hatte, fühlte *„sich durch die Erlanger Umgebung* […] *an das südliche Bergland von Palästina erinnert und meinte, daß die Täler und höhlenreichen Berge von Muggendorf und Gößweinstein ihresgleichen nur in der Gegend von Hebron und Bethlehem hätten.“*[208]

Der (schwer lungenkranke) schwedische Student Per Ulrik Kernell (1797-1824) schrieb am 12. November 1823 in einem Brief nach Hause:

> „Denkt euch eine kleine Stadt, etwa so groß wie Linköping, aber viel schöner und ordentlicher, mit breiten gepflasterten stets reinen Straßen, sowie

[207] Füssel, Tagbuch (wie Anm. 39), S. 319-321.
[208] Schoeps, Christian-Erlang (wie Anm. 40), S. 68.

> weiße Zweistockhäuser mit grünen Jalousien oder Läden vor den Fenstern. Denkt euch dazu die allergrößte Sauberkeit, Ordentlichkeit und Nettigkeit mit einem Wort, eine anmutige deutsche Kleinstadt: so ist Erlangen. Diese Stadt liegt umgeben von Gärten und Wiesen an der Vereinigung zweier Flüsse. Auf der einen Seite eine große Ebene, überall bebaut mit Hecken und Gärten, weit verstreut weiß schimmernde Dörfer, die kleinen Städten gleichen. Auf der anderen Seite eine hohe Kuppel oder Bergrücken mit Gärten, Landhäusern, Luststellen, Pavillons, die den Stadtbewohnern gehören. Durch welches Stadttor ich auch herauswandere, sofort komme ich in eine wunderbare Landschaft – entweder in einen Eichen-, Buchen- oder Fichtenwald, zwischen Alleen von Fruchtbäumen, Pappeln oder Akazien oder zwischen Hecken aus Hagedorn und Rosenbüschen, die auf dem Bergrücken angelegt sind, von denen ich nach allen Seiten hin weitgestreckte und schöne Aussichten habe. [...] Dazu ist die Luft fast immer ganz klar, das Wetter schön und erfrischend, aber nicht kalt. Es ist das Klima ungewöhnlich mild in dieser Gegend, eins der besten und gesündesten in Deutschland.“[209]

Die ausgeprägte Naturschwärmerei äußerte sich schließlich noch bei einem Erlanger Studenten, der 1856 unter einer Erlanger Stadtansicht im Briefkopf die Landschaft beschrieb:

> „Dazu immer die herrliche Umgebung, auf 2 Seiten hohe, bis dicht an die Stadt heranreichende Berge, [...] auf 3 Seiten dichter Wald, dazwischen die blühenden, anmuthigen Thäler der Schwabach und Regnitz, die sich hier vereinigen. [...].“[210]

Die ländliche Idylle außerhalb der Stadt und bei einigen mit großen parkartigen Anlagen oder sogar Feldern dargestellten innerstädtischen Sehenswürdigkeiten stand auch bei den 16 Vorzeigemotiven des *„Erinnerungsblatt(es) an Erlangen und dessen Umgebungen“* im Vordergrund, das 1843 erschien und im Intelligenzblatt Nr. 102 am 19. Dezember 1844 den Lesern als Weihnachtsgeschenk empfohlen wurde: Erlangen von der Nordseite, Schlossplatz, Altstädter Kirche, Eisenbahntunnel, Kanalmonument, Neustädter Kirche, Rathsberg, Marloffstein, Schießhaus, Bubenreuth, Krankenhaus, Wels, Atzelsberg, Irrenhaus, Anatomie und Adlitz. Auch hier scheint noch die bereits von Arndt beschriebene Ausrichtung der Ausflugsziele nach Osten auf.[211]

---

[209] Zit. nach Schoeps, Christian-Erlang (wie Anm. 40), S. 60 f. – Zu Kernell s. Bertold von Haller/Gertraud Lehmann, Art. Kernell, Per Ulrik, in: Erlanger Stadtlexikon (wie Anm. 1), S. 413.

[210] StadtAE, 25.B.2606.

[211] Jakob, Doppelmayr (wie Anm. 69), S. 30.

Dass dergleichen Erlebnisse auch heute noch möglich sind, lässt sich für alle, die Augen zum Sehen oder das erwähnte *„Erlan-Gen“* haben, immer noch an den von Johann Michael Füssel (1753-1824), Johann Georg Christian Fick (1763-1821), Ernst Moritz Arndt (1769-1860) und anderen Dichtern und Künstlern besuchten Orten feststellen, die nicht durch Zersiedelung und Überbauung zerstört wurden. Gerade auf dem Kamm des Höhenzuges von Rathsberg, Atzelsberg, Adlitz und Marloffstein oder in der Fränkischen Schweiz bieten sich immer noch schöne Spazier- und Wanderwege und fast derselbe Blick wie vor über 200 Jahren. Dann zeigt sich, dass mancher Mensch des 21. Jahrhunderts doch ein Geistesverwandter der heute belächelten Romantiker ist.[212]

Fluss: „Die Regnitz, ein ziemlich launischer Fluß, der oft mehrmals im Jahr das Tal überschwemmt [...]“

Im Bereich der historischen Altstadt Erlangen waren schon immer drei Flüsse bzw. Bäche von Bedeutung. Die von Süden nach Norden fließende Regnitz sowie die Schwabach und der Röthelheim, die in diese münden. Wer heute auf die Regnitz blickt, hat bei normalem Wasserstand zunächst Schwierigkeiten, die Fließrichtung des trägen gelbbraunen Wassers zu bestimmen. Durch die Eingriffe in ihren Verlauf im 19. Jahrhundert verlor sie viel von ihrer früheren Gefährlichkeit, wenngleich die großen jährlichen Hochwasser immer noch eine Bebauung des etwa einen Kilometer breiten Talgrundes verhindern. Gefährdet waren vor allem die direkt am Fluss gelegenen Mühlen. Als die Regnitz im Februar 1747 versuchte, sich oberhalb der am Fuße des Burgbergs gelegenen Werker, dem Erlanger Mühlenviertel, ein neues Bett von etwa 140 Schuh Länge und 24 – 30 Schuh Tiefe (ca. 47 x 8 – 10 m) zu bahnen, konnte sie nur mit größter Mühe in den alten Lauf zurückgeführt werden.[213] 1784 schrieb Füssel:

> „Die Rednitz ist da, wo sie diese Fabriken treibt, am breitesten und wildesten. Sie strömt mit starkem Brausen über ein langes Weer hinab. Hier bildet sie auch verschiedene Inseln, die am Rand bewachsen sind, innen aber theils Wiesen, theils Obstbäume tragen, und einen angenehmen Anblick gewähren.“[214]

---

[212] Jakob, Doppelmayr (wie Anm. 69), S. 108-126.

[213] Stein/Müller, Erlangen (wie Anm. 54), S. 137. – Raumer, Heimat (wie Anm. 96), S. 22. – Jakob, Landschaft (wie Anm. 97), S. 56.

[214] Füssel, Tagbuch (wie Anm. 39), S. 265 f.

1812 führte sie laut Fick *„bei Erlangen im mittlern Wasserstand 720 Cubikfuß Wasser in einer Sekunde ab“*, das waren 17,89848 m³ oder etwa 18.000 Liter.[215] Den durch Schneeschmelze verursachten winterlichen Überschwemmungen konnte Fick 1812 auch positive Seiten abgewinnen:

> „daher bleibt auch der Schnee nie lange liegen und verursacht wegen des öftern Aufthauens große Ueberschwemmungen der Rednitz-Wiesen, welche die darauf folgende Kälte mit einem Eisspiegel überzieht, der dann den Einwohnern und Studirenden ein angenehmes Feld zu der nützlichen gymnastischen Uebung des Schlittschuhfahrens ohne Gefahr darbietet.“[216]

Für den Bau des dann am 9. Juni 1890 eröffneten Schlachthofes nordwestlich des Martinsbühls wurde das Areal vorher mit Quarzsand etwa 3 m hoch aufgefüllt. Noch 1904 berichtete Sigmund von Raumer über die ursprünglichen Verhältnisse:

> „Die Regnitz, ein ziemlich launischer Fluß, der oft mehrmals im Jahr das Tal überschwemmt, hat von jeher ebensogroße Neigung gezeigt, Inseln zu bilden, wie vorhandene Wöhrde zu verschlingen, und hat wohl auch verschiedentlich ihren Lauf geändert. Die lange Reihe von Weihern und Seen am westlichen Talrand sind des noch Zeugen“[217]

Heute fließt die Regnitz zwischen Bruck und dem Burgberg über vier Wehre.

Ähnlich trügerisch ist für die meiste Zeit des Jahres die Einschätzung der Schwabach, die im Sommer so wenig Wasser führt, dass einem boshaften geflügelten Wort zufolge die Fische dann auf der Rückenflosse einen Sonnenbrand bekommen. 1784 vermerkte Johann Michael Füssel (1753-1824) in seinem im Druck weit verbreiteten Reisebericht:

> „Die Gegend umher ist schön und abwechselnd. Gegen Norden stößt die Stadt an ein geringes Thal, durch welches das Flüßchen Schwabach fällt, das zwar seicht und klein ist, aber bey anhaltendem Regen so hoch anschwillt, daß es den Fußgängern alle Passage hemmt [...].“[218]

1845 meldete der Verfasser des Führers *„Erlangen in der Westentasche“*:

> „Die Lage Erlangens setzt deren westliche an den Flußufern der Regnitz niedrig gelegene Umgebung regelmäßigen Ueberschwemmungen aus, die auch in diesem Jahr nicht fehlten, als Land und Flüße sich der ungeheuren

---

215 Fick, Beschreibung (wie Anm. 30), S. 51. – 1875 hatte ein Kubikfuß in Bayern 0,024859 m³ (https://de.wikipedia.org/wiki/Kubikfu%C3%9F, Aufruf vom 27.4.2023).

216 Fick, Beschreibung (wie Anm. 30), S. 55.

217 Raumer, Heimat (wie Anm. 96), S. 22.

218 Füssel, Tagbuch (wie Anm. 39), S. 235 f.

sie bedeckenden Schnee- und Eismassen entledigten. Aber unerwarteter als diese, obgleich auch schon ungewöhnlich gestiegenen Fluthen kam am 30. u. 31. Mai eine Ueberschwemmung, wie kaum der ältesten Bewohner Einer sie sich erinnern konnte. Nach 24stündigen anhaltenden Regengüssen, welche mehrere Straßen der Stadt selbst zu Flüssen machten, brachte die von Osten her gegen die Regnitz fließende Schwabach eine solche ungeheure Wassermasse, das sie die Höhe der von 1784 um 8-10 Zoll noch überstieg. Die Wogen verbreiteten sich in neuen Bahnen und Betten verwüstend über die Fluren – die Flußufer wurden zerrissen, mehrere Häuser der Vorstadt Essenbach waren mit dem Einsturze bedroht, die schönen Gärten und Felder in der Nähe des Flusses unter dem Wasser begraben. Am andern Tage brachte auch die Regnitz ihre austretenden Fluthen und sie wie einige, im Sommer sonst ganz unscheinbare Bächlein der Umgegend, bedeckten aufs Neue die schönen Wiesengründe mit ihrem heillosen Sande. Der Schaden an weggerissenen Brücken, verheerten Straßen, Feldern und Wiesen ist sehr beträchtlich."[219]

Stein/Müller ergänzten:

„Auch die Rednitz war bedeutend angeschwollen, die meisten in derselben befindlichen Schöpfräder wurden weggerissen. Selbst der Kanal und die Eisenbahn erlitten infolge dieses Regens viele Beschädigungen".[220] 1849 beschädigte ein „in der Nacht vom 14. auf den 15. Januar [...] mit Schnelligkeit hereingebrochenes Hochwasser mit Eisstoß [...] den Schwabachsteg und die Rednitzbrücke so erheblich, daß der Verkehr über die letztere eingestellt werden mußte".[221]

Noch 1906 heißt es in dem Verwaltungsbericht der Universitätsstadt Erlangen:

„Für die Wasserhältnisse [sic!] des Schwabachgebietes ist charakteristisch, dass das Hochwasser verhältnismässig rasch auftritt, aber auch eben so rasch verschwindet. Eine gründliche Verbesserung der Verhältnisse kann nur durch eine Regulierung der Schwabach von der Schleifmühle bis zu ihrer Einmündung in die Regnitz herbeigeführt werden. [...]."[222]

Die Hochwasser waren an keine Jahreszeit gebunden:

„Vom 1. auf den 2. August [1851] regnete es so stark, daß die Brücke über die Schwabach bei Buckenhof von dieser weggerissen wurde; in Folge dieses Regens entstand in der Stadt dieselbe Wassersnot wie 1828. Vom Rödelheim

219 Erlangen in der Westentasche (wie Anm. 37), S. 80 f.
220 Stein/Müller, Erlangen (wie Anm. 54), S. 205.
221 Stein/Müller, Erlangen (wie Anm. 54), S. 211.
222 Verwaltungsbericht der Universitätsstadt Erlangen für das Jahr 1906, Erlangen 1908, S. 129.

> aus kam das Wasser so stark die Nürnbergerstraße herein, daß in derselben der Verkehr gestört war und verließ die Stadt beim Brucker Thore wieder; von den Stubenlohfeldern her drang das Wasser in die Friedrichsstraße, floß durch die Karlsstraßen herab über den Holzmarkt [Hugenottenplatz] und beim Bahnhof hinab auf die Wiesen. Um das Wasser aus den Kellern in der Friedrichsstraße zu entfernen, an dem bei eintretendem Frost ein kleiner Rückgang zu bemerken war, wurden alle dortigen Hausbesitzer ersucht, am 21. November von Morgens 7 Uhr an und wo möglich den ganzen Tag hindurch die Keller auszuschöpfen; möglich ist wohl, daß man einen Tag lang diese Mühe aufgewendet hat, vergeblich war die Arbeit sicherlich, denn in den Kellern der Friedrichs- und Nürnbergerstraße stand Mitte Juni 1852 noch Wasser. Die Felder im Stubenloh konnten wegen der dortigen Überschwemmung im Herbst 1851 nicht verpachtet werden“.[223] „Infolge eines mehrtägigen strömenden Regens entstand am 10. und 11. August 1870 Hochwasser, vor welchem die aus früheren Zeiten her bekannten Überschwemmungen in den Hintergrund traten. Die Schwabach schwoll zu einer seit Menschengedenken nicht erreichten Höhe (angezeigt am Hause Bergstraße 2) an […]“.[224]

Auch damals blieben derartige Unwetter nicht auf die Region beschränkt.

> „Am Abend des ersten Januar 1883 trat infolge vorherigen andauernden Regens ein sehr bedeutendes Hochwasser ein, welches sich durch äußerst rasches Steigen der Schwabach bis zur Höhe des Hochwassers von 1870 durch vielfache Beschädigungen der Grundstücke und Uferbrüche und in den folgenden Tagen in ähnlicher Weise im Rednitzflusse geltend machte. Da auch anderwärts, namentlich am Rheine und in der Pfalz, durch bedeutende Überschwemmungen große Zerstörungen verursacht wurden, so bildete sich hier ein Notstandsverein, welcher durch Sammlungen von Haus zu Haus in wenigen Tagen 5911 Gulden und 26 Kisten fast lauter neue Kleidungsstücke und Wäsche aufbrachte; letztere und der Betrag von 4000 Mark wurden in die Pfalz, der Rest an die Regierung von Mittelfranken zur Verteilung abgesandt“.[225]

Größere Überschwemmungen sind auch aus den Jahren 1890 und 1896 überliefert.[226] Beim Hochwasser von Juli 1941 stand das Wasser in Essenbach meterhoch, das Haus Bayreuther Str. 11 stürzte zum Teil ein. Auch 1970 reichte das Wasser bis weit in die Bergstraße.[227]

---

[223] Stein/Müller, Erlangen (wie Anm. 54), S. 213.
[224] Stein/Müller, Erlangen (wie Anm. 54), S. 237 f.
[225] Stein/Müller, Erlangen (wie Anm. 54), S. 251 f.
[226] Stein/Müller, Erlangen (wie Anm. 54), S. 251 f., S. 274
[227] Haller, Naturereignisse (wie Anm. 138).

Die Hochwasser der Erlanger Fluss- und Bachläufe waren über Generationen Realität; während die Regnitz sich im weiten Talgrund ausbreiten konnten, war die Schwabach für die angrenzende Bebauung potentiell gefährlich. Nicht zuletzt in Hinblick auf die in den vergangenen Jahren sich in ganz Deutschland häufenden Hochwasserkatastrophen gibt es derzeit wieder jedoch für den Erhalt der alten Kulturlandschaft bedrohliche Überlegungen der Behörden, die Gefahr von Überschwemmungen – angeblich – ein für alle Mal zu bannen. Denn, wie das Wasserwirtschaftsamt Nürnberg 2018 mitteilte, hat sich durch *„die Ermittlung der Überschwemmungsgebiete für HQ100* [...] *gezeigt, dass die bereits vorhandenen Schutzeinrichtungen nicht ausreichen, um einem 100-jährigen Hochwasser* [!] *die Überflutung größerer Siedlungsbereiche durch die Schwabach zu verhindern. Das betrifft besonders den Bereich zwischen Bahnlinie und Essenbacher Brücke;“* dabei war das Bett der Schwabach *„unter der Kanalbrücke“* im Zusammenhang mit dem Bau des Kanals bereits 1839 neu hergestellt und das alte zugeschüttet worden.[228] Angedacht wurde dafür sogar die Verfüllung des fälschlich als *„Altarm“* bzw. *„Mühlbach“* deklarierten nördlichen Arms der Schwabach, an dem die bereits 1348 erwähnte älteste Mühle Erlangens stand, die Essenbacher Mühle.[229] Geplant ist also der Schutz vor einer rechnerisch einmal im Jahrhundert zu erwartenden extremen Situation, die aber umso wahrscheinlicher wird, je weniger man darauf verzichtet, potentiell gefährdete Flächen weiter zu bebauen, anstatt sie notfalls von dort stehenden Gebäuden zu befreien. Auch hier ist die Planung ein Ausfluss heutiger Ängste. Auf der anderen Seite zeigen die oben genannten Beispiele, dass es Hochwasser schon früher gab, diese sich also wohl kaum endgültig verhindern lassen.

Durch seine plötzlich auftretenden Überschwemmungen war sogar der heute durch Überbauung aus der öffentlichen Wahrnehmung fast verschwundene kleine Röthelheim gefährlich,[230] der von Osten kommend, sich in zwei Arme aufteilte, die in die Regnitz flossen. So vermeldete die Münzer'sche Chronik für das Jahr 1770: *„den 18. Juli war großes Wasser, der Rötelham ist ausgetretten, hat durch seinen Lauf die Felder verdorben – und bei dem armen Hauß* [Palais Egloffstein, Friedrichstr. 17] *ein großes Loch*

[228] https://www.wwa-n.bayern.de/hochwasser/hochwasserschutzprojekte/index.htm, Aufruf vom 14.3.2023. – Stein/Müller, Erlangen (wie Anm. 54), S. 198.
[229] Klaus-Dieter Schreiter, Fischbestände sind „ungenügend“, in: EN 23.2.2023. – Dieter Köchel, Kniffliger Hochwasserschutz, in: EN 23.3.2023.
[230] Johann Paul Reinhard, Chronik der Stadt Erlang, Maschinenschriftliche Abschrift des Manuskripts (um 1778), StadtAE, NZ 95601 R 369, S. 23f.

gemacht.“[231] Am 2. August 1955 standen Am Röthelheim und in der Memel-, Brüxer-, Hartmann- und Gebbertstraße weite Teile unter Wasser.[232]

Überschwemmungen verursachten nicht nur die Flüsse. 1829 füllten sich *„in Folge des nassen Winters* [...] *alle Keller in der Friedrichs- und* [Oberen- und Unteren] *Carlstraße, so wie in der Nürnberger Vorstadt mit Wasser, und von der Stubenlohewaldung lief das Wasser in einem starken Graben bis an die Stadt, von wo es in die Schwabach geleitet werden musste. Auch ist um die ehemalige Waldgränze ein tiefer Graben gezogen worden, demohngeachtet aber verlief sich das Wasser nicht vor Ende Mai.*“[233] Der hohe Grundwasserstand in der Stubenlohe führte auch bei heftigen Regenfällen 1816, 1828 und 1851 zur Überflutung der südlichen Neustadt; das Wasser floss zum Buckenhofer- und Nürnberger Tor herein und beim Brucker Tor wieder hinaus.[234]

Fischfang

Von Bedeutung waren die Flüsse seit jeher als natürliche Nahrungsquelle. Da Fisch nicht zuletzt als Fastenspeise schon im Mittelalter sehr begehrt war, bildete der Fischfang einen wichtigen Erwerbszweig und die Gewässer waren genau aufgeteilt. Zum Gemeindevermögen der Altstadt Erlangen gehörte 1528 neben mehreren Wöhrden das *„gemeyn Fischwasser, die Schwabach genannt"*, von der Einmündung in die Regnitz aufwärts bis nach Buckenhof. In den heute noch vorhandenen *„Adern“* (Adergraben), die oberhalb der Regnitzbrücke aus dem Fluss nach Westen abzweigen und unterhalb wieder dorthinein münden, hatten 1529 der Bamberger Dompropst und verschiedene Erlanger Bürger Fischrechte. Die entsprechenden Rechte in der Regnitz besaßen um 1775 vom Erlach bei Bruck bis zur Regnitzbrücke die Thalermühle, von dort bis zur Schwabacheinmündung der Stadtfischer, und danach bis zum Sackgraben bzw. zum Oberndorfer *„Gemeinfischwasser“* der Altstädter Rat, der es verpachtete. Erstaunlich war die Artenvielfalt. Damals gab es bei Erlangen – wie z.T. heute noch – Aale, Äschen, Barben, Eltes (Elritzen, auch Erling genannt), Forellen, Grundeln, Karpfen, Orfen, Pürschlinge (Barsche), Schleien und Weißfische sowie Krebse. Die im Urbar von 1528 enthaltene Fischordnung sah vor, dass die in den Gemeindewässern gefangenen Fische erst in der Stadt zu einem von

---

231 StadtAE, 24.B.5.
232 StadtAE, VI.F.b.494 ff.
233 Ferdinand Lammers (Bearb.), Statistik und Jahrbücher der Stadt Erlangen von 1818-1838, Erlangen 1839, S. 81. – Vgl. dazu Stein/Müller, Erlangen (wie Anm. 54), S. 177 fast identisch über ein Hochwasser 1828.
234 Haller, Naturereignisse (wie Anm. 138).

Bürgermeister und Rat der Altstadt festgelegten Preis angeboten werden mussten, bevor sie nach Nürnberg oder andernorts ausgeführt werden durften. Das 1707 von Stadtfischer Hans Jakob Knapp in der nördlichen Vorstadt erbaute Stadtfischer-Haus (Bayreuther Str. 22) kennzeichnet das Relief eines Fisches im Türsturz. In der nahe gelegenen Schwabach standen hölzerne Kästen mit den zum Verkauf bereitgehaltenen Fischen. 1765 ging das Anwesen an die Familie Rudel über, deren Mitglieder seit Beginn des 18. Jahrhundert in Erlangen als Fischer tätig waren und das Haus noch um 1860 besaßen. Nach dieser Familie, die auch das Schloss belieferten, weswegen einige Mitglieder den Titel *„Hoffischer"* führten, sind die Rudelsweiher auf dem Burgberg benannt.[235]

Wöhrde und Badeanstalten

Zu den Gemeindenutzungen der Altstadt Erlangen gehörten seit alters mehrere, meist als Wöhr(d)e bezeichnete Inseln und Halbinseln in der Regnitz, die – z.T. gemeinsam mit den Alterlangern oder Bubenreuthern – als Viehweiden, im 18. Jahrhundert auch gern als Kattunbleiche genutzt wurden. 1429 überließ Markgraf Friedrich I. (um 1371-1440) dem Erlanger Vogt Franz Pfinzing sein großes Wöhr sowie das *„Kalwerdlein"* und erlaubte ihm, die beiden Inseln zu roden, in Wiesen umzuwandeln und ggf. Wasserschöpfräder zu errichten.

> „Um das Jahr 1500 lagen die Äcker und die in Flussnähe durch Wasserschöpfräder bewässerten Wiesen der Altstädter Bauern und Ackerbürger vor allem auf den Wöhrden in Regnitz und Schwabach, ferner im Erlach, im Bereich des Talfelds zwischen Regnitz und Schwabach, in der Wöhrstaude im Schwabachtal und südlich bis zum heutigen Hugenottenplatz."[236]

1528 gab es innerhalb der Erlanger Gemarkung vier im Laufe der Zeit mit einer verwirrenden Fülle von Namen benannte große Inseln in der Regnitz, und zwar (von Süden) das Sandwöhr, das 1501 nach dem *„Arlesbaum"*, einer Art Erle, Arlaßwöhr und später nach dem 1683 ertrunkenen Fischer Hans Philipp Schneider als Philippen Hans-Wöhr benannte Rednitz Ängerlein. Unterhalb der Regnitzbrücke lag das dem Homann-Plan zufolge noch 1721 aus mehreren kleineren Inseln bestehende Kreuzwöhr (das um 1927 nach dem Besitzer der Badeanstalt *„Keltscheninsel"* hieß) beim Egelanger, und schließlich das Kahl- oder – bereits 1410 sog. – Wüstenwöhr (unterhalb des Burgbergs nördlich der Werker), das vermutlich mit dem um 1790 bereits

[235] Reinhard, Chronik (wie Anm. 229), S. 20. – Andreas Jakob, Art. Stadtfischer, in: Erlanger Stadtlexikon (wie Anm. 1), S. 655.
[236] Tichy, Grundlagen (wie Anm. 74), S. 55.

trockenen Fußes erreichbaren Kuhwöhr identisch ist. Wohl noch zum Sandwöhr gehörte das Herings- oder Herdingswöhr. Heute gibt es zwischen Eltersdorf und den Werkern unterhalb des Burgbergs insgesamt fünf größere Inseln, die teils dicht bewachsen sind, teils durch Vereine und Freizeiteinrichtungen genutzt werden.

In der Schwabach liegt im Stadtbereich das große Mühlwöhr; auf der südlich angrenzenden Wöhrstaude (Wöhrstraße) befand sich im 18. Jahrhunderts die Bürgerbleiche.[237]

Als in der zweiten Hälfte des 18. Jahrhunderts von England aus das Baden in Flüssen und Seen in Mode kam, wurden die ersten deutschen Flussbadeanstalten 1774 in Frankfurt/Main und 1777 im Rhein bei Mannheim angelegt. Erlangen folgte nicht viel später. 1797 berichtete die *„National-Zeitung der Teutschen“* vom 7. September auf S. 774 f. ausführlich über einen dramatischen, aber glücklich geendeten Badeunfall in der Schwabach.

> „Erlangen. Am 17. Aug. sank beym Baden in dem Schwobachflusse in der Gegend, wo derselbe in die Rednitz fließt, oberhalb der hiesigen Papiermühle, ein 8jähriger Knabe einer armen Schutzverwandtin Namens Cronesterin, mit einemmal unter, und wurde sogleich von dem Schwobachflusse in den Rednizfluß durch das Wasser getrieben. Wahrscheinlich hat an dem Ort das letzte große Wasser den Sand ausgespielet, wodurch Tiefungen entstanden, die das Untersinken des Knabens veranlaßten. Als der Knabe gerade auf den Rechen der Papiermühle zu getrieben wurde: sprang der Papiermachers-Gesell Leonhard Pest, aus Besenburgheim in Bayern [heute Pessenburgheim in Schwaben, Lkr. Donau-Ries], in den Rednizfluß, bis an den Hals, fing den Jungen auf, und zog ihn aus dem Wasser. Der Knabe gab nicht das geringste Lebenszeichen von sich: Schaum und Blut floß ihm aus Nase und Mund, und im Gesicht war er über und über blau. Die Anwesenden legten ihn in die Sonne, und fingen an, den Körper mit Tüchern, und die Fußsohlen mit Bürsten zu reiben. Nach Verlauf ½ Viertel-Stunde gab er wieder Zeichen des Lebens von sich, und durch anhaltendes Reiben wurde er wieder zum Leben zurückgebracht. Der Müller Schröppel nahm ihn sodann mit in seine Mühle, wartete, pflegte und labte ihn, und Abends ging der Knabe mit seiner Mutter, die am nämlichen Tage auf der Wiese des Müllers geheuet hatte, und unterwegs beym Nachhausgehen den Unfall ihres Sohnes erfahren mußte, wieder nach Haus. Der Knabe ist munter und gesund. Welche Freude mag die Mutter beym Anblick ihres wiederlebenden Sohnes empfunden haben! Und wie belohnend muß das Bewußtseyn des

[237] Andreas Jakob, Art. Wöhr(d)e, in: Erlanger Stadtlexikon (wie Anm. 1), S. 754. – Nürmberger, Erlangen um 1530 (wie Anm. 13), S. 290 f. mit Abb. 23.

Papiermachergesellen seyn, diesem Kinde das Leben gerettet zu haben! Dieser wird auch die in den fränk. Fürstenthümern festgesetzte Belohnung für die Rettung eines im Wasser oder sonst verunglückten Menschen, die 10 rthlr. Beträgt, von der Landesherrschaft empfangen, da die Mutter des Knabens unvermögend ist solche zu bezahlen."[238]

Über die hiesige Situation gab Johann Michael Füssel bereits 1784 eine Beschreibung, die weitere Rückschlüsse auf die Gefährlichkeit der hier noch Rednitz geschriebenen Regnitz vor ihrer Regulierung im 19. Jahrhundert zulässt:

„In der Rednitz, besonders in der Gegend des Neustädter Kirchhofs, pflegen sich die Studenten fleißig zu baden. Gewiß eine nützliche, und wenn sie, mit der Fertigkeit zu schwimmen verbunden, in einem reinen Fluß getrieben werden kann, zugleich ergötzende Gewohnheit. Allein die Rednitz ist nicht nur ein reißender, sondern auch ein höchst unsicherer Strom. Sein Bett besteht eben so wohl aus Flugsand, als ein großer Theil seiner Ufer. Die Fluthen reißen den leichten Sand mit sich fort, und setzen häufige Sandbänke an, indem sie an andern Orten das Bett vertiefen. Der rasche Jüngling ahndet [ahnt] keine Gefahr, wagt sich freudig in den Ort, den er wohl zu kennen glaubt, und kommt in eine Untiefe [Nicht-tiefe, also seichte Stelle], oder versinket und verwickelt sich in dem untreuen Sand. So haben schon manche hoffnungsvolle Musensöhne in der Rednitz ihren frühen Tod gefunden. Ein öffentliches Badehauß an der Rednitz besonders in der Gegend der Thalermühle, wo der Strom am sichersten zu seyn scheint, würde jeder Gefahr am besten vorbeugen."[239]

1812 erklärte Fick:

„Besonders ist das Baden dem Jünglinge in mehr als einer Rücksicht sehr zu empfehlen. Unser schöner naher Fluß bietet die beßte Gelegenheit dar, des Sommers das beßte Bad im allgemeinen, das Bad in einem fließenden Wasser, zu gebrauchen. Auch war es von jeher in Erlangen unter allen Volksklassen, besonders aber unter Studirenden, sehr üblich, jedoch aber immer mit Gefahr verbunden; weil das Bette des Flusses aus leichtem Sande bestehet, und daher durch einen kleinen Wasserstoß da heute ein gefährliches Loch seyn kann, wo gestern noch eine Untiefe war. Es vergiengen deswegen auch wenige Jahre, wo nicht ein Mensch bei dieser körperlichen Stärkung verunglückte."[240]

---

238 „Die National-Zeitung der Deutschen war eine von 1796 bis 1829 in Gotha erscheinende Wochenzeitung. Mit ihren Vorgängern und Nachfolgern erstreckt sich der Erscheinungszeitraum über fast 70 Jahre von 1782 bis 1850." (https://de.wikipedia.org/wiki/National-Zeitung_der_Deutschen, Aufruf vom 11.10.2023)

239 Füssel, Tagbuch (wie Anm. 39), S. 318 f.

240 Fick, Beschreibung (wie Anm. 30), S. 143.

Bereits 1797 richtete die Friedrich-Alexander-Universität auf dem Egelanger einen umzäunten, durch Holzpfähle und eiserne Ketten gesicherten Badeplatz als *„Sicherheitsanstalt für Badende“* ein, nachdem wieder Studenten, die damals fast durchwegs nicht schwimmen konnten, beim Baden in den Flüssen Regnitz und Schwabach ertrunken waren. 1804 wurde eine Badehütte gebaut und ein Hallore[241] aus Halle eingestellt, der Aufsicht üben und Schwimmunterricht erteilen sollte; allerdings quittierte dieser schon nach einigen Jahren den Dienst. Als der Burschenschafter stud. theol Georg Friedrich Dittmar (1795-1817), er gilt als bester Freund Karl Ludwig Sands, am 21. Juni 1817 beim Baden in der Regnitz verunglückte, veranstalteten die Studenten ihm zu Ehren einen Zug, der *„vom Trauerhause in der Dreikönig-gasse durch die Hauptstraße nach dem Neustädter Kirchhofe* [ging] *beim Scheine vieler Fackeln, welche von Gymnasiasten getragen wurden“.*[242] Nach dem Tod zweier Schüler 1833 in der Schwabach wurde der Schwimmunterricht Pflicht. Als 1840 der Versuch gescheitert war, eine Flussbadeanstalt durch Aktien zu finanzieren, erbaute *„demungeachtet* [...] *Zimmermeister Diptmar ein Flußbadehaus mit drei Zimmern, welches unterhalb der Thalermühle auf einem Floß in die Rednitz gesetzt worden ist – jedenfalls war damit der Anfang gemacht zum Bad auf der heutigen Schmidtschen Insel. Ein Gastwirt erkaufte das fertige Bad um 250 Gulden und eröffnete es am 25. Juli gegen 6 Kreuzer Eintritt. Diese Badeanstalt wurde im folgenden Jahre auf ärztlichen Rat links vom Welsbrücklein (Schwabachsteg) in der an frischem Quellwasser reichen und für Badende auch viel ruhigeren Schwabach aufgebaut“.*[243]

1869 gab es auf den Egelangerinseln eine öffentliche Flussbadeanstalt sowie Badeplätze der Universität, des Gymnasiums Fridericianum, der Gewerbeschule und der Volksschule. Auf der flussaufwärts zwischen Regnitzbrücke und Thalermühle gelegenen Insel existierte eine private Badeanstalt, in der Bäder für Männer und in geschlossenen Badehütten 13 Bäder für Frauen zur Verfügung standen. Hier hatte der Apotheker Theodor Martius schon 1839 ein Badefloß anbringen lassen. Um 1912 bestand nahe der Schwabacheinmündung eine Militärschwimmschule, 1930 wurde oberhalb der Schleifmühle (Schronfeld 12) ein Militärbad an der Schwabach eingerichtet. Die zunehmende Verschmutzung der Regnitz führte 1926 zu einem Badeverbot

[241] Fick zufolge hießen „Halloren [...] die in den so bedeutenden Salzkothen zu Halle an der Saale arbeitenden Menschen, von Wendischem Geschlecht, die sich unvermischt erhalten haben und sich in ihrer Kleidung, ihren Sitten und Gebräuchen von den andern Einwohnern auszeichnen. Die meisten von ihnen sind vortreffliche Schwimmer.“ (Fick, Beschreibung (wie Anm. 30), S. 143 f.).

[242] Mayer, Züge (wie Anm. 187), S. 62. – Ernst Höhne, Die Bubenreuther. Geschichte einer deutschen Burschenschaft, Erlangen 1936, Teil 2, Matrikel S. 5.

[243] Stein/Müller, Erlangen (wie Anm. 54), S. 192 f.

und war mit ein Anlass, den Bau eines *„hygienisch einwandfreien Sommerbades"*, des Röthelheimbades, voranzutreiben.[244]

Auch im 21. Jahrhundert hat die Regnitz nichts von ihrer Gefährlichkeit eingebüßt. Am 12. August 2023 berichteten die Erlanger Nachrichten:

> „Fakt ist, dass es in den vergangenen Jahren immer mal wieder Bade- beziehungsweise Schwimmunfälle im Fluss gegeben hat. Der Unfall, bei dem vor wenigen Wochen ein Mensch nahe der Wöhrmühle ums Leben kam, ist vorerst letztes Glied in einer langen Kette mehr oder weniger tragischer Unglücke am und im Fluss. Die Stadt setzt auf Sicherheit: Der erste Paragraph in der städtischen Bade- und Eislaufverordnung unter dem Titel ‚Baden im Freien' ist in dieser Hinsicht eindeutig. ‚Im Gebiet der Stadt Erlangen wird zur Verhütung von Gefahren für Leben und Gesundheit das Baden in den nachstehend aufgeführten Gewässern verboten', heißt es da".

In der 14 Punkte umfassenden Aufzählung finden sich unter anderem Regnitz, Schwabach, Aurach und Gründlach. Auch für Sportboote ist der Fluss nicht ohne Gefahr. So heißt es weiter in dem Bericht:

> „Die Regnitz dient auch als Trainingsgelände für Kajak- und Kanu-Neulinge. Man solle das Gewässer nicht unterschätzen, seine Gefahren aber auch nicht überbewerten, heißt es von jenen, die hier unter anderem Kinder und Jugendliche ausbilden. Gleichwohl sollen Kanuten schon in Schwierigkeiten geraten sein, weil die natürlich vorhandenen Strudel und Strömungen der Regnitz vor allem in der Nähe der Wehre unberechenbar sind und selbst für Sportler ein Risiko darstellen können".[245]

Wasserschöpfräder

1784 berichtete Johann Michael Füssel in seinem *„Tagbuch"* über seine Anreise von Baiersdorf nach Erlangen:

> „Da wir größtentheils an der Rednitz hinfuhren, so konnten wir die Ueppigkeit der Aue in einem Jahr, wo alle Wiesen verschmachteten [...] nicht genug bewundern, und den Bau der nützlichen Wasserräder ganz deutlich kennen lernen. Räder von 12 bis 15 Schuh [ca. 4 bis 5 m] im Durchschnitt schöpfen mit großen, unten weiten und oben engen Kannen Wasser und gießen es in der Höhe in eine Rinne, die die wohlthätige Feuchtigkeit in kleine Gräben durch die ebene Wiese vertheilt."[246]

---

[244] Jutta Beyer, Art. Flussbadeanstalten, in: Erlanger Stadtlexikon (wie Anm. 1), S. 267.
[245] Hans von Draminski, Gefahrlos baden in der Regnitz? Kompromiss: Der Flusskenner und Umweltingenieur Karl-Heinz Stammberger setzt auf mehr Eigenverantwortung, in: EN 12. August 2023, S. 29.
[246] Füssel, Tagbuch (wie Anm. 39), S. 233 f.

Um 1774/78 hatte Reinhard in seiner Stadtchronik notiert:

> „Hier merke ich nur noch an, dass die Rednitz, außer den Mühlen auch in hiesiger Gegend bey 24 Räder bewege; die, vermöge der daran bevestigten Eimer, das Wasser aus dem Fluße schöpfen und damit einige Hundert Morgen Landes wässern. Das Wasser ergießt sich aus den Eimern in eine hölzerne Rinne, aus welcher es in die Wiesen fließt. Damit es sich überall verbreiten könne, so sind kleine Gräben auf denselben gemacht worden. Wenn es nun einige Zeit nicht regnet, so lässt man die Räder gehen. Dadurch geschieht es, dass den Wiesen niemals die nöthige Feuchtigkeit mangelt und ihre Besitzer das Jahr dreymal mähen können. [...].“[247]

Die bei Erlangen getroffenen Maßnahmen dienten für andere als Vorbild. So wies ein Bericht des französischen Zivilgouverneurs des Fürstentums Bayreuth Camille Baron de Tournon (1778-1833) 1806 darauf hin, dass sich durch bessere Methoden der Graswuchs verdoppeln ließe.

> „Den Beweis hat man in der Umgegend von Erlangen, und der Wanderer staunt über die Wirkung der Bewässerung an den sandigen Ufern der Rednitz und Aurach, wenn er die schönen, weiten Wiesenflächen von glänzendem Grün sieht, während alle Felder ringsherum ausgetrocknet sind. Das Wasser wird gehoben durch Schöpfräder, welche der Fluß treibt.“[248]

Die Vorbilder für die 1413 erstmals bezeugten Wasserschöpfräder an der Regnitz werden im Orient vermutet. Zwischen der Erlanger Schwabach und Forchheim existierten um 1800 noch 200, einschließlich der Nebenflüsse etwa 250 Räder. Von dem aufgestauten Wasser schöpften in der Regel 24 seitlich angebrachte *„Kümpfe“* ca. 1,4 Millionen Liter pro Tag in eine erhöhte Holzrinne, von wo aus durch ein Grabensystem bis zu 8 ha Wiesen bewässert, aber auch Fischweiher mit Frischwasser versorgt werden konnten; deswegen teilten sich meist mehrere Bauern in den Besitz eines Rades. Die aus über 300 Einzelteilen fast ausschließlich aus Holz gefertigten Konstruktionen durften im Frühjahr ab Walburgis (1. Mai) in Betrieb genommen und mussten wegen des drohenden Eisganges im Winter im Herbst zu Michaelis (29. September) wiederabgebaut werden.[249] Die das Landschaftsbild prägenden Räder wurden auch wegen ihres Symbolgehalts in das Wappen des Landkreises Erlangen-Höchstadt aufgenommen und bilden das Signet des Heimat- und Geschichtsvereins Erlangen. Durch den Einsatz von elektrischen Pumpen seit dem Ersten Weltkrieg nach und nach

---

[247] Reinhard, Chronik (wie Anm. 229), S. 26 f.

[248] Jakob, Landschaft (wie Anm. 97), S. 56.

[249] Manfred Welker, Wasserräder im Freilandmuseum, Wässerwiesen. Am Tag des immateriellen Kulturerbes war eine Delegation aus Möhrendorf zu Gast in Bad Windsheim, in: EN 17.5.2023.

verdrängt, werden heute nur noch zehn Wasserräder bei Möhrendorf als technische Denkmale erhalten.[250] 2023 wurden sie von der UNESCO zum Weltkulturerbe erklärt.[251]

Mühlen

Im heutigen Stadtgebiet von Erlangen bestanden bereits seit dem Mittelalter Wassermühlen an Regnitz, Schwabach, Aurach und Gründlach. Sie dienten zum Mahlen des Getreides, aber auch der Holzverarbeitung und anderen industriell-handwerklichen Nutzungen. In Erlangen selbst ist die schon 1348 erwähnte Essenbacher Mühle die älteste.

Nachdem sich bei Gründung der Neustadt Erlangen 1686 das Projekt eines Kanals für die von den Hugenotten eingeführten Gewerbe wegen des instabilen sandigen Bodens zerschlug, bot sich die Regnitz zur Nutzung der Wasserkraft an. Daher entstanden nördlich der Altstadt unterhalb der Einmündung der Schwabach, wo die Strömung am stärksten war, 1688 eine für die Textilgewerbe notwendige Walk- und Lohmühle, 1691 eine Papiermühle, 1694 eine Mahlmühle mit Schneidsäge (die Hülßenmühle) sowie ein Stück flussabwärts zwei Eisenhämmer. Hierbei engagierten sich nicht nur benachbarte kapitalkräftige Privatleute (wie z.B. die von Hülß auf Rathsberg oder der Unternehmer Isaak Buirette von Oehlefeld), sondern in ganz erheblichem Umfang auch Markgraf Christian Ernst, der u.a. 1693 für 32.000 Gulden ein später immer wieder durch Hochwasser beschädigtes Wehr herstellen ließ.[252] Zum Vergleich: der Bau der Hugenottenkirche kostete 30.000 Gulden.[253] Die Mehlversorgung der Stadt sicherten seit dem 18. Jahrhundert die Wöhr-, Thaler-, Hülßen- und Walkmühle an der Regnitz sowie die Essenbacher- und die Schleifmühle an der Schwabach. Auf diesen altdeutschen Mühlen konnten 1775 pro Gang innerhalb von 24 Stunden rund 15 Zentner Getreide zu *„Köchet“*[254] (Mehl), Schwarzmehl und Grieß verarbeitet werden. Im Zuge der Industrialisierung ersetzte man seit Mitte des 19. Jahrhundert die Wasserräder durch Turbinen, die Mühlsteine durch Walzenstühle und die Beutelkästen durch Plansichter. Mit der

[250] Martin Knauer, Art. Wasserschöpfräder, in: Erlanger Stadtlexikon (wie Anm. 1), S. 737.

[251] Erlanger Nachrichten vom 19.12.2023, Wasserräder sind nun Weltkulturerbe.

[252] Martina Switalski, Art. Mühlen, in: Erlanger Stadtlexikon (wie Anm. 1), S. 505. – Andreas Jakob/Bianca Braun, Art. Werker, in: Erlanger Stadtlexikon (wie Anm. 1), S. 744.

[253] Andreas Jakob/Volkmar Greiselmayer, Art. Hugenottenkirche, in: Erlanger Stadtlexikon (wie Anm. 1), S. 379 f.

[254] Grimms Wörterbuch (wie Anm. 127), Bd. 11, Sp. 1561: „melber, so das mehl und anders köchet verkaufen“.

Schleifmühle stellte im Jahre 2000 die letzte Erlanger Mahlmühle ihren Betrieb ein.[255]

Die sogenannten Werker entwickelten sich bis 1709 zu einem frühindustriellen Gewerbezentrum von enormer Bedeutung für die Neustadt, zu der sie rechtlich gehörten. Seit 1720 gab es hier auch ein Gasthaus, die spätere Windmühle.[256] 1744 richtete Leonhard Freyesleben auf den Werkern eine Spiegelfabrik ein, 1846 eröffnete Thomas Bücking, der Sohn von Johann Georg Bücking, hier eine Elfenbeinkammfabrik,[257] um 1900 produzierte in der Pirnerschen Mühle (Werker 3) die Firma Möbius (Bleistiftspitzer-Industrie). 1918 ging ein großer Teil der inzwischen stark verfallenen Werker in den Besitz der Stadt über. Das Elektrizitätswerk erbaute bis 1922 an der Stelle der Baerschen Kunstmühle ein neues Wasserkraftwerk, das noch 2002 jährlich 3 Millionen kWh erzeugte. In den übrigen Gebäuden wurden Notwohnungen eingerichtet. Mit ihren schlechten Straßen und z.T. maroden Häusern galten die Werker während der Zeit der Weimarer Republik als *„rotes“* Stadtviertel und Hochburg der KPD. Nach dem Zweiten Weltkrieg wurden viele Familien durch den sozialen Wohnungsbau auf die ganze Stadt verteilt. Im Februar 1970 musste ein großer Teil des industriegeschichtlich bedeutenden Viertels dem Bau des Frankenschnellwegs weichen.[258]

Das markgräfliche Druckwerk auf der Sophienmühle

Mit dem Bau des Schlosses 1700 bis 1704 und der Anlage des nach Osten anschließenden, etwa 280 m breiten und 550 m langen Schlossgartens wurde die Neustadt Erlangen Nebenresidenz der Markgrafen von Brandenburg-Bayreuth. Ein fürstlicher Barockgarten war aber ohne einen oder mehrere aus gutem Grund *„Wasserkünste“* genannte Springbrunnen unvorstellbar. Da es in der Nähe keine für den Bedarf ausreichenden Brunnen oder Quellen gab, wurde auf der 1705 an einem Seitenarm der Regnitz als *„Wasserhaus“* erbauten (nach Markgräfin Elisabeth Sophie) Sophien- oder später (nach dem Besitzer Johann Jacob Thaler benannten) Thalermühle

255 Switalski, Mühlen (wie Anm. 251). – Zu den Mühlen s. auch Bernd Nürmberger, Die ratslehenbaren Zinsgüter und Grundstücke der Altstadt Erlangen in der ersten Hälfte des 18. Jahrhunderts. Zugleich ein Beitrag zur Geschichte der Erlanger Mühlen, in: EB 51/2006, S. 49-160. Die Geschichte der Mühlen ist unter den jeweiligen Hausnummern abgehandelt.

256 S. dazu S. 136.

257 1838 hatte Johann Georg Bücking im ehemaligen Stallmeisterhaus Wasserturmstr. 14/Schiffstraße 2 eine Elfenbeinkammfabrik eingerichtet, in der 1845 die erste Dampfmaschine in Erlangen eingesetzt wurde (Erhard Schraudolph, Art. Bücking, Johann Georg, Kammfabrik, in: Erlanger Stadtlexikon (wie Anm. 1), S. 182 f.).

258 Andreas Jakob/Bianca Braun, Art. Werker, in: Erlanger Stadtlexikon (wie Anm. 1), S. 744.

mit erheblichem Aufwand ein Druckwerk eingerichtet. Es diente zunächst nur einem beschränkten Zweck, nämlich dem Vergnügen des markgräflichen Hofes, spielte dann aber im 19. Jahrhundert für die Bewässerung des Schlossgartens und andere Aufgaben eine erhebliche Rolle. Mit dieser für die damalige Zeit hochkomplizierten, entsprechend störanfälligen und häufig reparaturbedürftigen technischen Einrichtung konnte Wasser über eine relativ große Entfernung auf eine erstaunliche Höhen gepumpt werden. In der Mühle wurde es nicht direkt dem Fluss entnommen, sondern einem dort gegrabenen großen Brunnen.

> „Der Schacht hatte damals 8 bayerische Fuß Durchmesser und war aus Sandsteinquadern gebaut, der Boden lag 9 Fuß unter dem Boden der Mühle. Im Brunnen stand das Wasser 3 Fuß hoch, das waren 5 Fuß unter dem Flusswasser. Zwischen Flussbett und Brunnen bestand keine unmittelbare Verbindung, doch verlief eine Röhre zwischen dem Brunnen und dem Mühlbach – z.T. unter der Mühle –, die außerhalb derselben aus Holz war. Sie war am Mühlbach so angebracht, dass bei hohem Wasserstand Wasser vom Fluss in den Brunnen fließen konnte.“[259]

Aus dem Brunnen wurde das Wasser mittels des Druckwerks, das durch vom Fluss angetriebene Wasserräder in Gang gesetzt wurde, durch eine Leitung von 2 ½ Zoll messenden *„unterirdischen bleiernen Röhren“*[260] zunächst über die Regnitzwiesen, dann die Steigung zur Stadt hinauf und schließlich auf den ursprünglich sechsgeschossigen, etwa 23 m hohen Wasserturm gepumpt, das heißt über eine Entfernung von über einem Kilometer Luftlinie und einen Höhenunterschied von über 30 m hinweg. Der 1705 erbaute Turm war ausreichend hoch, so dass das in großen hölzernen Kufen und kupfernen Kesseln gespeicherte Wasser (520 Eimer, insgesamt ca. 30.000 Liter) den nötigen Druck hatte, um den Hugenottenbrunnen und andere Brunnen im Garten für kurze Zeit in dünnen Strahlen bis über 60 Fuß – über 20 m – hoch *„springen“* zu lassen.[261]

Davon abgesehen diente die gewaltige Anlage eben auch zur Bewässerung des sandigen Schlossgartens und zur Wasserversorgung der Stadt bei Feuergefahr. Der Hugenottenbrunnen wurde noch bis nach 1835 über das alte System von der Thalermühle versorgt. Nachdem die Universität nach dem Tod der letzten Markgräfin-Witwe 1817 ein Jahr später in den Besitz der ehemaligen markgräflichen Liegenschaften, und damit von Schlossgarten

[259] Nürmberger, Wasserturm (wie Anm. 149), S. 86 Anm. 28.
[260] Fick, Beschreibung (wie Anm. 30), S. 67.
[261] Nürmberger, Wasserturm (wie Anm. 149), S. 40 ff.

und Wasserturm gekommen war, erlangte das Pumpwerk zunehmend Bedeutung für die Wasserversorgung der in der Orangerie untergebrachten Anatomie, des 1826 auf dem nördlichen Randstreifen des Schlossgartens angelegten Botanischen Gartens und des an dessen östlichen Ende 1803 errichteten, aber erst 1823/24 fertiggestellten und eröffneten Universitätskrankenhauses. Für die Funktion der Brunnen im Schlossgarten und die Wasserspiele war in der markgräflichen Zeit ein Brunnenmeister verantwortlich. Dem Einwohnerverzeichnis von 1775 zufolge war dies damals Heinrich Thaler, der im Wasserturm wohnte und zu den hochfürstlichen Bediensteten gehörte.[262]

Von 1839 bis 1898 benutzte die Universität zwei Räume im dritten Geschoss als Karzer, von denen einer heute noch im originalen Zustand erhalten ist. 1876 mussten die drei oberen baufälligen Stockwerke abgetragen werden. Erhalten blieben die beiden unteren Geschosse aus Sandstein mit Korbbogentor und beidseitigen Ovalfenstern sowie das Stockwerk darüber aus verputztem Fachwerk. Von 1919 bis 1959 war hier das städtische Heimatmuseum untergebracht.[263]

Ludwig-Donau-Main-Kanal

1834 genehmigte der Bayerische Landtag auf Befehl von König Ludwig I. das von der Idee auf Kaiser Karl den Großen (wahrscheinlich 2. April 747 oder 748-814) zurückgehende, seit Beginn des 19. Jahrhunderts wieder verstärkt in den Blick genommene Projekt einer Verbindung von Donau und Main. Möglicherweise stand am Anfang des Unternehmens die Meldung der *„Augsburgische*[n[*Ordinari Postzeitung. Von Staats, gelehrten, historisch. u. ökonomischen Neuigkeiten“* vom 22. Februar 1812:

> „Erlangen, den 13. Febr.“: „Gestern traf der königl. Geheime Rath, Herr von Wiebeking, über Nürnberg hier ein, und setzte seine Reise nach Bamberg fort, wahrscheinlich in der Absicht, um dort die Einleitung zu dem Schleußenbau zu treffen, durch den die Regnitz schiffbar gemacht werden soll.“

Im weiteren Verlauf informierte der Text, dass im Königreich Baiern *„400 Brücken über die reißendsten Flüsse von Deutschland gehen, daß noch 12.000 kleinere Brücken die Gewässer unter den Chausseen durchführen, und daß dies Alles so verwaltet ist, daß es, obgleich im besten Zustande, mit sehr wenigen Kosten unterhalten wird.“* Carl Friedrich (ab 1808 Ritter von) Wiebe-

[262] Leonhard Freyesleben, Das jetztlebende Erlangen, Erlangen 1775, S. 30.
[263] Bernd Nürmberger, Art. Wasserturm, in: Erlanger Stadtlexikon (wie Anm. 1), S. 737.

king (1762-1842) war von 1805 bis 1817 königlicher Generaldirektor des bayerischen Wasser-, Brücken- und Staatsbauwesens. In dieser Funktion leitete er die Regulierung der südbayerischen Flüsse wie der Isar zwischen 1806 und 1811 und des Inn sowie anderer Wasserläufe. Zu seinem Werk gehörte auch die Bamberger Regnitzbrücke von 1809, die mit 72 Metern Spannweite die größte hölzerne Bogenbrücke ihrer Zeit war.[264]

Wiebeking plante dem Bericht zufolge auch die Regulierung der Regnitz, ein Unterfangen, das letztlich vermutlich zum Bau des Ludwig-Donau-Main-Kanals führte.

> „Bei Beginn der Vorbereitungsarbeiten hiezu gab man sich der kühnen Hoffnung hin, es werde dieser Kanal der wichtigste in ganz Europa und für diesen Erdteil von großer Bedeutung werden. Nach den gehegten Erwartungen sollten auf demselben täglich fünfzig Schiffe verkehren und dieselben jährlich 50 Millionen Zentner Güter befördert werden".[265]

Stein/Müller berichteten über den Fortgang der Arbeiten:

> „Die Ausführung des Kanalbaues übernahm der bayerische Staat, der ein Viertel der Aktien [zu je 500 Gulden] erworben hatte. Im Monate November 1835 wurde innerhalb des Stadtbezirkes mit dem Bau und zwar unterhalb der Windmühle begonnen. [...]. Eine der ersten Arbeiten war die Abtragung des Berges bei der Windmühle, um Raum für eine neue Straße zu gewinnen".

Die dort errichtete Stützmauer stürzte im Dezember teilweise wieder ein. Beim Kanaldenkmal war der Kanal gemauert und hatte zwei Schleusen. In der Nähe führte die Kanalbrücke über die Schwabach. Im Amtsbezirk Erlangen gab es acht weitere Schleusen.

> „Gegen Ende des Jahres 1840 waren auf den Bau des Kanals bereits 8 Millionen Gulden [... die Gesamtkosten waren auf zehn Millionen veranschlagt] verwendet, obgleich noch mehr als die Hälfte der Arbeit zu thun übrig blieb. [...] Im Jahre 1839 wurden die Brücken über die Schwabach und über den Rödelheim, die Schleuße am Kanalhafen und bei der Windmühle, sowie die Kanalmauer bei der Fischerschen Fabrik fertig und der Damm vom Rödelheim bis zum Altstädter Friedhof gebaut, im folgenden Jahre stellte man die übrigen Teile des Kanals im Stadtgebiet, das neue Bett des Schwabachflusses unter der Kanalbrücke her und schüttete das alte bei Erbauung des Dammes im Herbste zu. 1842 wurde der Kanalbau vollendet, der Kanal am 5. Mai 1843

---

264 https://de.wikipedia.org/wiki/Carl_Friedrich_von_Wiebeking, Aufruf vom 19.4.2023. – Zu frühen Ideen für den Bau des Kanals s. auch Ernst G. Deuerlein, Aus der Vorgeschichte des Donau-Main-Kanals, in: EH 1926 Nr. 34.
265 Stein/Müller, Erlangen (wie Anm. 54), S. 197.

> von Nürnberg bis Bamberg eröffnet und sogleich mit großen Mainschiffen befahren, welche in Nürnberg Getreidetransporte übernommen hatten“.

So war das Projekt glücklich zu Ende gebracht. Stein/Müller schlossen:

> „Am zweiten Pfingstfeiertage desselben Jahres brachten drei Kanalschiffe gegen 200 Personen von Nürnberg, Fürth und Bamberg, obgleich es den ganzen Tag regnete und niemand sich im Freien aufhalten konnte. 1845 fuhr ein Schiff von Amsterdam den Rhein und Main herauf durch den Kanal hindurch auf der Donau nach Wien hinab in 34 Tagen und lieferte somit den Beweis, daß man zu Wasser aus der Nordsee ins schwarze Meer reisen kann“.[266]

Nach siebenjähriger Bauzeit konnte der Abschnitt Bamberg-Nürnberg am 6. Mai 1843 eröffnet werden. 1846 war der insgesamt 173 km lange und mehr als 17 Millionen Gulden teure Ludwig-Donau-Main-Kanal, der von Kelheim bis Bamberg führte, vollendet und wurde am 15. Juli 1846 mit der Enthüllung des Kanaldenkmals bei Erlangen offiziell eingeweiht. Trotz anfänglich regen Transports von Massengütern erzielte der nur für kleine, von Pferden oder Ochsen gezogene (getreidelte) Schiffe ausgelegte, 1852 verstaatlichte Kanal ab 1863 nur noch Verluste. Die insgesamt 100 zur Überwindung der 183 m Höhendifferenz notwendigen Schleusen verlangsamten den Verkehr noch weiter, überdies waren Main und Donau nicht ausreichend ertüchtigt worden. So konnte der Ludwig-Donau-Main-Kanal nicht mit der gleichzeitig ausgebauten Eisenbahn konkurrieren. 1859 transportierten 4.326 Schiffe und 1.406 Flöße insgesamt 3.162.330 Zentner Fracht, 1883 benutzen den Kanal aber nur noch 1.716 Schiffe und 1.033 Flöße. So schlossen Stein/Müller: die *„Aktionäre konnten sich mit dem Bewußtsein trösten, zur Ausführung eines Werkes beigetragen zu haben, dessen Beginn und Vollendung die Menschheit eines Jahrtausends in der Jugend hoffte und im Alter sehnsüchtig wünschte“.*[267] In Erlangen selbst diente der Kanal anfangs für den Transport von Steinen und Holz. 1874 wurden im Erlanger Hafen (an der Stelle der heutigen Hauptfeuerwache) jedoch nur noch 8 % der Güter des Erlanger Bahnhofs umgeschlagen. Bis in die 1930er Jahre war der Ludwig-Donau-Main-Kanal im Bereich von Erlangen im Winter abschnittsweise an die Brauereien zur Gewinnung von Natureis als Kühlmittel verpachtet.[268] Dann diente er der Bevölkerung auch zum Schlittschuhlaufen und Eisstockschießen, im Sommer als Spazierweg, da man die Dämme zu beiden Seiten wie Alleen mit Bäumen bepflanzt hatte.[269] Gegen Ende des Zweiten Weltkriegs

---

[266] Stein/Müller, Erlangen (wie Anm. 54), S. 198.
[267] Stein/Müller, Erlangen (wie Anm. 54), S. 200.
[268] R. Jakob, Art. Kanal (wie Anm. 50). – Stein/Müller, Erlangen (wie Anm. 54), S. 198 ff.
[269] Jakob, Landschaft (wie Anm. 97), S. 56.

wurde die Schifffahrt eingestellt, die Trasse zwischen Nürnberg und Forchheim ab 1962 für den Frankenschnellweg überbaut, dem die Brücken und Schleusen im Stadtgebiet zum Opfer fielen. Nachfolger des Ludwig-Donau-Main-Kanals wurde der im Bereich von Erlangen im Oktober 1970 eröffnete Main-Donau- bzw. Europakanal westlich des Regnitztals, der ebenfalls die wirtschaftlichen Erwartungen enttäuschte.[270]

Wasserversorgung und -entsorgung in Erlangen: Brunnen und Abtritte

Erlangen bietet heute dank der umsichtigen Strategie der Stadtwerke in den Wasserleitungen eine hervorragende Trinkwasserqualität, mit die beste in ganz Deutschland. 60 Prozent kommt aus eigenen Brunnen, der Rest über Fernleitungen. Das war nicht immer so. Künstlerische Darstellungen, die zitierten teils begeisterten Beschreibungen der Stadt und nicht zuletzt die nach einer modernen Sanierung wohnlichen Barockhäuser erwecken den Eindruck von Erlangen als einer ungetrübten Idylle. Hatte nicht ein seit um 1900 verbürgter geflügelter Spruch sogar dazu aufgefordert: *„Suchet das Himmelreich zu Erlangen"*?[271] Jedoch gehört theologisch zu diesem auch immer etwas Hölle, denn an einigen Orten stank es mitunter bestialisch und war das Wasser der Brunnen verschmutzt und ungenießbar. So trügt dieser Anschein. Auch in Erlangen herrschten mitunter ähnliche katastrophale hygienische Zustände, wie in den meisten mittelalterlichen Städten, oder wegen seiner Lage in einer flachen Ebene, in der das Wasser nicht von selbst abfließen konnte, noch schlimmere. Die gut belegten Missstände zeigen ein völlig anderes Bild der Verhältnisse und sind es wert, sich damit ausführlicher zu beschäftigen. Sie zeigen den wachsenden Ort, gefangen in seiner seit 1361 nicht erweiterten Gemarkung, in der für die wachsende Bevölkerung ausreichende ergiebige Quellen fehlten, in einer schier aussichtslosen Lage.

Zur Erlanger Landschaft gehörten mit Regnitz und Schwabach zwei Flussläufe, die zwar durch Mühlen und Wasserräder intensiv genutzt wurden, jedoch für die Versorgung der Bevölkerung mit Wasser keine Rolle spielten. Diese erfolgte hauptsächlich durch die zahlreichen öffentlichen und privaten Brunnen, die aufgrund des hohen, relativ nahe unter dem Niveau der Grundstücke anstehenden Grundwasserspiegels, überall vergleichsweise einfach zu graben waren. Dieses Wasser kam nicht vom Burgberg und stand auch nicht mit den beiden Flüssen in Verbindung, sondern war Teil

---

[270] R. Jakob, Art. Kanal (wie Anm. 50).
[271] Andreas Jakob, Art. Erlangen, in: Erlanger Stadtlexikon (wie Anm. 1), S. 233.

der komplexen überörtlichen hydrogeologischen Verhältnisse. *„Der Rathsberg hat an seinem nördlichen Abhange neben einigen schwachen Quellen zwei stärkere in der Wildnis unter dem dortigen Schlosse und die Atzelsberger Quelle im Quellenwäldchen. Da diese beiden Höhenzüge der Stadt kein Wasser liefern konnten, so bezog sie von Alters her ihr Trinkwasser aus Pumpbrunnen, die vorzugsweise von dem von Süden und Südost hereindrückenden Sickerwasser gespeist wurden"*, das in einer Tiefe von 8 – 9 Metern anstand.[272] Denn von der Stadt aus zieht sich *„eine durchschnittlich 30 Fuß mächtige Sandschicht bis an den Reichswald hin, wo die tiefer gelegene Thonschichte zu Tage tritt, welche mit dem Wald und dem Höhenzuge, auf dem das Dorf Kalchreuth liegt, gleichsam das große die Brunnen der Stadt unterhaltende Wasserreservoir bildet. Der Boden, auf welchem die Stadt ruht und welcher 24 Fuß über dem Rednitzspiegel liegt, besteht aus einer wie eben bemerkt 30 Fuß mächtigen Schichte von gelblichem, etwas Eisenoxyd und eine sehr geringe Menge Kalk und Thon enthaltenden Quarzsand. Dieser Sand ist so rein, daß er als vortreffliches Filtriermittel wirkt und die meisten Verunreinigungen des durch die atmosphärischen Niederschläge gebildeten Sickerwassers zurückhält."*[273] Eine derartige Wasserversorgung konnte naturgemäß nicht unerschöpflich sein, und war überdies aufgrund des hohen Grundwasserspiegels besonders gefährdet für Verschmutzung durch Abwässer.

Brunnen

Die Sicherung der Wasserversorgung war auch in Erlangen seit jeher eine öffentliche Angelegenheit. Bereits 1528 gehörte der Unterhalt der öffentlichen *„Prunne"* zu den städtischen Aufgaben. Das heißt, Bürgermeister und Rat überwachten zusammen mit den einschlägigen Handwerkern den Zustand und gaben erforderlichenfalls Reparaturen in Auftrag. Im 18. Jahrhundert gab es in der Altstadt den Marktbrunnen am heutigen Martin-Luther-Platz sowie Brunnen beim Badhaus, beim Wildmeisterhaus, auf der Veste und in der Neuen Straße. In der Neustadt existierten 1716 neun öffentliche Brunnen, darunter einer auf dem Hugenottenplatz, vier sieben Meter tiefe Brunnen in den Ecken des Schloss- und Marktplatzes, und weitere in der Ecke der Heuwaag-/Goethestraße vor dem Spital und an der Hauptstraße zwischen den Toren von Alt- und Neustadt. Nach Johann Paul

---

[272] Stein/Müller, Erlangen (wie Anm. 54), S. 294 f. – Vgl. auch Verwaltungs-Bericht des Stadtmagistrates Erlangen für das Jahr 1869, Erlangen 1871, S. 19.

[273] Verwaltungs-Bericht des Stadtmagistrates Erlangen für das Jahr 1869, Erlangen 1871, S. 19f. Die Darstellung dort beruht auf einer Abhandlung des Rektors der Gewerbeschule, Dr. Reinsch, von 1869 „über die Bestandtheile des Erlanger Brunnen und Flußwassers."

Reinhard (1722-1779) besaß *„Unsere Stadt* [...] *eine Menge Brunnen. Keine Strasse und öffentlicher Platz hat Mangel daran. Man zehlet (ausser den Fontainen im Schlossgarten und den 138 Brunnen, welche in Privathäusern anzutreffen sind) in der Alt- und Neu-Stadt zusammen 32 Brunnen; darunter ein Röhrbrunnen beym Wasserthurme, 31 aber bedeckte Brunnen sind, aus welchen das Wasser gepumpt wird. Vormals waren offene Ziehbrunnen hier auf den Strassen. Weil aber muthwillige und böse Leute allerhand Unrath hinein warfen: so wurden sie unter Georg Wilhelms Regierung* [reg. 1712-1726] *abgeschafft und dafür die bedeckten Brunnen eingeführt. Von den obgedachten 32 Brunnen sind 8 in der Alt- und 24 in der Neustadt.“*[274] Die Abdeckungen verhinderten den Missbrauch nicht. Am 29. Dezember 1739 beging ein Schreiner Selbstmord, indem er sich in einen Brunnen stürzte.[275]

Beim Übergang der Stadt an Bayern im Jahre 1810 scheint es für die etwa 8.600 Einwohner jedoch noch keine Schwierigkeiten mit der Wasserqualität gegeben zu haben. Oder man nahm sie noch nicht wahr. Möglicherweise deutet die folgende Beschreibung Reinhards auf gewisse geschmackliche oder hygienische Probleme hin, die mit der fehlenden Entsorgung der Abwässer zu tun haben könnten.

> „Das hiesige Wasser ist ebenfalls sehr gesund. Ehedessen hat man es für vit[r]iolisch[276] gehalten. Es kann auch seyn, dass ein oder der andere Brunnen, welcher einen eisenhaltigen Sand im Grunde hat, etwas von solchen führet. Aber die meisten enthalten, nach angestellten chymischen Versuchen, etwas weniges wahren und gar nicht ungesunden Salpeter, eine Spur von alcalischen, und auch Kochsalz.“[277]

Der Bericht Reinhards ist nicht zuletzt deswegen von Bedeutung, da er die chemische Untersuchung des Wassers erwähnt, die vermutlich nur deswegen erfolgen konnte, weil Erlangen als Universitätsstadt über die nötigen Fachleute und Laboreinrichtungen verfügte. Weniger Lob für die Qualität des Wassers spendete 1812, also nur wenige Jahre später, Johann Christian Fick:

> „Die üblichsten Getränke sind Wasser und Bier. Ersteres, welches die ganze Woche hindurch von den Aermern getrunken, und aus lauter Pumpbrunnen geschöpft wird, enthält etwas weniges Eisen, ist aber sehr arm an Kohlensäure und Kalkerde, weshalb es einen äußerst faden Geschmack hat, und

[274] Reinhard, Chronik (wie Anm. 229), S. 12f.
[275] Rudel, Chronik (wie Anm. 83), fol. 301.
[276] Vitriol (veraltete Bezeichnung für Salze der Schwefelsäure) enthaltend.
[277] Reinhard, Chronik (wie Anm. 228), S. 12 f.

> den Durst nicht löscht. – Wegen dieser Beschaffenheit wird das Bier desto mehr geliebt [...]“;

in einer Anmerkung fügte er hinzu:

> „Das Wasser aus dem Brunnen bei der katholischen Kirche ist so rein, daß es zum Färben unvergleichlich gut ist.“[278]

Das Gotteshaus lag damals auf der noch weitgehend unbebauten, also unbelasteten Fläche östlich der Altstadt im Bereich des heutigen Maximiliansplatzes.

1869 zählte man in Erlangen 50 öffentliche Pumpbrunnen, aber nur noch 40 private Brunnen.[279] Der Rückgang der Letzteren deutet aber bereits auf eine zunehmende Verschlechterung der Wasserqualität. 1884 gab es 57 öffentliche Brunnen und 13 weitere in öffentlichen Gebäuden.[280] Mit der Stadt wuchs auch der Bedarf an Wasser, der zunächst durch den Bau öffentlicher Brunnen einigermaßen gedeckt wurde. In langen und heißen Sommern machte sich aber allgemein rasch Wassermangel bemerkbar. Bereits am 30. Dezember 1857 klagte der Stadtmagistrat, *„dass bei der anhaltenden Trockenheit die hiesigen Brunnen schon nach etwa zehn Minuten kein Wasser mehr gäben.“*[281]

Abtritte

Die Versorgung der Stadt aus dem eigenen Grundwasser war aber zum einen durch die ungeklärt aus den Handwerksbetrieben und Haushalten auf die Straße geleiteten Abwässer stets latent bedroht, zum anderen durch die *„heimlichen Gemächer“*, das heißt die in der Regel auf den einzelnen Grundstücken am Ende der Nebengebäude, zwangsläufig in der Nähe der Hausbrunnen, angelegten Absitzgruben. Die zumeist ungesicherten Abtritte bildeten nicht nur wegen der Gefährdung des Grundwassers ein Sicherheitsrisiko, sondern auch, weil sich hier tückische Grubengase entwickeln konnten.[282] Am 7. Februar 1884 fiel das dreijährige Kind des Taglöhners

---

278 Fick, Beschreibung (wie Anm. 30), S. 58 f.
279 Martina Bauernfeind, Art. Brunnen, in: Erlanger Stadtlexikon (wie Anm. 1), S. 174 f.
280 Martina Bauernfeind, Bürgermeister Georg Ritter von Schuh. Stadtentwicklung in Erlangen und Nürnberg im Zeichen der Hochindustrialisierung 18781913 (Nürnberger Werkstücke zur Stadt und Landesgeschichte, Schriftenreihe des Stadtarchivs Nürnberg Bd. 60), Phil. Diss., Neustadt a.d. Aisch 2000, S. 76.
281 Nürmberger, Wasserturm (wie Anm. 149), S. 64.
282 Vgl. dazu Bauernfeind, Bürgermeister Schuh (wie Anm. 279), S. 34.

Schmidt *„in einem unbewachten Augenblicke in die Dunggrube."* Es wurde zwar noch lebend geborgen, starb aber am darauffolgenden Tag früh.[283]

Zwar wurden die Dungstätten und Abtritte von Zeit zu Zeit entleert und der feste Inhalt als Dünger auf die Felder gebracht, der flüssige Teil aber versickerte im Boden. Dies galt auch für die Exkremente der in den Ställen der Gasthöfe und Bürgerhäuser der Stadt untergebrachten Tiere, die in Dungstätten oder Misthaufen gesammelt wurden. Der Abtransport der Fäkalien erfolgte vermutlich seit jeher auf recht primitive Weise, *„indem der Grubeninhalt entweder in Jauchenfässer geschöpft oder auf Dungwägen verladen wurde, wobei derselbe häufig durch den Hausgang auf die Straße getragen werden mußte und von da erst aufgeladen werden konnte. Durch diese Art der Grubenreinigung wurden nicht nur die Bewohner des betreffenden Hauses, sondern auch die ganze Nachbarschaft belästigt. Die Verunreinigung der Häuser, Höfe und Straßen war unvermeidlich, und es kam nicht selten vor, daß bei nicht schließenden Wagen die Spuren der Verunreinigung auf weite Straßenstrecken zu sehen waren. Die Luft war zu mancher Zeit geradezu verpestet."*[284] Vermutlich deshalb war zumindest zeitweise das Reinigen der Senkgruben im Sommer verboten.[285]

Die Verhältnisse in den Häusern müssen umso schwieriger gewesen sein, als bei dem großen Kinderreichtum der Zeit manche Familien zehn Kinder oder noch mehr hatten,[286] die Wohnungen also völlig überfüllt gewesen sein müssen und Ansteckungskrankheiten Tür und Tor offen standen. 1784 räsonierte Johann Michael Füssel in seinem Reisebericht:

> „Da alle Stadtkanäle in die Rednitz geleitet werden – so ist man hier auch nachts frey von unangenehmen Ausdünstungen. In den Straßen und an den Außenseiten der Häuser herrscht eine allgemeine Reinlichkeit; aber nach der innern Beschaffenheit mancher Wohnungen zu urteilen, haben viele Erlanger in der Liebe zur Propretät [Reinlichkeit] ihre Nachbarn, die Nürnberger, noch nicht erreicht."[287]

---

[283] Verwaltungs-Bericht des Stadtmagistrates Erlangen für die Jahre 1884-1885, Erlangen 1886, S. 7.

[284] Verwaltungs-Bericht des Stadtmagistrates Erlangen für die Jahre 1895-1896, Erlangen 1897, S. 34.

[285] Jakob, Sauberes Wasser (wie Anm. 94), S. 23 ff.

[286] Mit bis zu zehn Kindern rechneten die Behörden am Ende des Ersten Weltkriegs bei ihren Aufstellungen zur Unterstützung notleidender Familien; vgl. Verwaltungsbericht der Universitätsstadt Erlangen für die Jahre 1917, 1918 und 1919, StadtAE, 24.B. Nr. 8, S. 78-89.

[287] Füssel, Tagbuch (wie Anm. 39), S. 246.

1812 berichtete Johann Christian Fick über in Erlangen häufig auftretende Krankheiten: *„dagegen greift aber die Krätze gewöhnlich zu Ende des Winters unter den armen Kindern sehr um sich. Auch wird dieses Alter in den Frühlings- und Herbstmonaten besonders vom Keuchhusten heimgesucht, und die übrigen Ausschlagskrankheiten, als Scharlachfriesel, Rötheln ec. haben seit mehrern Jahren als dazwischenlaufende Krankheiten (morbi intercurrentes) nur selten ganz aufgehört.“*[288]

Reinhaltung der Straßen

Wahrscheinlich herrschten in der damals städtebaulich hochmodernen Neustadt Erlangen aber bald nach ihrer Gründung 1686 die gleichen unhygienischen Zustände wie in allen Städten und Dörfern des Landes. 1723 ermahnte Justizrat Johann Friedrich Schwarz den Brunnenwärter Christoph Dörffelt, *„er solle die große Menge Heu und Stroh, die er für eine oder zwei Geißen* [die er dort vermutlich hielt] *auf dem Wasserturm aufbewahrte, in den Bauhof*[289] *bringen. Auch musste er den Mist vor dem Turm und auf der Gasse wegräumen.“*[290] Typisch für das Verhalten der Gewerbetreibenden einerseits und der Behörden andererseits, und wohl nur die zufällig in den Akten überlieferte Spitze eines größeren Problems, ist ein Vermerk im städtischen Ratsprotokoll vom 10. Juli 1724:

> „Auf die Klage des Nachbarn des Chirurgi Reusch, daß er Wasser aus seinem Laden auf die Straße fließen lasse, wo es zu Unglücksfällen und zu Geruchsbelästigungen Anlaß gebe, will der in der Nähe wohnende Bürgermeister Mollié nachsehen, wie Abhilfe geschaffen werden kann.“[291]

Die auf die Straße geworfenen Abfälle blieben liegen, wenn die Obrigkeit nicht einschritt.

Bereits 1792 bemängelte Georg Friedrich Rebmann:

> „Mit der Vorsorge der Policey für die Reinlichkeit der Stadt hat man eben nicht Ursache zufrieden zu seyn. Eine ausserordentliche Nachlässigkeit ist es, daß man den Leuten gestattet, den Koth auf die Strasse in Haufen zusammen zu kehren, und so liegen zu lassen, statt daß man sie anhalten sollte, ihn ganz wegzuschaffen. Wird irgendwo gebaut, so darf man sicherlich darauf rechnen, daß der Schutt und die Steine so lange liegen bleiben,

---

288 Fick, Beschreibung (wie Anm. 30), S. 60.
289 Bernd Nürmberger, Das Universitätsstallmeisterhaus Schiffstraße 2, in: EB 41/1993, S. 179-206.
290 Nürmberger, Wasserturm (wie Anm. 149), S. 52.
291 Ernst G. Deuerlein, Aus alten Ratsprotokollen. Das Jahr 1724 (Erlangen-Neustadt), in: Erlanger Heimatblätter 1926, Nr. 43.

> bis sie der Regen wegschwemmt. Auch würde man die Reinigung der heimlichen Gemächer am hellen Tag, zumal in den wärmsten Tagen des Julius und Augustus, in keiner andern Stadt gestatten."[292]

Rebmann kritisierte vor allem die Situation bei Nacht:

> „auch hat man seit etlichen Jahren angefangen, die Stadt auf Kosten der Hausbesitzer mit Laternen zu versehen. Die Laternenbeleuchtung ist freilich keine Londner, inzwischen nimmt sie sich doch gut aus. Nur Schade, daß das Nützliche dem Angenehmen nicht gleich kommt, denn noch ist man bey dem grossen Zwischenraum, der zwischen zwey Laternen ist, immer in Gefahr, bey wenig Vorsicht sich übel zu beschmuzen, zumal da, wie ich nachher zu meiner Verwunderung wahrgenommen habe, die hiesige Policey sich gar nicht darum bekümmert, ob Koth oder Schutthaufen auf den Strassen liegen oder nicht."[293]

Die im Abschnitt *„Land"* mehrfach beschriebene Durchlässigkeit des Erlanger Sandbodens galt nicht für die festgetretenen und -gefahrenen Flächen in der Stadt. Nach Regenfällen, die zunächst reinigend wirkten und die Abwässer vor den Häusern wegwuschen oder zumindest verdünnten, standen hier, da das Wasser aufgrund des geringen Gefälles im Stadtbereich kaum ablaufen konnte, Pfützen, die im Sommer ungesunde Ausdünstungen entwickelten. Bei Tauwetter im Winter muss es Wochen gedauert haben, bis die letzten Reste des Schnees verschwunden und das Eis geschmolzen waren.

Diese fehlende oder zumindest mangelhafte Entwässerung hatte sowohl negative Folgen für die Verkehrssicherheit als auch für die Gesundheit der Bewohner. Im Falle eines Brandes wurden im Winter bei Glatteis die Löscharbeiten erschwert. Immerhin erwies sich hier die moderne Bauweise der Neustadt mit geschlossenen Häuserreihen als Vorteil. Hier gab es abgesehen von einigen Winkeln in der Altstadt keine für die fränkischen Dörfer und Städte typischen, auch *„Bauwich"* genannten, schwer zu reinigenden engen Zwischenräume, in die der Abfall entsorgt wurde und in denen sich das Wasser staute.[294]

Nachdem der damalige Premierdirektor der Stadt, Johann Adam Frhr. von Tanner (um 1660-1714), bereits 1699 eine Art Trottoir vorgeschlagen hatte, weil die Straßen bei Regen eher einem Bach als einem brauchbaren Weg ähnelten, begann man 1707, also in der Phase, als das Markgrafenpaar Christian Ernst und Elisabeth Sophie Erlangen zur fürstlichen Residenz

---

[292] Rebmann, Briefe (wie Anm. 76), S. 18 f.
[293] Rebmann, Briefe (wie Anm. 76), S. 17 f.
[294] Jakob, Sauberes Wasser (wie Anm. 94), S. 26.

ausbauen ließ, mit der Verlegung eines Pflasters.[295] Charakteristisch für deren Anlage war die in der Mitte etwas gewölbte Fahrbahn. Dadurch wurde nicht nur der Verkehr innerhalb der Stadt erleichtert, sondern vor allem auch die Reinigung der Straßen. Das Wasser konnte folglich sowohl hier als auch von den schmalen Gehwegen vor den Häusern in die breiten Rinnen dazwischen ablaufen, blieb aber dort mangels Gefälle stehen.[296]

Gleichwohl unterstrich der um eine Positive Darstellung bemühte Professor Johann Paul Reinhard um 1774 in seiner Chronik das Bemühen der Obrigkeit um mehr Hygiene:

> „Man sorgt sich unaufhörlich für die Sauberkeit der Strassen, welche sämmtlich ihre gehörige Breite haben und also angelegt sind, dass nirgends kann unreines Gewässer stehen bleiben. Weder über, noch unter der Pflaster sind, wie in vielen anderen Städten, Canäle, in welche stinkende Unreinigkeiten zusammenfliessen.“[297]

An anderer Stelle berichtete er:

> „Endlich gehet auch über den Bach, der aus den Abflüssen der Stadt entsteht und nicht weit vom Ende der Altstadt, durch die Stadtmauer auf die Wiesen fließet, ein hölzerner Steg, nahe an der Mauer, und weiter unten, nicht weit vom Martinsbühl, ein steinernes Brücklein.“[298]

Wie Füssel 1784 feststellte, floss das Abwasser, oder zumindest ein Teil desselben, unkontrolliert nach Westen und Norden in Richtung Regnitz und Schwabach. Ein Ausfluss muss im Bereich des *„offenen Ateliers“* an der Westlichen Stadtmauerstraße bestanden haben. 1812 berichtete Johann Christian Fick zwar euphemistisch von der *„glücklichen Lage“* der Stadt und von den hier *„häufigen Winden“*, welche die Luft beständig erneuerten, wies jedoch auch auf die durch einige Handwerksbetriebe verursachte Geruchsbelästigung hin:

> „Demohngeachtet sind auch einige Plätze in der Stadt, wo die Nase nicht selten auf das unangenehmste afficirt wird; dies ist der Fall in der Nähe der Weißgerbereien, welche sich jedoch in den entferntesten Gegenden der Stadt, und zwar größtentheils an der Stadtmauer befinden.“[299]

---

295 Jakob, Neustadt Erlangen (wie Anm. 17), S. 77.
296 Zur Pflasterung der Stadt s. Stein/Müller, Erlangen (wie Anm. 54), S. 288 ff.
297 Reinhard, Chronik (wie Anm. 229), S. 9.
298 Reinhard, Chronik (wie Anm. 229), S. 24f.
299 Fick, Beschreibung (wie Anm. 30), S. 53.

Es gab also in Erlangen um 1800 keine geregelte Entwässerung, die Abwässer suchten sich einen natürlichen Weg und waren dann für die Bewohner aus den Augen, aber wegen der Geruchsbelästigung nicht aus dem Sinn.

Eine kuriose Geschichte berichtete Ludwig Göhring 1930 noch aus der Amtszeit des Ersten Bürgermeisters Karl Wolfgang Knoch (1821-1896, im Amt 1855-1865), eines tüchtigen, jedoch in Hinblick auf Kritik empfindlichen Beamten:

„Einen Mann von solcher Gemütsbeschaffenheit mußten die spitzen Reden einiger Magistratsräte, wie sie in einer Magistratssitzung im Dezember 1864 fielen, schwer verletzen. Als nämlich nach großer, den Boden tief durchfrierender Kälte plötzlich Tauwetter eintrat, das Wasser keinen Abfluß finden konnte und die Straßen überschwemmte, warfen ein paar Stadtväter die zweifelnde Frage auf, ob denn die Polizeiverwaltung das ihrige getan habe, um solche Vorkommnisse hintanzuhalten. Wir, die wir im abgelaufenen Winter [1929/30] eine ähnliche Ueberschwemmung erlebt haben, obwohl wir eine gute Kanalisation besaßen und nicht mehr auf den Wasserablauf durch offene Straßenrinnen wie damals angewiesen waren, finden die versteckten Angriffe auf den Bürgermeister wohl alle sehr unangebracht. Sie sind denn auch der Stadt sehr teuer zu stehen gekommen. Knoch, der – wie es in einer späteren Darlegung des 2. Bürgermeisters an die Regierung hieß – sichtbar mißgelaunt den Vorwurf anhörte, erwiderte nichts. Aber ein paar Tage später hatten 327 Hausbesitzer Strafbefehle, weil sie ihre Rinnen nicht vom Eis befreit hatten! Der eine Teil mußte 1 ½ Gulden, der andere 2 Gulden 35 Kreuzer Buße zahlen. Nun war in Erlangen Feuer unterm Dache: Das sei ‚ein unerhörtes, noch nie dagewesenes Vorkommnis in der Polizeigeschichte' hieß es. Der Bürgermeister erließ zwar eine Erklärung, er sei nicht der Schuldige, die Sache hätte den Baurat Ganßer und den Rechtsrat Papellier angegangen; aber niemand glaubte ihm. Knoch blieb den Magistratssitzungen ferne und reichte im Februar 1865 sein Rücktrittsgesuch wegen Krankheit ein […]."[300]

Artesische Brunnen

Die Probleme mit der Be- und Entwässerung der Stadt hielten im Verlaufe des 19. Jahrhunderts an, ja verschärften sich noch. 1898 berichteten Friedrich Stein und Ludwig Müller in ihrer Stadtgeschichte über die Anfänge der Kanalisation um die Mitte des Jahrhunderts:

„Die besondere Lage und Bauart der Stadt, welche in verschiedenen Teilen derselben lange Strecken entlang kein Gefäll entstehen lassen, erhöhten den

[300] Ludwig Göhring, Die Bürgermeister und Rechtsräte Erlangens, in: Erlanger Heimatblätter 1930 Nr. 5. – Stein/Müller, Erlangen (wie Anm. 54), S. 221.

Übelstand der zum Wasserabfluß bestimmten offenen Straßenrinnen und hatten schon vor vierzig Jahren zu dem Verlangen einer wenigstens teilweisen Kanalisierung der Stadt geführt; bereits 1864 wurde hierzu ein Plan entworfen. Da man allseitig darin übereinstimmte, daß Kanäle ohne ausreichendes Durchspülwasser nachteiliger seien als die offenen Rinnen, so wurde zunächst die Bohrung eines artesischen Brunnens unternommen“.

Man war also, etwa 90 Jahre nach Johann Paul Reinhard, bei der Lösung des Problems keinen Schritt weiter gekommen und setzte seitens der Stadt jetzt seine Hoffnungen auf einen Brunnen, wie es ihn in Bruck bereits gab:

„Man kam auf dieses Auskunftsmittel, da auf keine andere Weise eine größere Menge Wassers in die Stadt gebracht werden konnte und in dem Vorhandensein eines artesischen Brunnens in der Mühle zu Markt Bruck, der täglich 3460 Hektoliter Wasser, 13 ½ R[eaumur] warm, liefert, eine Garantie für das Gelingen auch in hiesiger Stadt zu liegen schien.“ [301]

Auch diese Idee war nicht eigentlich neu. Bereits 1830 wurde *„auf dem Marktplatze, am Eingange gegen die Apfelgasse,* [...] *ein artesischer Brunnen,*[302] *180 Fuß* [ca. 60 m] *tief, gebohrt, dessen Wasser jedoch nicht über die Erdfläche stieg, weshalb er zum Pumpen gerichtet wurde.“* [303] Obwohl hier also der nötige Druck gefehlt hatte, begann die Stadt, um *„die offenen Rinnen durch eine teilweise Kanalisation zu ersetzen“*, 1864 etwa 500 m östlich davon, in der Südostecke des Bohlenplatzes, mit dem Bau eines weiteren artesischen Brunnens. Die Kosten waren hoch, das Ergebnis aber außerordentlich ernüchternd.

„Leider hatte das hiesige Unternehmen keinen so guten Erfolg. Nachdem vom Jahre 1864 bis 1869 auf dem östlichen Ende des Bohlenplatzes bis in eine Tiefe von 225 Meter gebohrt und damit eine Summe von 17900 Gulden verbraucht worden war, ergab der Brunnen zuletzt einen Wasserabfluß von 32 Maß in der Minute, also 460 Hektoliter im Tag. Da keine Aussicht auf ein höheres Wasserquantum gegeben war, so wurde das Bohren eingestellt. Die

---

[301] Stein/Müller, Erlangen (wie Anm. 54), S. 289. – Verwaltungs-Bericht des Stadtmagistrates Erlangen für das Jahr 1869, Erlangen 1871, S. 121. – Bauernfeind, Bürgermeister Schuh (wie Anm. 279), S. 69.

[302] „Ein artesischer Brunnen ist ein Brunnen in einer Senke unterhalb des Grundwasserspiegels, in dem das Wasser unter Überdruck steht. Dieses ‚hydraulische' Potential ist so hoch, dass das Wasser von selbst, das heißt ohne Pumpen, bis zur Erdoberfläche oder höher aufsteigt“ (Jakob, Sauberes Wasser (wie Anm. 94), S. 37).

[303] Lammers, Statistik und Jahrbücher (wie Anm. 232), S. 86. – Vgl. dazu auch Stein/Müller, Erlangen (wie Anm. 54), S. 295 f.

> Kanalisationsfrage ruhte wieder, da jene Wassermenge für die Durchspülung eines auch nur einen kleineren Teil der Stadt durchziehenden Kanalnetzes unzureichend erschien."[304]

Das Problem war, wie sich gezeigt hat, weniger die Wassermenge, als das wiederholt angesprochene zu geringe Gefälle des Geländes und der fehlende Druck des artesischen Brunnens. Weil das am Bohlenplatz gleichwohl in erheblichen Mengen zu Tage tretende Wasser nicht abfloss, richtete es in seiner Umgebung beträchtlichen Schaden an. Anders sind die dramatischen Worte nicht zu verstehen, mit denen sich der von Bürgermeister Heinrich August Papellier (1834-1894) 1871 um ein Gutachten gebetene berühmte bayerische Chemiker und Hygieniker Max von Pettenkofer (1818-1901) über die vorgefundenen hygienischen Verhältnisse äußerte: „Während man anderwärts im Interesse der öffentlichen Gesundheit Sümpfe drainirt und austrocknet, hat man in Erlangen solche künstlich geschaffen. Hiezu kommt noch, daß kein Moor, kein Sumpf so verunreinigtes Wasser enthält [...]. Ich war vorher mit den Lokalverhältnissen der Universitätsstadt Erlangen wenig bekannt, aber ich kann nicht verschweigen, daß ich überrascht war, solche sanitären Übelstände anzutreffen, und daß diese so ruhig ertragen worden sind."[305]

„Die Durchspülung der in der Altstadt gelegenen Kanäle erfolgt von der im Theater eingerichteten Wasserstation"

Zur Reinigung der Kanäle griff man schließlich auf das alte System zurück, das beim barocken Wasserturm fast 170 Jahre lang tadellos funktioniert hatte. Man pumpte Wasser auf einen hochgelegenen Ort, von wo aus es dann den nötigen Druck entfalten konnte, um Brunnen springen zu lassen – oder um Kanäle zu säubern. *„Die Durchspülung der in der Altstadt gelegenen Kanäle erfolgt von der im Theater eingerichteten Wasserstation."* Am 11. Mai 1883 wurde das auf der Ostseite des städtischen Theaters mit einem *„nach abyssinischer Art 80 Fuß* [ca. 26 m] *tief gebohrten Brunnen und einem ca. 180 hl fassenden Reservoire neu eingerichtete Wasserwerk für öffentliche Zwecke, namentlich für die Spülung der städtischen Kanäle"* ausprobiert. Ein erst zwei, seit November 1885 sechs PS starker Gasmotor förderte 200 bis

---

304 Verwaltungs-Bericht des Stadtmagistrates Erlangen für das Jahr 1869, Erlangen 1871, S. 121. – Stein/Müller Erlangen (wie Anm. 54), S. 289. – Bauernfeind, Bürgermeister Schuh (wie Anm. 279), S. 69.

305 Bauernfeind, Bürgermeister Schuh (wie Anm. 279), S. 69.

210 l, dann 4 bis 6 Hektoliter Wasser in der Minute.[306] Im Laufe des Sommers wurde auf dem Theaterplatz *„ein zweiter Brunnen nach gleicher Art gebohrt, welcher mit dem Pumpwerke verbunden wurde und ein gleich günstiges Resultat ergab, so daß für öffentliche Zwecke durch die seitdem ausgedehnte Wasserleitung genügend Wasser vorhanden ist.“*[307] Außer auf dem Markgrafentheater wurden Wasserreservoirs auf dem Rathaus (Palais Stutterheim am Marktplatz) und dem Leihhaus (heute Stadtmuseum am Martin-Luther-Platz) angelegt.[308]

> „Diese drei, 10 Meter über dem Erdbodenniveau aufgestellten schmiedeeisernen Reservoire stehen unter sich in Communikation und haben zusammen 62 cbm Inhalt. In verschiedenen Straßen der Stadt wurden 12 Ueberflurhydranten und 3 Unterflurhydranten, im Rathhause, Redoutengebäude und Leihhause 6 Feuerhähne angebracht.“[309] „Mit diesem kleinen Wasserwerk, das unendlich viel leistete und sich sehr bewährte, konnten wenigstens die öffentlichen Bedürfnisse befriedigt werden.“

Das kleine Wasserwerk blieb bis Ende 1891, als die allgemeine Wasserleitung in Dienst gestellt wurde, in Betrieb.[310]

Durch die Reinigung der Straßenrinnen wurden zwar die hygienischen Verhältnisse in der Stadt deutlich verbessert, die Probleme jedoch weiterhin einfach an die Umwelt, insbesondere die stadtnahen Wasserläufe, weitergegeben. Alle Abwässer mündeten nach wie vor unterhalb der Stadt bei den Werkern ungeklärt in die Regnitz. Bereits 1886 musste das erst 1879 an der Landzunge zwischen Regnitz und Schwabach eröffnete Militärschwimmbad wegen *„Einleitung des städtischen Kanales oberhalb desselben und die hiedurch verursachte Verunreinigung des Badewassers“* aufgegeben werden. Damit es nicht von der Einmündung der städtischen Kanalisation

---

306 Verwaltungs-Bericht des Stadtmagistrates Erlangen für die Jahre 1884-1885, Erlangen 1886, S. 15. – Nürmberger, Wasserturm (wie Anm. 149), S. 68, S. 70. – Stein/Müller, Erlangen (wie Anm. 54), S. 296.

307 Verwaltungs-Bericht des Stadtmagistrates Erlangen für die Jahre 1882-1883, Erlangen 1885, S. 19.

308 Martina Bauernfeind, Art. Kanalisation, in: Erlanger Stadtlexikon (wie Anm. 1), S. 405. – Vgl. auch Stein/Müller, (wie Anm. 54), S. 296.

309 Verwaltungs-Bericht des Stadtmagistrates Erlangen für die Jahre 1884-1885, Erlangen 1886, S. 27.

310 Verwaltungs-Bericht des Stadtmagistrates Erlangen für die Jahre 1891-1892, Erlangen 1893, S. 17.

in Mitleidenschaft gezogen wurde,[311] verlegte man es rund 300 Meter flussaufwärts an die Regnitz zwischen das städtische Freibad und die Thalermühle.[312] Aufgabe der ersten Kanalisation war also lediglich die Sammlung und Ableitung der ungereinigten Abwässer in die Regnitz, was aber trotzdem zumindest für die Einwohner der Stadt ein enormer Fortschritt war.

„Das Wasser war gelblich, von tintenartigem Geschmack und setzte nach längerem Stehen einen gelbroten Niederschlag aus Eisenoxyd ab"

Die Verbesserung der Abwasserentsorgung löste nicht das andere Hauptproblem der Stadt, die Erschließung neuer Wasserquellen. 1888 stellte der Konstrukteur und Direktor des Fürther Wasserwerks Heinrich Kullmann ein im Auftrag des Erlanger Bürgermeisters Georg Schuh (1846-1918) erarbeitetes *„Generelles Project für eine Wasserversorgung der k.b. Universitätsstadt Erlangen"* vor,

> „das eine Wassergewinnung auf Basis des Grundwasserstromes im Regnitzgrund vorsah. Das Projekt entsprach nicht den Vorstellungen Schuhs, der immer noch an der Ideallösung einer Quellwasserleitung festhielt und sich voller Skepsis weigerte, ‚ein Projekt zu empfehlen, dessen Ausführbarkeit nicht ganz zweifellos nachgewiesen ist'. Erst als [...] konstatiert wurde, daß es in einem Umkreis von 15 Kilometern keine geeignete Quelle gäbe, stimmte Schuh Probebohrungen im Regnitztal südwestlich des Kanalhafens [heute Hauptwache Feuerwehr] zu. Fast ein halbes Jahr testete Professor Hilger die Wasserproben auf ihre bakteriologische und chemische Beschaffenheit. Aufgrund des starken Eisenhydratgehaltes riet er im Juli 1889 davon ab, das Grundwasser der Regnitz als Trinkwasser zu erschließen."[313]

Damit wurden die Beobachtungen der Vorfahren bestätigt, die zweifellos schon auf diesen eigentlich naheliegenden Gedanken gekommen waren. Denn schon lange vor dem Bau der Kanalisation, welche die gesammelten Abwässer in die Regnitz und die Schwabach laufen ließ, hatte sich herausgestellt, dass eine Nutzung des Flusswassers für die Stadt ausschied.[314] So enthielt das um die Mitte des 19. Jahrhunderts aus dem Brunnen der

---

[311] Rainer Braun, Die Garnison, in: Alfred Wendehorst (Hg.), Erlangen. Die Geschichte der Stadt in Darstellung und Bilddokumenten, München 1984, S. 168-172, hier S. 169.
[312] Bauernfeind, Kanalisation (wie Anm. 307). – Dies., Bürgermeister Schuh (wie Anm. 279), S. 74.
[313] Bauernfeind, Bürgermeister Schuh (wie Anm. 279), S. 78.
[314] Vgl. auch S. 151.

Thalermühle auf den Wasserturm gepumpte, und von dort in den Schlossgarten bis zum Krankenhaus an dessen östlichen Ende geleitete Wasser außer dem Schlamm, der vermutlich bei Hochwasser in den Brunnen der Mühle gelangte, einen hohen Anteil an kohlensaurem Eisenoxid.

> „Das Wasser war gelblich, von tintenartigem Geschmack und setzte nach längerem Stehen einen gelbroten Niederschlag aus Eisenoxyd ab. Nach den Untersuchungen der Professoren Beetz und von Gorup war seine Qualität, wenn es filtriert wurde, aber besser [!] als die des Rathausbrunnens, der in Erlangen als einer der besten galt. Nach Professor von Gorup war das Wasser ein schwacher Eisensäuerling, dem nur eine größere Menge Kohlensäure fehlte, um ein brauchbares Mineralwasser abzugeben.“[315]

Diese Mitteilung gibt der Nachricht einen besonderen Geschmack, wonach im 18. Jahrhundert auf der Thalermühle sogar eine Heilquelle existierte, die 1766 für Trink- und Badekuren verwendet wurde;[316] wahrscheinlich hielt man damals alles für Heilwasser, was etwas bitter schmeckte.

Die Wasserversorgung der Universität

In einer besonderen Zwangslage befand sich die Universität, die bekanntermaßen nach dem Tod der letzten Markgräfin-Witwe Ende 1817 im Jahr darauf zusammen mit den übrigen markgräflichen Liegenschaften den Schlossgarten und den zu dessen Bewässerung notwendigen Wasserturm als Eigentum erhalten hatte. Bereits ab 1847 verzichtete das Krankenhaus auf das aus der Regnitz geförderte häufig schlammige Wasser, das aber weiterhin, und sogar in erhöhter Menge für die Versorgung des Schlossgartens und des Botanischen Gartens benötigt wurde. Anstatt wie in markgräflicher Zeit vom 1. Mai bis zum 29. September, musste das Druckwerk an der Regnitz im Besitz der Universität das ganze Jahr hindurch laufen, um den deutlich gestiegenen Bedarf an Wasser zu befriedigen. Um 1865 pumpte das Wasserrad der Thalermühle bei sechs Umdrehungen in der Minute in 24 Stunden 1.000 Eimer Wasser auf den Wasserturm, was für den Bedarf der Universität ausreichte, der im Sommer auf 700 Eimer und im Winter auf 400 Eimer angesetzt wurde. Nachdem das Wasser aber immer schlechter wurde, hatten das markgräfliche Pumpsystem und der überdies baufällige Wasserturm ausgedient. 1876 mussten die drei oberen Stockwerke abgetragen werden.[317]

---

315 Nürmberger, Wasserturm (wie Anm. 149), S. 66.
316 Nürmberger, Wasserturm (wie Anm. 149), S. 66, S. 86 Anm. 28.
317 Nürmberger, Wasserturm (wie Anm. 149), S. 66.

Da seit Mitte des 19. Jahrhunderts die meisten neuen Institute auf dem Boden des Schlossgartens errichtet wurden, war die Universität darauf angewiesen, weitere Brunnen zu erschließen. Am 1. Februar 1870 wurde in der Nähe des Universitätskrankenhauses ein neues, mit einer zwei PS starken Dampfmaschine betriebenes Wasserwerk in Dienst gestellt. Aus einem dort gegrabenen 20 Schuh breiten und 30 Schuh tiefen Brunnen sollten damit 100 Eimer Wasser pro Stunde auf das im Dachboden des Gebäudes eingerichtete Kalt- und Warmwasserreservoir gepumpt werden.[318] Das neue Werk versorgte die Entbindungsanstalt, das Chemische Laboratorium, das Physikalische, das Pharmazeutisch-pharmakognostische, das Anatomisch-physiologische sowie das Pathologisch-anatomische Institut, die Reitschule sowie einige Privathäuser von Professoren mit Wasser; 1877 wurde auch auf dem Dachboden des Schlosses ein Wasserreservoir aufgestellt. Wünsche weiterer Professoren und der Stadt, die den neu erbauten Kunst- oder Paulibrunnen auf dem nahen Marktplatz anschließen wollte, mussten abgelehnt werden.[319] Dieser Fall ist deswegen von Interesse, als das Kaufmannsehepaar Friedrich Salomon (1798-1862) und Julie Pauli (1795-1878), als es 1861 testamentarisch Mittel für den Brunnen bereitstellte und sogar eine Verfügung in Hinblick auf die Nutzung des Brunnenwassers für die Marktleute erließ, damals nicht wissen konnte, woher das Wasser für seine großherzige Stiftung kommen sollte.[320]

Nachdem sich aber auch die Qualität des im Bereich des Universitätskrankenhauses geförderten Wassers durch anhaltende Übernutzung verschlechterte, stellte eine Kommission am 3. Dezember 1886 in Hinblick auf einen beim Neubau des Zoologischen Instituts (Universitätsstr. 19) neu gegrabenen, 4 m durchmessenden, 7 m tiefen Schacht fest, *„dass der Brunnen mit beträchtlichen Mengen Ammoniak und salpetriger Säure versetzt sei“*. Am 28. Juni 1887 konstatierte Universitätsbaumeister Friedrich Scharff (1845-1917), *„dass das Wasser im Brunnen unbrauchbar sei, da es aus verseuchter Gegend komme, nämlich aus dem Osten der Stadt, wo immer mehr gebaut wurde. Tieferes Graben sei nutzlos.“* Weitere Bohrversuche im Schlossgarten

[318] Jakob, Sauberes Wasser (wie Anm. 94), S. 55.

[319] Fick, Beschreibung (wie Anm. 30), S. 68.

[320] Friedrich Salomon Pauli (*18.11.1798-1.3.1862) und seine Ehefrau Julie (geb. Tremel, *22.7.1795-17.10.1878) bestimmten testamentarisch am 17.8.1861 (wirksam 1878) den Verkaufserlös ihres Wohnhauses und einiger Wiesen bei Möhrendorf (41.000 Mark) zum Bau einer Trinkwasserleitung mit Springbrunnen, dem später sog. Paulibrunnen auf dem Marktplatz (Edeltraud Loos, Art. Pauli-Stiftung, in: Erlanger Stadtlexikon (wie Anm. 1), S. 546).

„erbrachten 1887 zwar genügend, aber so schlechtes Wasser, dass darauf alle Brunnen im Krankenhausbereich untersucht wurden. Die Kommission berichtete am 24. April 1888 über das Ergebnis, ‚daß sich die Beschaffenheit unseres Brunnenwassers in den letzten Jahren derart verschlechtert hat, daß es kaum noch als trinkbar bezeichnet werden kann'. Sie schlug vor, auf die Erschließung neuer Wasserquellen zu verzichten und bei der Stadt darauf zu drängen, ein großes Wasserwerk zu errichten, an dem auch die Universität partizipieren könnte.“[321]

Die Anfänge der Kanalisation

Parallel zum Zwang, endlich gutes Wasser in ausreichender Menge zu erschließen, stieg die Notwendigkeit, eine Lösung für die Abwässer zu finden. Bewegung brachte vor allem der Bau der bis 1877 fertiggestellten Jägerkaserne (heute Philosophische und Juristische Fakultät), an der Stadt und Universität gleichermaßen interessiert waren, um den Studenten die Gelegenheit zu geben, ihren Militärdienst als Einjährig-Freiwillige abzuleisten. Stein/Müller berichteten in ihrer Stadtgeschichte darüber:

„Die Übelstände, welche durch das Stehenbleiben des Tagwassers namentlich auf dem Bohlenplatze, in der Lilien-, nun Loschgestraße und in dem Hof des Schulhauses daselbst hervorgerufen wurden, machten sich immer fühlbarer, so daß 1872 der Plan über die Kanalisierung dieser Plätze die Genehmigung der städtischen Behörden erhielt. Vertragsgemäß hatte sich die Stadt verpflichtet, die für die Ableitung des Abwassers vom Kasernplatz [Alte Kaserne an der Bismarck-/Schillerstraße] nötigen Einrichtungen zu treffen; es war daher natürlich, daß man mit der Entwässerung jener Plätze auch die Entwässerung des Kasernplatzes in Verbindung zu bringen suchte. Dementsprechend wurde auch der Plan einer Entwässerungsanlage in der Richtung gegen die Schwabach ausgearbeitet, noch vor Schluß des Jahres 1872 mit der Ausführung der Arbeit begonnen und diese baldigst mit einem Kostenaufwand von über 50000 Mark ausgeführt.“[322]

Die ungelösten Abwasserprobleme beschränkten sich aber nicht auf die bisher genannten Randbereiche Erlangens. In der Stadt, die 1875 immerhin 13.597 Einwohner hatte, in einer Phase, in der die Bevölkerung von 1861 bis 1880 um 37 Prozent wuchs,[323] herrschten in einigen Stadtvierteln nicht anders als katastrophal zu bezeichnende Zustände. Während die offiziellen Verwaltungsberichte der Stadt die Erfolge in den Vordergrund stellen,

321 Nürmberger, Wasserturm (wie Anm. 149), S. 70.
322 Stein/Müller, Erlangen (wie Anm. 54), S. 289 f.
323 Jutta Thamer, Industriearchitektur in Erlangen, in: Jürgen Sandweg (Hg.), Erlangen. Von der Strumpfer- zur Siemensstadt, Erlangen 1982, S. 331-404, hier S. 374.

finden sich in den Akten klare und ungeschönte Aussagen. In einem alarmierenden Gutachten forderte der Bezirksarzt Dr. Gustav Dorsch 1876 die Stadtverwaltung zum Handeln auf, indem er

> „[...] ‚auf die Schmutz- und Eiswasser unserer winterlichen Strassen oder auf unsere schlammgefüllten, von Schwamm- und Pilzbildungen durchwucherten Rinnen innerhalb, auf die gährenden Schlammgräben und -gruben ausserhalb der Stadt mit ihren föditen Ephalationen [kothaltige Abwässer] während der frostfreien Zeit' aufmerksam machte. Ursache der schrecklichen Zustände waren Abwässer der Gerbereien, blut- und kothaltige Abwässer der Metzgereien, gärungsfähige Substanzen der vielen Brauereien sowie Küchen und Haushaltsabwässer, die auf die Straßen geleitet wurden. Die zähe Masse floß aufgrund des geringen Gefälles der Straßen nur langsam in die Regnitz oder Schwabach ab. Bei starkem Frost stellte das gefrorene Schmutzwasser eine zusätzliche Gefahrenquelle für Fuhrwerke und Fußgänger dar." Deswegen forderte Dorsch in seiner Eingabe als ‚erstes, dringendst nothwendiges Postulat in hygienischer Beziehung [...] die Durchführung einer Kanalisation'. Als weitere Maßnahmen gegen die Verseuchung des Bodens empfahl er darüber hinaus die Beseitigung aller Sickergruben, wasserdicht gemauerte Abtritte und eine gut organisierte Entsorgung der Grubeninhalte. Zum Aufgabenprogramm sollten auch die Suche und Erschließung einer Quelle zur Trinkwasserversorgung der Stadt gehören sowie die Errichtung eines öffentlichen Schlachthauses".

Obwohl Dorsch in einem weiteren Gutachten auf den Zusammenhang von epidemisch auftretenden Infektionskrankheiten wie Diphtherie und Wechselfieber und verschmutzten Straßen hinwies, scheiterte das Projekt an den hohen Kosten von 420.000 Mark.[324] Die Höhe der Kosten wird angesichts der Tatsache deutlich, dass Erlangen damals nur etwa knapp 15.000 Einwohner hatte und der mittlere Stundenlohn eines Schlossers bei rund 20 Pfennig lag.[325] Im September 1877 beschloss der Magistrat, *„die Stelle des rechtskundigen Bürgermeisters mit einem Jahresgehalt von 3000 Mark und der auf 600 Mark veranschlagten Dienstwohnung zur Bewerbung auszuschreiben"*.[326]

So prüfte die Sanitätskommission 1876 zunächst den Gedanken, zur Kanalisation sogenannte Rieselfelder anzulegen. Dahinter stand die damals sehr moderne Idee, das Abwasser möglichst großflächig auf einem wasserdurchlässigen Bodenkörper zu *„verrieseln"*. Das heißt, man ließ es versickern und hielt dabei die Inhaltsstoffe mechanisch an den Bodenteilchen fest, um die

[324] Bauernfeind, Bürgermeister Schuh (wie Anm. 279), S. 70 f.
[325] Jakob, Sauberes Wasser (wie Anm. 94), S. 44.
[326] Stein/Müller, Erlangen (wie Anm. 54), S. 246.

so filtrierten Substanzen durch auf Bodenkorn gewachsene Mikroorganismen biologisch abzubauen. Diese auf den Forschungen Justus von Liebigs (1803-1873), der übrigens von 1821 bis 1823 in Erlangen Chemie studiert hatte, über den Stoffkreislauf aufbauende und durch die Hygieneforschung Robert Kochs (1843-1910) untergestützte Technologie wurde unter anderem für geeignet befunden, die Entwässerung der Großstadt Berlin zu gewährleisten.[327] Das Projekt musste in Erlangen aber wegen des enormen Wasserverbrauchs und weil auch die starke Parzellierung des Geländes den Grundankauf erschwerte, verworfen werden.[328] An den zunehmend unhaltbaren Verhältnissen änderte sich vorerst also nichts.

Bevor Bürgermeister Georg Schuh sein Amt antrat, lief die Universitäts- und Garnisonstadt Erlangen Gefahr, gegenüber der Entwicklung andernorts vollständig ins Hintertreffen zu geraten und seine Einwohner ernsten gesundheitlichen Gefahren auszusetzen. Schweinfurt hatte bereits 1854 mit der Kanalisierung des Stadtgebiets begonnen und 1862 die erste städtische Wasserleitung[329] eingerichtet. Damit gehört die ehemalige Reichsstadt zu den Pionieren der Entwässerung in Franken. Ihre Anfänge aber liegen deutlich hinter denen von Fürth, wo bereits im Jahre 1830, 13 Jahre vor Hamburg, das in Deutschland eine Vorreiterrolle übernommen haben soll,[330] mit dem Bau von gemauerten unterirdischen Kanälen begonnen worden war.[331] Obwohl auch die Kleeblattstadt finanzielle Probleme hatte, drängte hier die Regierung in Ansbach mit besonderem Nachdruck – und mit bemerkenswertem Erfolg. Nicht zuletzt erwies sich in Fürth das Gefälle des Geländes zur Regnitz und Pegnitz als Vorteil, das fast überall einen leichten Abfluss ermöglichte. *„Im Jahr 1855 war also das alte Stadtgebiet weitgehend mit Kanälen ausgestattet.“*[332] In Nürnberg reichen die Anfänge der Stadtentwässerung immerhin bis in das Jahr 1874 zurück.[333]

Schuh entwickelte eine bis dahin in der Stadtverwaltung unbekannte Energie und Effektivität. Am 19. September 1881, nur wenige Monate nach seinem Amtsantritt am 2. Mai 1881, wurde in der Wöhrstraße mit den Arbeiten

---

327 Jakob, Sauberes Wasser (wie Anm. 94), S. 41 f.

328 Bauernfeind, Bürgermeister Schuh (wie Anm. 279), S. 70.

329 Erich Keyser/Heinz Stoob (Hg.), Bayerisches Städtebuch, Teil 1, Stuttgart/Berlin/Köln/Mainz 1971, S. 518.

330 Grußwort des Oberbürgermeisters der Stadt Nürnberg, in: Alles klar! 125 Jahre Stadtentwässerung (Nürnberg), Zirndorf 1999, S. 8. – Jakob, Sauberes Wasser (wie Anm. 94), S. 43.

331 Fürth hatte 1830 13.967 Einwohner. Bis zum Jahr 1900 stieg die Zahl auf 54.822, bis 1939 auf 78.838 (Keyser/Stoob, Bayerisches Städtebuch (wie Anm. 328), S. 208.

332 Barbara Ohm, Zur Geschichte der Kanalisation in Fürth, in: Stadtentwässerung Fürth (Hg.), 180 Jahre Stadtentwässerung Fürth, Fürth 2010, S. 14-39, hier S. 16, S. 18.

333 Grußwort des Oberbürgermeisters der Stadt Nürnberg (wie Anm. 329), S. 8.

zum Bau des ersten öffentlichen Kanals in der Stadt begonnen.[334] Und bereits am 29. Oktober konnte er die vollständige Kanalisierung der Wöhrstaude vermelden. Am 14. Januar 1882 forderte Schuh, *„die Ausführung der Kanalisierung endlich einmal ernstlich in Angriff zu nehmen"*, wofür er eine ebenso plastische wie drastische Begründung gab: Unerträglich seien *„z.B. die höchst lästige Eisbildung in den Straßen, die Inficirung des Grund und Bodens und des Grundwassers, daß widerliche oft lange Straßen hindurch bemerkbare Ablaufen von Jauche, Blut und sonstigem Ab- und Gewerbewassers, die höchst häßlichen in die Wiesen auf der Westseite der Stadt versumpfenden, übelriechenden Schmutzwasser der Mauerausläufe pp."*[335] Hier hatte sich seit 1724 also nichts geändert.

Trotz alledem erschloss Erlangen sein Stadtgebiet im Vergleich zu anderen industriell geprägten Klein- und Mittelstädten vergleichsweise früh mit einem neuzeitlichen Kanalsystem.[336] Diese Tatsache macht übrigens deutlich, dass die hier zuständigen Behörden nicht so rückständig gewesen sein können, wie man ihnen gerne unterstellt. Nach der erbrachten Pionierarbeit wird ihr Stolz auf die enorme Leistung verständlich.

> „Obwohl die Ausgaben für die Kanalisation den ersten Voranschlag überschritten und sich auf 300000 Mark beliefen, so herrschte doch nach Vollendung des Werkes allgemeine Befriedigung über den erzielten Erfolg und über die durch die Kanalisation auf öffentlichen Straßen und Plätzen und in den Privatanwesen herbeigeführte Reinlichkeit. Die seitdem neu entstandenen Straßen im Osten der Stadt wurden sogleich bei ihrer Anlegung kanalisiert."[337]

Mit dem Bau der Kanalisation war aber nur ein Teil der Probleme gelöst. Die Situation der offenen Straßenrinnen blieb bis auf weiteres unberührt und wurde erst mit der Einführung der fakultativen Kehrichtabfuhr am 1. November 1883 und mit der Gründung einer städtischen Anstalt für Kehrichtabfuhr und Schachtreinigung am 1. April 1902 verbessert.[338]

---

334 125 Jahre Stadtentwässerung Erlangen (Broschüre), Erlangen 2006, Grußwort.
335 Bauernfeind, Bürgermeister Schuh (wie Anm. 279), S. 72.
336 Bauernfeind, Bürgermeister Schuh (wie Anm. 279), S. 75.
337 Stein/Müller, Erlangen (wie Anm. 54), S. 290.
338 Martina Bauernfeind, Art. Müllabfuhr, in: Erlanger Stadtlexikon (wie Anm. 1), S. 506. – Renate Wünschmann, Art. Stadtreinigungsamt und Fuhrpark, in: Erlanger Stadtlexikon (wie Anm. 1), S. 661 f.

„in der Kuttlergasse wurde sogar starker Bodensatz mit sogenannten Infusoren, kleinen Wimperntierchen, registriert“

Die von Schuh durchgeführte Kanalisation hatte also nur einen Teilerfolg erzielt. Aufgrund der zunehmenden Umweltbelastung erschien vor allem bei den öffentlichen Brunnen die Situation immer aussichtsloser. 1890 stellte Julius Crone, ein Doktorand Professor Hilgers, in seiner Dissertation fest, dass von 69 untersuchten Brunnen *„über die Hälfte (...) den zu stellenden Ansprüchen an ein gutes Trink- und Nutzwasser nicht“* entsprechen würden.[339] Diese Aussage gab die unappetitliche und überdies gesundheitsgefährliche Wirklichkeit aber nur sehr ungefähr wieder. So überschritten die chemischen und bakteriologischen Befunde häufig die zulässigen Werte bei weitem.

> „Dies war auch für Laien erkennbar. So war das Brunnenwasser am Luitpoldplatz [heute Hugenottenplatz] ‚trübe gelblich', das Brunnenwasser an der Spitalstraße [Goethestraße] führte ‚Eisenschlamm, Algen, Holzreste', die Brunnen an der Oberen Karlstraße und an der Universitätsstraße lieferten stark gelb gefärbtes Wasser, im Wasser des Brunnens in der Kuttlergasse wurde sogar starker Bodensatz mit sogenannten Infusoren, kleinen Wimperntierchen, registriert. Den Befund des Wassers der Brunnen am Altstädter Kirchenplatz, an der Hauptstraße, an der Bayreuther Straße und an der Neuen Straße versah Crone mit der Bemerkung ‚faulig riechend'.“[340]

Um die Schwierigkeiten der Stadt in diesen Jahrzehnten besser verstehen zu können, ist erneut daran zu erinnern, dass Erlangen zwar, wie das gesamte Umland, seit 1810 zum heutigen Bezirk Mittelfranken gehörte, gleichwohl vor den erst Anfang des 20. Jahrhunderts erfolgten Eingemeindungen nach wie vor auf seine seit dem Mittelalter lediglich 956 ha große Gemarkung beschränkt war, deren Grenzen man auf der Suche nach neuen Ressourcen nicht ohne weiteres überschreiten konnte. Alterlangen, Büchenbach, Sieglitzhof und Tennenlohe gehörten noch nicht dazu. Eine dauerhafte Lösung des immer dringlicheren Problems ergab sich erst, als am 30. November 1891 endlich die seither ständig erweiterte erste städtische Wasserleitung mit einem Leitungsnetz von anfänglich 15 km, 28 Straßenbrunnen und 150 Oberflurhydranten in Betrieb genommen wurde, die ihr Wasser zunächst hauptsächlich aus dem *„Sack“* westlich der Regnitz bezog.[341]

---

339 Bauernfeind, Bürgermeister Schuh (wie Anm. 279), S. 76.

340 Bauernfeind, Bürgermeister Schuh (wie Anm. 279), S. 76.

341 Verwaltungs-Bericht des Stadtmagistrates Erlangen für die Jahre 1889-1890, Erlangen 1892, S. XV. – Martina Bauernfeind, Art. Wasserversorgung, in: Erlanger Stadtlexikon (wie Anm. 1), S. 738 f. – Dazu auch Stein/Müller, Erlangen (wie Anm. 54), S. 296 f.

Quellen, die „das ganze Jahr hindurch in einer besonders im Sommer kühlen Temperatur fließen und ihr wohlschmeckendes Wasser gerne getrunken wird“

Erst die Entdeckung dieser ergiebiger Quellen westlich der Regnitz, aber in nächster Nähe der Stadt brachte also den lang ersehnten Durchbruch bei der Wasserversorgung und die Lösung fast aller bisherigen Probleme. Am 11. Oktober 1889, wenige Monate, nachdem das Projekt, Grundwasser der Regnitz zu nutzen, endgültig gescheitert war,[342] stieß Bürgermeister Schuh bei einer Feldbegehung im sogenannten Sack westlich der Regnitz auf mehrere Quellen, von denen ihm berichtet worden war, dass sie *„das ganze Jahr hindurch in einer besonders im Sommer kühlen Temperatur fließen und ihr wohlschmeckendes Wasser gerne getrunken wird.“* Das war nach den vielen Nachforschungen, die man bisher abgehalten hatte, eigentlich erstaunlich, denn das Flurstück gehörte schon 1408 zur Erlanger Gemarkung. Schuh erkannte sofort den Wert seiner Entdeckung und setzte mit gewohnter Tatkraft ein weiteres 400.000 Mark teures Projekt durch, den Bau eines für die Versorgung von 24.000 Menschen konzipierten Wasserwerks mitsamt Leitungsnetz. Am 30. November 1891 erfolgte die dem Anlass entsprechende glanzvolle Einweihung. Martina Bauernfeind konstatierte:

> „Der große Aufwand der Eröffnungsfeier belegt, welche Bedeutung dem städtischen Unternehmen beigemessen wurde. Die Stadt war festlich beflaggt worden, und das Abfeuern von Böllerschüssen am Burgberg signalisierte die Inbetriebnahme des Werkes im Beisein von Vertretern der Stadtverwaltung, der Garnison, der Universität, den Erlanger Honoratioren und der ausführenden Firmen. Schuh selbst hatte angeordnet, von den Türmen der protestantischen Kirchen am Eröffnungstag christliche Choräle blasen zu lassen. In seiner Rede betonte Schuh die große Bedeutung der neuen Wasserleitung für Gewerbe und Industrie, aber auch für die Volksgesundheit. Bei der abendlichen Feier im Redoutensaal honorierte der Vorstand des Gemeindebevollmächtigtenkollegiums, Gymnasiallehrer Gustav Bissinger, Schuhs Engagement: ‚Nur der rastlosen Tätigkeit und der eisernen Energie des Herrn Bürgermeisters sei es gelungen, alle entgegenstehenden Schwierigkeiten zu bewältigen, und ihm vor Allem müssen wir die bisherigen Erfolge, so auch den jetzigen betreffs der Wasserleitung danken [...]‘.“[343]

Bereits am 6. Dezember 1891 konnte die Universität angeschlossen werden, die einen Wasserverbrauch von 36 Millionen Liter Wasser jährlich bei einer geschätzten Steigerung auf 40 bis 45 Millionen Liter hatte.[344] 1893 betrug

---

342 Vgl. S. 150.
343 Bauernfeind, Bürgermeister Schuh (wie Anm. 279), S. 79 f.
344 Nürmberger, Wasserturm (wie Anm. 149), S. 70.

der Wasserverbrauch bei einer Bevölkerung von rund 20.000 Einwohnern *„für Kopf und Tag berechnet“* 76 Liter im Jahr,[345] d.h. 0,20 Liter pro Tag! Das war aber wohl nur eine sehr theoretische Berechnung, denn damals besaß erst ein kleiner Teil der Wohnungen Anschluss an das Wassernetz.

„wiederholt ausgeführte Analysen ergaben stets die vollständig einwandfreie Beschaffenheit des Wassers in chemischer wie in bakteriologischer Beziehung“

Mit der Eröffnung der städtischen Wasserleitung war die Zeit der öffentlichen Nutzwasserbrunnen in den Straßen und auf den Plätzen endgültig vorbei. Im Frühjahr und Sommer 1890 wurden sie auf Anordnung der Stadtverwaltung als Verkehrshindernisse einfach zugeschüttet.[346] Auch die meisten privaten Brunnen ereilte dieses Schicksal. Die Qualität des Wassers blieb seither ohne Beanstandungen, die Probleme früherer Jahre waren einstweilen überwunden. Zufrieden konnte der Verwaltungsbericht für das Jahr 1906 feststellen:

> „Die chemische Beschaffenheit des Wassers der städtischen Wasserleitung hat sich seit Bestehen der Anlage in keiner Weise geändert. Die im Laufe der Jahre wie auch in vorliegendem Betriebsjahr durch die K. Untersuchungs-Anstalt für Nahrungs- und Genussmittel wiederholt ausgeführte Analysen ergaben stets die vollständig einwandfreie Beschaffenheit des Wassers in chemischer wie in bakteriologischer Beziehung.“[347]

Nachdem Erlangens Infrastruktur im dritten Viertel des 19. Jahrhunderts noch sehr rückständig gewesen war, glich die Stadt dieses Defizit binnen weniger Jahre nicht nur aus, sondern leistete im Bereich des technischen Städtebaus geradezu Beispielhaftes. Verantwortlich dafür war Bürgermeister Georg Schuh (1846-1918), der in seiner Zeit als Bürgermeister seit 1881 in Erlangen modellmäßig vorbereitete, was er dann von 1892 bis 1913 als Oberbürgermeister von Nürnberg in großem Stil realisierte. Weitere im vorliegenden Aufsatz nicht behandelte Felder seines Wirkens in Erlangen waren das Gaswerk, der Schlachthof, die Reorganisation und der Ausbau der Verwaltung, die Förderung der Wirtschaft, öffentliche Bäder, Friedhöfe, die Straßenerschließung und Stadterweiterung, die Lokalbahnen Erlangen-Gräfenberg und Erlangen-Herzogenaurach, die Erweiterung der Garnison, Verbesserungen der Stadtgestalt, das Schulwesen, die fortschrittliche

345 Stein/Müller, Erlangen (wie Anm. 54), S. 298.
346 Jakob, Sauberes Wasser (wie Anm. 94), S. 59.
347 Verwaltungsbericht der Universitätsstadt Erlangen für das Jahr 1906, Erlangen 1908, S. 95.

Haushaltspolitik und vieles mehr. Zurecht urteilte Martina Bauernfeind in ihrer ausgezeichneten Dissertation:

> „Die Tatsache, daß heute vom Städtedreieck ‚Nürnberg-Fürth-Erlangen' anstatt von der Doppelstadt ‚Nürnberg-Fürth' als Herz der nordbayerischen Industrieregion gesprochen werden muß, ist in diesem Sinne auch Schuhs Mitverdienst."[348]

Zwei der wichtigsten Voraussetzungen für den Erfolg aber waren der Aufbau der Trinkwasserversorgung und die Entwässerung.

> „Der Beginn der umfassenden Kanalisierung, die Erschließung einer Quelle und die Verlegung der öffentlichen Wasserleitung sowie der Bau des öffentlichen Schlachthofs markieren Höchstleistungen seiner Amtszeit. Jahrzehntelang hatte die Stadt von der Bausubstanz sowie der Rolle als ehemalige markgräfliche Nebenresidenz gezehrt. Gleichzeitig stagnierte der Ausbau der Infrastruktur. Innerhalb von Schuhs Amtszeit holte die Stadt Versäumnisse nach und konnte 1892 auf alle grundlegenden technischen Errungenschaften des sanitären Städtebaus zurückgreifen."[349]

Nachdem die Abwässer seit Einführung der Kanalisation weiterhin ungeklärt in die Schwabach und Regnitz geflossen waren, erzwang das schnelle Bevölkerungswachstum nach 1945 und die damit verbundene Zunahme der Abwassermengen eine verbesserte Reinigung. Seit 1951 entstanden in den einzelnen Stadtteilen (einschließlich Bruck, Büchenbach und Alterlangen) Behelfskläranlagen, 1957 konnte die biologische Zentralkläranlage im Regnitzgrund nordwestlich des Burgbergs in Betrieb genommen werden. Um die einzelnen Stadtgebiete anzuschließen, waren in den 1960er Jahren erhebliche Kanalbaumaßnahmen nötig.[350]

Epilog

Die *„guten"* alten Zeiten von *„einst"* sind bei näherer Betrachtung *„jetzt"*, das heißt, sie waren früher nie wirklich so schön, wie manche gerne meinen möchten, sondern wir leben heute in einer Gegenwart, die trotz aller tatsächlichen oder vermeintlichen Probleme die beste ist, die es für einen Großteil der Menschen hier je gegeben hat. Gleichwohl ist auch hier die Entwicklung nicht zum Stillstand gekommen, und stellen Klimawandel

---

348 Bauernfeind, Bürgermeister Schuh (wie Anm. 279), S. 128.
349 Bauernfeind, Bürgermeister Schuh (wie Anm. 279), S. 68.
350 Reinhard Jakob/Alya Bohnsack, Art. Klärwerk, in: Erlanger Stadtlexikon (wie Anm. 1), S. 419.

und andere Ereignisse immer neue Herausforderungen, und ist das Vorgehen der zum Handeln verpflichteten Behörden nicht anders als früher einer teils harschen Kritik der Bevölkerung ausgesetzt. Gegenwärtig stehen sich die Vertreter einer sicherheits- und klimaorientierten Verwaltung und Anhänger eines schonenderen Umgangs mit der historischen stadtnahen Natur einander weitgehend verständnislos gegenüber, und beginnt sich in der Öffentlichkeit Widerstand gegen das mitunter rigorose Vorgehen zu formieren. Nach wie vor ungebrochen ist parallel dazu, und im Prinzip im schärfsten Widerspruch zum Einsatz für mehr Ökologie stehend, die Tendenz zur Neubebauung oder Nachverdichtung verbliebener freier Stellen, oder der extreme Massenbetrieb anlässlich der Bergkirchweih. Es ist, je näher sie an die heutige Gegenwart kommt, mit einigen erstaunlichen Konstanten eine Geschichte des immer schnelleren Wandels, von Gewinnen und ständigen Verlusten.

So scheinen sich die Zeiten also wieder einmal drastisch zu ändern. Bis auf das stets gleiche, etwa die Skepsis der Bevölkerung gegenüber Wandel und notwendigen behördlichen Maßnahmen:

> „Die Pietätslosigkeit, mit der man gerade in unseren Tagen oft gegenüber geschichtlichen Denkmälern verfährt, die Gleichgültigkeit, mit der man die Zerstörung des Landschaftsbildes durch industrielle Unternehmungen hinnimmt, scheint nicht darauf hinzuweisen, daß das Verständnis für das, was der engsten Heimat ihren eigenartigen, intimen Reiz verleiht, zunimmt. Das Gefühl der Bodenständigkeit, des engen Zusammenhanges zwischen dem Menschen und der ihn umgebenden Natur ist im Schwinden begriffen. Es kann das ja bei den nun einmal obwaltenden Verhältnissen, da niemand fast mehr einen festen Wohnsitz hat, nicht wundernehmen“.

Diesen Satz schrieb Sigmund von Raumer bereits 1904 in seinem *„Heimat“* übertitelten *„Beitrag zur Geschichte der Erlanger Landschaft in den letzten beiden Jahrhunderten“*.[351] Wie wird diese in 100 Jahren aussehen?

---

[351] Raumer, Heimat (wie Anm. 96), S. 6.